岩波現代文庫／学術 408

ボンヘッファー

反ナチ抵抗者の生涯と思想

宮田光雄

JN147551

岩波書店

まえがき

本書は、反ナチ抵抗運動に参加して逮捕・投獄され、三九歳の若さで処刑された神学者ディートリヒ・ボンヘッファーの生涯と抵抗の思想を紹介しようとするものです。彼は、ナチ・ドイツの降伏が間近に迫る約一カ月前、一九四五年四月九日早朝、チェコ国境に近いフロッセンビュルク強制収容所で処刑されました。それは、ヒトラー命令にもとづく形式的な即決裁判の末に行なわれましたが、実際には非道な殺害をカモフラージュしたものにすぎませんでした。日本におけるドイツ現代史への関心の高さにもかかわらず、ボンヘッファーの名前は、かならずしも一般読者にはよく知られていないのではないかと思われます。

ボンヘッファーは、当初、ルター主義に立つプロテスタント神学者として出発しました。しかし、同時に、カール・バルトとその弁証法神学に強く引きつけられ、早い時期における彼の支持者の一人となりました。ボンヘッファーの弟子でもあり、若い友人でもあるエーバハルト・ベートゲは、戦後、ボンヘッファーを描いた大きな伝記において、彼の生涯を《神学者》から《キリスト者》へ、さらに《キリスト者》から《同時代人》への歩みとして特徴づけています（一九六七年。『ボンヘッファー伝』全四巻、村上伸・雨宮栄一・森野善右衛門訳、新教出版社、二〇〇五年）。公的な活動に即してみれば、それは、ナチ・ドイツという全体主義国家における教会の自由と権利とを守る闘いから、人間の自由と権利とを守る闘いへの歩みでもありました。教会からこの世へ、あるいは《キリスト者》から《同時代人》へという責任の拡大は、ボンヘッファーをヒトラーにたいする政治的な反乱計画に導くものでした。

むろん、ドイツ抵抗運動のドラマ全体の中で主導的な役割を担っていたのは、別の人びと、政治家たちや軍人たちでした。にもかかわらず、ボンヘッファーの生涯は、人間的なレベルに即して見ただけでも、私たちの心を深く揺さぶるものがあります。すなわち、社会的にも知性的にも、特別に恵まれた生涯を実現し享受することのできる可能性をもった一人の人物が、そうしたすべての特権を放棄して――しかも、他の人びとが妥協と同調とに流されている時代の只中で――正義と自由と平和のために、あえて生命がけの危険を冒す決意をしたのでした。最終的には、それは、ほとんど避けがたく、彼の死に通じていました。

このような人格は、たんにキリスト教史上の存在というだけにとどまらないでしょう。むしろ、特定の宗教や文化の伝統との結びつきを越えて、人間精神の証人として、ひろく現代に生きる多くの人びとの心を打つのではないでしょうか。そのあたえる感動は、けっして教会の壁の内側にいる者にのみ限られていないでしょう。

さらに、ボンヘッファーは、神学思想それ自体の分野でも、多くの革新的な試みに、もっとも重要な刺激をあたえる源泉の一つとなりました。それは、ある意味では当然のことです。なぜなら、ボンヘッファーにおいては、神学とその生涯とが緊張をはらみながらも、分かちがたく一体をなしていたのですから。そこでは、信仰はその人格的な生き方として具体的に示されており、逆に、彼の生きた厳しい現実は信仰的に受けとめられ、神学的に反省されているのです。したがって、ボンヘッファーの著作は、国境の壁を越えて、これまで多くの言語に翻訳されてきました。日本でも、つとに『ボンヘッファー選集』(全九巻、新教出版社、一九六二―六八年)をはじめ、大小いくつかの伝記や研究書も出版されています。

以下においては、まず、第I部で、ボンヘッファーの生涯をふり返り(第1章)、彼がその時代をいかにとらえていたかという鋭い状況分析を検討し(第2章)、さらにそうした闘いを生き抜いた彼の自己認識を示す代表的な「獄中詩」三篇について詳しく解説してみましょう(第3章)。それによって、《ボンヘッファーを読む》醍醐味を、逐一、彼自身の文章に即して味わうことができるのではないでしょうか。

つづいて第Ⅱ部では、ボンヘッファー思想のいわば《キーワード》を中心にして、三つの代表作『服従』(『選集3　キリストに従う』森平太訳、一九六六年、所収)、『倫理』(『選集4　現代キリスト教倫理』森野善右衛門訳、一九六二年、所収)、『獄中書簡集』(『ボンヘッファー獄中書簡集』増補新版、村上伸訳、新教出版社、一九八八年)の中から、もっとも興味深い箇所を選び、テキスト講読のスタイルで読んでみることにしましょう(第4―7章)。

とくに第5章では、新しい全集版(二〇一五年)にもとづき、改訂のための《探偵まがい》の編集作業を踏まえて、転換する時代史の中で、彼の《責任倫理》構想がつねに新しく展開していく現場を跡づけてみました。また第6章では、ボンヘッファーの抵抗倫理を深く理解するために不可欠な視点として、彼が試みたマックス・ウェーバーやマキャヴェリとの対論を取り上げ、神学的のみならず政治学的にも検討してみました。

さらに第Ⅲ部では、ボンヘッファー自身の筆による(!)天皇制批判の文章をめぐって二重の――ドイツ側からと日本の立場からの――《暗号》解読を通して、彼の問いかけにたいする応答を試みました(第8章)。最後の《付論》は、ボンヘッファー生誕一〇〇年を記念して、その現代的意義を短く考察したエッセーを、いわば結論的に加えてあります。

＊なお、以下の引用文中の〔　〕の言葉は、本書著者による補足説明です。聖書の引用文は、原則として日本聖書協会共同訳（二〇一八年）に従い、原文のルター訳を必要とする箇所に限り、それを明示してあります。

目次

ボンヘッファー　反ナチ抵抗者の生涯と思想

テーゲル軍用刑務所にて．1944年夏

まえがき

Ⅰ　生涯

第1章　ボンヘッファーの生涯 …… 2
1　生い立ちからドイツ教会闘争まで …… 2
2　反ナチ抵抗運動の只中で …… 20
3　最後の日々 …… 39
4　即決裁判の真相と司法的復権 …… 53
第2章　時代精神の状況分析――「一〇年後に」を読む …… 61
1　時代の精神状況――知識人の諸類型 …… 69
2　愚かさについて――呪縛された民衆 …… 78
3　市民的勇気ということ …… 91

第3章　「獄中詩」における自己分析……105
1　「私は何ものなのか」……109
2　「自由にいたる途上の諸段階」……120
3　「良き力あるものに守られて」……133

II　思　想

第4章　信仰の服従のために——『服従』を読む……152
1　《安価な恵み》と《高価な恵み》……153
2　《山上の説教》の釈義……166
3　教会と服従——《ノンコンフォーミズム》の拠点……184
第5章　《責任倫理》を生きる——『倫理』を読む(1)……196
1　全集版『倫理』改訂——《探偵まがい》の編集作業……196
2　《究極的なもの》と《究極以前のもの》……207

3 《自然的なもの》——人権の神学的根拠……218
第6章 政治的抵抗の神学構想——『倫理』を読む(2)……231
1 《責任倫理》の構造——ウェーバーとの対論……232
2 政治の論理と倫理——マキャヴェリとの対論……251
3 抵抗運動と摂理信仰——ヒトラーと対比して……268
第7章 《真のこの世性》を問う——『獄中書簡集』を読む……278
1 《成人した世界》……282
2 《非宗教的キリスト教》とは何か……298
3 《真のこの世性》を生きる……309

Ⅲ 遺産

第8章 ボンヘッファーと日本……330
1 ボンヘッファーの天皇制批判……330

2 ナチ・ドイツにおける日本認識 …… 338
3 《暗号》解読の一つの試み——日本の視点から …… 354
4 ボンヘッファーの問いかけるもの …… 370
付論 祈ることと正義を行なうこと
——ボンヘッファーの生誕一〇〇年の記念に …… 387
主要な参考文献 …… 397
岩波現代文庫版あとがき …… 403

I 生涯

ボンヘッファー・ハウス(現在)

第1章　ボンヘッファーの生涯

1　生い立ちからドイツ教会闘争まで

生い立ち

ディートリヒ・ボンヘッファーは、一九〇六年二月四日、その双生の妹ザビーネとともに当時のブレスラウ(現在、ポーランドのブロツワフ)で生まれました。彼は、全部で八人の兄弟姉妹の中の六番目の子どもに当たります。父カール・ボンヘッファーは、南ドイツ・シュヴァーベン出身の精神医学の教授でした。のち第一次大戦の前にベルリン大学に招聘され、一家は、この首都で暮らすことになります。母パウラは、プロイセン貴族の家系で、有名なイエナの教会史家カール・A・フォン・ハーゼはその祖父に当たり、父はヴィルヘルム二世の宮廷付き牧師もつとめました。

ボンヘッファーの両親が住んでいたベルリン－グリューネヴァルトは、高名の学者たちの居住区として知られていました。両親は、物理学者マックス・プランク、神学者アードルフ・フォン・ハルナック、歴史家フリードリヒ・マイネッケなどと親交がありました。ディートリヒが、彼の家庭をとりまく、こうした精神的環境の中で、自己意識の形成の上に、また後年の思考と行動にたいして深く影響されたことは確実でしょう。

　ボンヘッファー家は、すでに第一次大戦で次男ヴァルターを失くしていましたが、ドイツ抵抗運動の中でもディートリヒのほかに、三男クラウス、さらに二人の娘婿をナチズムによる犠牲者として出しています。妹のザビーネも、夫ゲールハルト・ライプホルツ（ゲッティンゲン大学憲法学教授）がユダヤ人家系の出自だったため、一九三八年には、家族と共に亡命者としてイギリスに渡らなければならなくなりました。のちディートリヒの婚約者となったマリーア・フォン・ヴェーデマイアーの一家も、つとにヒトラー政権に反対してきたその父をはじめとして、教会闘争や抵抗運動にたいして援助と理解とを示しています。

父カールと母パウラ・ボンヘッファー

　こうしてみれば、改めてボンヘッファー一家を支えた宗教的・倫理的背景が問われてくるでしょう。たしかに、ボンヘッファー家においては、キリスト教的な関心や伝統が否定されていたわけではありません。しかし、父は醒めた目をもった精神医学者であり、家庭の環境には《啓蒙的な近代性》(I・テート)ともいうべき雰囲気が支配的だったようです。教会生活は、けっして一家にとって中心的な位置を占めてはいませんでした。

母は、自分の手で宗教教育を行ない、子どもたちと共に夕べの祈りを唱え、また聖句や讃美歌を教えています。しかし、ディートリヒが神学を学ぶ道を選んだとき、それは、家族全員にとって大きな驚きを呼び起こしました。父の目からすれば、この豊かな天賦の才に恵まれた息子が牧師になるという選択は、本人にとって「あまりにも大きな損失」のように思われたのです。

ボンヘッファーは、一七歳の年にテューービンゲン大学で神学を学び始め、さらにベルリンに戻って、その勉学を続けます。教授たちは、まもなく彼のすぐれた資質を認め、学究者としての道に進むことを助けます。一九二七年には、すでに二一歳の若さで、彼は神学博士の学位を取得しているのです。『聖徒の交わり』と題するこの本では、教会を制度としてとらえ社会学的方法も用いられていることが注目を引きます。

彼は、すでに若い時代から、書斎や講壇での仕事にとどまらず、現に苦悩しながら生きる人間との直接的な出会いと関わりをもつことに強い促しを覚えていたようです。たとえば、その後一年間、スペインのバルセロナにあるドイツ人教会で牧師補として勤務した頃の手紙(一九二八年八月)には、こう記されています。

「私は、日ごとに新しい人びとと知り合っています。少なくとも彼らのさまざまの運命と。しばしば、彼らの物語る言葉を通して、その人格が浮かび上がってきます。その際、いつも、くり返し、一つのことが印象的です。すなわち、ここでは、私たちは、《キリスト教的》世界の仮面から離れて、あるがままの人間に出会っている、ということです。激情をもった人びと、犯罪者タイプの人びと、小さな目的、小さな衝動、小さな犯罪をもった庶民たち。要するに、いずれの意味においても故郷を喪失した人びと、親しく話しかけると打ち解けてくる人びと——現実の人間と出会っているのです」。

ボンヘッファーが礼拝を司るときには、会堂は会衆で一杯になったと言われています。翌年、ベルリンに帰ってきたボンヘッファーは、ヴィルヘルム・リュットゲルト教授の助手として大学教授資格論文に取り組み始めます。しかし、当時、彼は、学友の一人に書き送っています。「おそらく、そう長くは学問の世界にとどまらないつもりだ。しかし、もちろん、できるかぎり徹底的な学問の素養を身につけておくことは、とても重要なことだと考えている」と。

彼は、正式に牧師となる任職式には年齢が足りなかったため、この間にアメリカのユニオン神学校に一年たらず留学します。そこでの出会いと学びとは、ボンヘッファーの視野を大きく広げるものでした。人種的坩堝《るつぼ》ともいうべきニューヨークにおいて、彼は、ドイツからの客人として国際的交流を文字通り現実に体験するのです。

その中で結ばれた変わらない交友の中で、とくにフランスから留学していたジャン・ラセール、アメリカの神学者ポール・レーマン――二人ともカルヴァン主義のキリスト者でした――からは、イエスの《山上の説教》にたいして新しく目を開かれ、非暴力の生き方にもとづく平和主義についても強い衝撃をあたえられました。そのほか、なお二つの事柄が重要な出会いとして注目されます。

一つは、ゼミナールで教わった教授たちの多くは、世界教会的《エキュメニカル》な運動と組織づくりに携わっていた人たちだったことです。じじつ、ボンヘッファーのその後のエキュメニカルな国際的活動は、こうした出会いに由来するものでした。いま一つは、社会倫理的色彩の強いアメリカの神学(たとえば《社会的福音《ソーシャルゴスペル》》)に触れて、それと対話することを促されたことです。それとも関連して、この時期に、彼は人種差別の社会生活や人種イデオロギーなど、黒人問題にも直接的に接触しています。この経験が後の人種主義反対の行動の上で重要な意味をもっていたことは確実でしょう。

アメリカからの帰国後、一九三一年七月には、三週間、ボン大学のカール・バルトを訪ね、そのゼミナールにも参加しています。その後まもなく始まった教会闘争の精神的指導者となったバルトと個人的に知り合えたことは、ボンヘッファー自身の神学の営みに決定的な方向づけをあたえるものでした。その折に受けた深い感銘を、アメリカ留学時代からの親友エルヴィン・ズッツ宛の手紙で伝えています。バルトが自分にたいする異論についても忌憚なく心を開き、問題の核心に迫る討議を導いていく仕方を絶賛しているのです。「バルトは彼の著書の彼岸に立っているのだ」「彼はまったく現実にそこに存在しているのだ」と。

この年の冬学期から、ボンヘッファーは、ベルリン大学の私講師として組織神学の講義を始めます。彼の周りに集まってきた学生たちは、やがて討論の夕べや週末の会合に加わる強固なサークルを形成しました。その一部の者は、後に教会闘争を共に担う若い同志として彼を助けることになるのです。その傍ら、彼は、ベルリン゠ブランデンブルク領邦教会の牧師として講壇に立ち、またエキュメニカルな運動のため奉仕し始めます。

ヒトラー政権の成立

一九三三年の春、ナチ政権が成立するとともに、ドイツの状況は、すっかり変わりました。しかし、当時、ドイツ福音主義教会は、ナチズムにたいして対抗する精神的な準備が十分にできていませんでした。ナショナリズムに根ざす伝統、ヴァイマル共和国にたいする失望などは、かえってドイツの教会をナチズムの運動に傾斜させがちだったのです。じじつ、多くの人びとが――教会指導者や神学者まで――ナチ政権に熱狂的・献身的に同調していきました。むろん、大量の失業者に溢れる共和国末期の危機的状況やヴェルサイユ条約以来深く傷つけられてきたドイツの国民的自負の感情なども、その大きな要因でした。

しかし、とくに見逃しえないのは、いわゆる《ナチ革命》にみなぎる熱狂主義的な千年至福説、すなわち、疑似宗教的な《千年帝国》の実現にたいする期待でした。そしてナチ《運動》そのものが、終始、こうした疑似宗教的＝政治宗教的な情動と言語の中で営まれていたのです。こうしたナチズムの精神構造の特質を解明するために、その政治的言語と政治的祭儀を分析してみることは有益です(宮田光雄『ナチ・ドイツと言語――ヒトラー演説から民衆の悪夢まで』岩波新書、二〇〇二年)。

たとえば『意志の勝利』というレニ・リーフェンシュタールの記録映画を観た人は、ニュルンベルクのナチ党大会における巧妙な祭儀的演出を思い出すのではないでしょうか。もっとも、リーフェンシュタールのこの映画そのものが、ヒトラーのニュルンベルク入城を飛行機や雲の情景から始めて、あたかもヒトラーが空から舞い降りてくる《救世主》であるかのように象徴的に表現していたのです。この記録映画は、ヒトラー自身を大いに満足させるナチ《政治的美学》の最高傑作だったのです。

しかし、こうした中で、ボンヘッファーは、いち早くナチズムの――破壊的で、野蛮で、ニヒリスティックな――本質を見抜くことのできた、数少ないキリスト者の一人でした。彼は、《千年帝国》を目差す誤ったメシアニズムの幻想に陥ることなく、大衆から《カリスマ的》権威にたいする服従を求める《指導者》崇拝を鋭く批判しています。すでに一九三三年春、彼は、ヒトラーの権力掌握後二日目に放送されたラジオ講演「若い世代における指導者と個人」を通して、そうした絶好の機会を活用したのです。

そこでは、権力の限界づけについて責任をとらない《指導者《フューラー》》が民衆の《誘惑者《フェルフューラー》》となる危険性を指摘しています。このボンヘッファーの批判は、人間がみずからを神格化し、神の前での責任を考えないときに生まれる根源的な危険について警告するものでした。このラジオ講演を聞いていた彼の双生の妹ザビーネは、それが突然プツリと中断されたときの驚きを、のちに回想しています(『ボンヘッファー家の運命』初宿正典訳、新教出版社、一九八五年)。

ドイツ教会闘争というと、ふつうマルティン・ニーメラーのようなリーダーの名前が思い浮かべられがちでしょう。しかし、ニーメラー自身は、この時点では、まだヒトラー賛美者・崇拝者であり、ヒトラー政権の成立を歓迎していたのです。同じ年の秋、ドイツが国際連盟脱退の政策決定をしたときにも、彼は愛国心に燃えて、ヒトラー激励の電報を打ちさえしています。つまり、有名なドイツ教会闘争のリーダー自身でさえ、まだ十分にヒトラーの本質が見抜けなかった時点で、若かったボンヘッファーが、あのように透徹した批判的な眼差しをもっていたのは、まことに例外的な事実だったのです。

たとえば、カール・バルト自身も、一九六七年に前述の『ボンヘッファー伝』が出たとき、それを読んで抱いた感動を著者ベートゲに書き送っています。バルトの称賛は、何よりも、ボンヘッファーがすでに一九三三年春の時点で、最初に、ほとんど唯一の人間として、ユダヤ人問題の重要性について神学的に徹底的に考え抜いていたことにあります。この問題を彼のように教会闘争のテーマとして公然と論じなかったことを、バルトは、長らく罪責として感じていた、と率直に記しています。

バルトを感嘆させたのは、ボンヘッファーが一九三三年四月に行なった「ユダヤ人問題にたいする教会」という講演でした。ここで、ボンヘッファーは、受洗して教会に属しているユダヤ人キリスト者の権利だけではなく、むしろ、ナチ・ドイツ社会におけるユダヤ人すべての市民的権利そのものを擁護しているのです。ここには、すでにボンヘッファーが後に携わることになった政治的抵抗の考え方に通じる響きがあります。

この講演で、彼は、ナチのユダヤ人政策に反対して、教会のとるべき三つの行動可能性について論じています。第一に、その政策が合法的な国家にふさわしいかどうか、国家の責任を問いかけることです。第二には、国家の政策の犠牲となった人びとにたいして、彼らを助けるために奉仕の義務を引き受けることです。しかし、彼が第三番目の可能性として、「車輪の下敷きとなった犠牲者を助けるだけでなく、みずから車輪の下に身を投じて」、車そのものを阻止することを教会の責任範囲にあげているのは、きわめて重大です。もっとも、この直接的な政治行動については、彼は、その都度「福音主義的な教会会議」によって決断されるべきものだ、と慎重に考えていたのでした。

この第三の可能性は、――翌年のファーネー講演と同じく「福音主義的な教会会議」への言及に示されるように――エキュメニカルな世界教会に訴え、すべての国々のキリスト者の協力によって、武器を手にする国家間の対立を拒否するというシナリオを描いていたように思われます。この時点では、彼の念頭には、まだ直接的な実力による抵抗運動がイメージされていたわけではなかったようです。

こうしてボンヘッファーは、ナチズムの誤った疑似宗教的性格にたいする神学的批判から、同時に政治的な批判と反対へと歩んでいきます。この歩みの中で、彼がその周辺に意見を同じくする友人や家族をもつという好条件に恵まれていたことも見逃してはならないでしょう。たとえばナチズムを早々と政治的メシアニズムとしてとらえたボンヘッファーの見方は、彼の義弟ライプホルツの新しい著作(『ドイツにおけるリベラル・デモクラシーの崩壊と権威国家観』一九三三年)のナチズム観と軌を一にするものでした。

ライプホルツは、ナチズムの中に「政治的形而上学の再生……信仰による政治的革新」の危険性を認め、彼のイタリア・ファシズムに関する研究を踏まえて、即事的《ザッハリヒ》な論議を不可能にする政治的宗教が亢進する危険性について警告していたのでした。さらに加えて、ボンヘッファーは、法律家だった兄クラウス・ボンヘッファーや義兄のリューディガー・シュライヒャー、同じく司法省の大臣付き法務官をつとめていたハンス・フォン・ドナーニーなどと交流する機会に恵まれていました。

たとえばドナーニーは、すでにナチスによる多くの犯罪行為について密かに記録を作り始めていました。それはドイツの軍部を味方に取り込むためであり、またヒトラー追放後に民衆に向かって政権の真の性格を摘発してみせるためでもありました。こうして彼らは、互いに政治的状況について意見を交換し合い、《第三帝国》の権力中枢から出てくるさまざまの情報をめぐって討議し分析することができたのです(C・シュトローム『反ナチ闘争における神学的倫理』一九八九年)。

同じく父カール・ボンヘッファーは、戦後の自伝的回想の中で、こう記しています。

「一九三三年におけるナチズムの勝利とヒトラーが帝国《ライヒ》首相に任命されたことを、私たちは、当初から、しかも家族全員が一致して、不幸な出来事とみなしていた。ヒトラーにたいする嫌悪と不信の理由は、私の場合には、彼のデマゴーグとしての宣伝的演説、……乗馬用の鞭を手にしながら自動車で国中を駆け回ること、ここベルリンでは、おそらく他のどこにおけるよりも、細かい点まで品性の悪さのほどがよく知られていた協力者たちをヒトラーが登用したこと、そして最終的には専門家の同僚たちのあいだに広まっていたヒトラーの精神病質的性格の噂にあった」。

ちなみに「乗馬用の鞭」に関していえば、ヒトラーは青少年の身体的鍛練の必要性を声高に叫んでいたにもかかわらず、落馬の危険のある乗馬は自分ではしようとはしませんでした。少なくとも民衆の眼前では、彼の《カリスマ的》権威を保つため、人間的な弱点から免れていようとしたのです。

教会闘争の中で

しかし、ドイツの多くの教会では、ナチの国家権力が教会生活や信仰箇条の中身に干渉しさえしなければ、何とかヒトラーと妥協してもよい、と考える大勢の人たちがいたのでした。ナチ党の尖兵となった《ドイツ的キリスト者》の運動が勝利を収め、ルートヴィヒ・ミュラーが帝国教会監督《ライヒスビショフ》に就任する中で、ボンヘッファーが妥協を許さない抵抗路線の代表者になっていったのは当然でしょう。そうした明確な姿勢は、逆に、ボンヘッファーを教会闘争の仲間からの孤立に導くものでもありました。

こうした中で、彼は一九三三年秋、ロンドンにあるドイツ人教会の牧師に招聘されドイツから離れます。彼がロンドンから送った手紙に答えて、バルトは、「ただちにベルリンのポストへ復帰する」ことを強く求めたのでした。ボンヘッファーの戦列復帰は、実際には、一九三五年まで待たなければなりませんでした。しかし、この間にも、彼なりの仕方で教会闘争の重要な任務の一翼を担いつづけていたことを見逃してはならないでしょう。

すなわち、ロンドンにおいて、彼は、イギリス国教会のチチェスターの主教ジョージ・ベルとの友情を深めました。ベルは、確信的な平和主義者であり、ボンヘッファーから定期的にドイツの政治的・教会的状況について知らされました。ボンヘッファーの側でも、政治的・人種的理由にもとづくドイツからの亡命者のために、ベルから便宜と支援とを図ってもらっていたのです。こうしてみれば、彼のいわば《亡命》は、けっして戦線からの離脱ではなく、ドイツ教会闘争とエキュメニズムとのつながりを固くすることに貢献していたと言うことができるのです。

この間に、たとえばデンマークで開かれた世界教会のファーネー会議(一九三四年八月)では、ボンヘッファーは有名な平和講演を行なっています。「安全(保障)の道を通って《平和》にいたる道は存在しない」。なぜなら、安全保障を求めることは相手側にたいして不信感を持っているということであり、それが戦争を引き起こすのであるから。平和は「敢えてなされなければならない一つの大きな冒険」である。平和とは、神の戒めにすべてを委ねて、安全保障を求めないことであり、諸民族の歴史を全能の神の御手の中におくことである、と。

「時は切迫している。世界は武器を凝視している。すべての目からは恐ろしく不信が顔をのぞかせている。宣戦布告のファンファーレは明日にも吹き鳴らされうる。われわれは、なお何を待っているのか」(「教会と世界の諸民族」、『選集6　告白教会と

世界教会』森野善右衛門訳、一九六八年、所収)。

この講演でボンヘッファーは、全世界のキリスト教会の「エキュメニカルな一大公会議」が全世界のキリスト者に向かって集団的な兵役拒否を呼びかけ、教会の威信をかけて全世界の教会の名において国際的な軍拡競争の動きと戦争を阻止しようと訴えたのでした。彼は、キリスト者としてなお許容されるのは衛生兵勤務のみであるとみなしていました。しかし、ボンヘッファーのこの前代未聞の要求は、ファーネー会議では聞き流されてしまいました。ただ、会議としては、良心的兵役拒否が国家権力によって処罰されるべきではないこと、それに代わる《市民的》代役が制度化されるべきことを決議するにとどまりました。

ボンヘッファーの講演は、けっして非政治的人間による非現実的な思いつきではありませんでした。むろん、軍拡を中止せよという彼の意見にたいして、それがヒトラーにたいする西欧諸国の宥和《アピースメント》政策に力をあたえるだけの逆効果しか生み出さないのではないか、という批判も出てくるかもしれません。しかし、その後のヨーロッパ現代史の歩みをふり返れば、彼の先鋭な提案は、ナショナリズムの亢進と切迫しつつあった戦争の危機にたいして、まことに時宜を得た預言者的な警告だったと言うべきではなかったでしょうか。

インドに旅してガンディから非暴力抵抗の可能性について学びたいという彼のアメリ

カ留学以来の宿願が、ふたたび燃え上がります。この願いは、彼の生涯を通じて何度かくり返されたものですが、その都度、さし迫った現実の課題のゆえに、ついに実現しえなかったのでした。

この間にドイツではニーメラーの呼びかけで告白教会の結集が始められていました。ロンドンにいたボンヘッファーは、バルメン教会会議(一九三四年五月)には直接に参加しませんでした。しかし、彼は、バルトの起草したバルメン宣言の六つのテーゼを全面的に支持しています。彼は、告白教会こそ正当なドイツの教会であることをエキュメニカルにも認知させようと熱心に努力するのです(宮田光雄『カール・バルト――神の愉快なパルチザン』岩波現代全書、二〇一五年、参照)。

ボンヘッファーは、一九三五年に帰国して、以後、五年間、告白教会に属するフィンケンヴァルデの牧師研修所において指導にあたります。すでに教会組織としては《帝国《ライヒ》教会監督》下のドイツ帝国福音主義教会との関係は断絶していました。そのため告白教会は、牧師補たちのために独自の養成機関を《非合法》な形でつくらねばならなかったのです。

研修所では厳しい神学的訓練が行なわれましたが、同時に、政治問題や教会政策についても慎重な考察と討論とがなされました。外からの圧力、《帝国教会》に従属させようとする誘惑は強大でした。とくに研修終了後にただ一人で牧会の現場に立たなければならない多くの牧師候補生たちにとって支えが必要だったのです。

それは、ボンヘッファー自身にとっても、神学的・教会実践的に実り多い歳月となりました。この時、教会闘争の信仰的基礎づけとして行なった《山上の説教》についての講義は、牧師補たちに大きな衝撃をあたえました。彼は、五期のコースすべてにわたってこのテーマについて、さまざまのアクセントをおいて講義しています。その草稿から一九三七年に刊行された成果が『服従』です(本書、第4章、参照)。

さらに彼は、当時一般的だった牧師養成の在り方にたいして革新的実験を試みます。第一期生のコースが終了した同年秋、彼は、若い仲間のエーバハルト・ベートゲたちとともに《兄弟の家《ブルーダーハウス》》をつくります。共同の財政的支えのもとに、《共に生きる生活》による信仰的武装が施されるのです。祈りや黙想、さらには自由な個人的告解などをともなう秩序正しい一日の生活が課せられていました。

それは、教会が国家権力によって最大の脅威にさらされた時代に、それと闘うために霊的な力を養い、新しい信仰的交わりを構築するため日常的に訓練しようとするものでした。その成果が、一九三九年に出版されて以後、戦時中も版を重ね、今日なお彼の著作の中でももっとも広く読まれている『共に生きる生活』(改訂新版、森野善右衛門訳、新教出版社、二〇〇四年)です。

一九三五年五月初めに、ヒトラーは、新国防法を公布して一般的兵役義務を定め、民衆から歓呼して迎えられます。そうした高揚した気分は、研修生たちのあいだにもただよっていました。これまで国家当局から疑いの目で見られてきた彼らにとって、いまや自分たちの愛国心を証明することができる絶好の機会と考えられたからです。

しかし、彼らは、所長のボンヘッファーがいっこうに興奮した様子を示さないこと、むしろ、彼がキリスト者には兵役を拒否する可能性もあるはずだと考えているらしいことをいぶかります。こうした考えは、若い彼らにとってまったく意外だっただけではなく、告白教会の指導部においても歓迎できないものでした。しかし、《山上の説教》に立つボンヘッファーには、非暴力と愛敵の行動こそ信仰者としてとるべき唯一の道だったのです。

すでにこの年の夏にはバルトはスイスに追放されていましたが、一九三七年夏にはニーメラーも逮捕されます。引きつづき世界的に注目された裁判において、翌年春、ニーメラーは奇跡的に勝訴しました。にもかかわらず、彼は、法廷からの釈放後、ただちに秘密国家警察《ゲシュタポ》に逮捕され——ヒトラーの《個人的囚人》として——ザクセンハウゼン、さらにダッハウの強制収容所に送られるのです。

こうした中で、同じく一九三七年秋には、フィンケンヴァルデの牧師研修所も、ついにゲシュタポの手によって閉鎖されます。それから、この仕事は、非合法な地下活動の形をとらざるをえなくなりました。四〇年には完全な禁止措置がとられてしまいます。

この間に研修生たちの多くは徴兵され、三九年の戦争勃発とともに、その多くは戦場に倒れていくのです。ボンヘッファー自身は、研修所閉鎖後、四五年四月の死のときまで、ふたたび定住する場所を見いだすことがなかったのでした。

一九三八年になって、ヒトラー個人にたいして牧師が忠誠宣誓をすることを求められると、それまで教会闘争を担ってきた告白教会の人びとのあいだにも大きな動揺が起こります。当時のナチ親衛隊(SS)の保安情報部による秘密報告書をみれば、こうした教会の動向が手にとるようにわかります。報告書は、プロテスタントの教会員たちが、いまや「健全な民族感情」を示すようになり、教会闘争の「グループ・リーダーたち」は、いよいよ、その「影響圏内から支持者の数が消えていく」のを目撃せざるをえなくなっている、と誇らかに報じています。こうした告白教会の曖昧《あいまい》な在り方にたいして、ボンヘッファーは、かなり強い失望感を抱くようになりました。

同じ年の一一月九日の夜に《帝国水晶の夜《ライヒスクリスタルナハト》》事件が起こります。ドイツの各地でナチの突撃隊(SA)や親衛隊(SS)の隊員たちがユダヤ教の会堂《シナゴーグ》に放火し、ユダヤ人の家屋を破壊する行動に出たのです。この日、ボンヘッファーは、自分が黙想用に使っていた聖書の中の「詩編」(七四・八)の聖句にアンダーラインを引いています。それは、「彼らは、この地にある神の祭りの場をすべて焼き払いました」という箇所でした。さらに、それにつづく「もはや私たちのしるしを見ることはできません。/預言者もいません。/いつまで続くのか私たちの中には知る者もありません」という聖句には、深い思いをこめて感嘆符が打たれていたのでした。

当時、フィンケンヴァルデの学生たちのあいだでも、この事件の性格について、激しく論議されたようです。当時の研修生の一人は、この時の様子を回想して記しています。ボンヘッファーは、ナチスによるシナゴーグの破壊について、それが《神の子殺しの民》ユダヤ人への呪いが成就したのだ、という伝統的な反ユダヤ主義的解釈にたいして断固として反対でした。この事件は純然たる暴力によって引き起こされたものであり、「この行為によって、ふたたびナチズムの神なき実相が明らかにされたのだ」と断言しています。「今日、ユダヤ教の会堂が燃やされるなら、明日は教会に火がつけられるだろう」と警告したのでした(W・D・ツィンマーマン編『D・ボンヘッファーとの出会い』一九六四年、所収)。

2　反ナチ抵抗運動の只中で

アメリカ亡命への旅

一九三九年には、ボンヘッファーは、新しい決断の前に立たされます。この年の六月初め、彼は、アメリカからの招待に従ってニューヨークに渡るのです。

これは、たんにナチズムにたいする反対というだけではなく、何よりも武器を手にする兵役を「今ここでは」拒否しなければならないという彼の信仰的確信と結びつくものでした。戦争の切迫が感じとられる中で、彼は、ヒトラーの不正な侵略戦争に参加すること、さらにその戦争推進者である《総統》にたいして兵士として服従宣誓することを良心的に認めえなかったのです。この年の春、ベルに宛てた彼の手紙には、それが切々と訴えられています。むろん、ボンヘッファーは、こうした兵役拒否がナチ・ドイツ治下では死刑に通じていることも認識していました。

じっさい、戦後に知られるようになった報告によれば、こうした場合、通常は、圧倒的多数(八〇―九〇パーセント)の者が死刑を宣告されたようです。彼らは、判決後にも態度を変えない場合、ほとんど同じ比率で、実際に死刑を執行されたのでした(K・ブレーデマイアー『第三帝国の兵役拒否』一九九一年)。たとえばニーメラーは、当初、入れられていたザクセンハウゼン強制収容所で、毎朝、点呼の際に《エホバの証人》のメンバーが大勢の囚人たちの前に引き出され、兵役拒否を理由として示威的に絞首ないし銃殺されるのを目撃したのでした。

告白教会の指導者たちは、そのメンバーの兵役召集にたいして、どのような態度をとるべきか、はっきりした結論を打ち出せないままでした。そうした中で、彼らは、兵役拒否者ボンヘッファーという形で事件が公然化することに、大きな危惧の念を抱いていました。すでに前年のチェコ危機に際して、バルトがチェコ国民に抵抗を訴えた『フロマートカ宛書簡』の引き起こした政治的波紋は、忘れられてはいませんでした。告白教会の指導者たちは、ふたたび教会の愛国心について国家当局から重大な疑いをかけられ、弾圧される新しい機縁となることを恐れたのです(前掲、宮田『カール・バルト』参照)。

アメリカの友人たちにとっては、事柄は簡単でした。彼らは、これまでも度々危ない目にあっているボンヘッファーを、まさに危機一髪の瞬間に、タイムリーにドイツから脱出させることができたのを喜んだのです。彼らは、ボンヘッファーがアメリカでしばらくのあいだ生活し働くことのできるように道を整えてくれました。これは、当時としては、まことに例外的な幸運を意味するものでした。なぜなら、その頃、政治的・人種的に迫害されていた多くの人びとは、亡命のためのビザと滞在許可証を空しく待ちつづけなければならなかったのですから。

しかし、すでにアメリカへの船上で、彼は予期しない心の重圧に襲われます。はたして、アメリカは神が自分をおこうとされている場所なのだろうか。当時の彼の日記は、彼が孤独の中で耐え通さねばならなかった激しい葛藤を映し出しています。たしかに《自由世界》において彼の身は安全でした。他方、また告白教会の中で、彼をドイツに引きとめようと思っていた者は少なかったことでしょう。しかし、彼は、自分がナチズムにたいする抵抗を促した若い神学生たちを放り出したままドイツに残してきたという事実を、簡単に受け入れるわけにはいかなかったのです。

彼は一九三九年六月に船でニューヨークに渡りました。しかし、数日後にはドイツへの帰国を決断して友人たちを驚かせます。彼は、その理由をラインホルド・ニーバー宛の手紙にはっきり記しています。

「私がアメリカに来たのは間違いでした。私は、私たちの国の歴史の困難な時期をドイツのキリスト者たちと共に生きなければなりません。もし私がこの時代の試練を同胞と分かち合うのでなければ、私は、戦後のドイツにおけるキリスト教的生活の再建に与《あずか》る権利をもたなくなるでしょう」。

「ドイツにいるキリスト者は恐るべき二者択一の前に立たされることでしょう。すなわち、キリスト教文明が存続するために自国の敗北を望むか、それとも自国の勝利を望んでわれわれの文明を滅亡させるのか。私がそのどちらを選択すべきかは分かっています。しかし、私は安全な場所に身をおいたままでは選択を下すことができないので

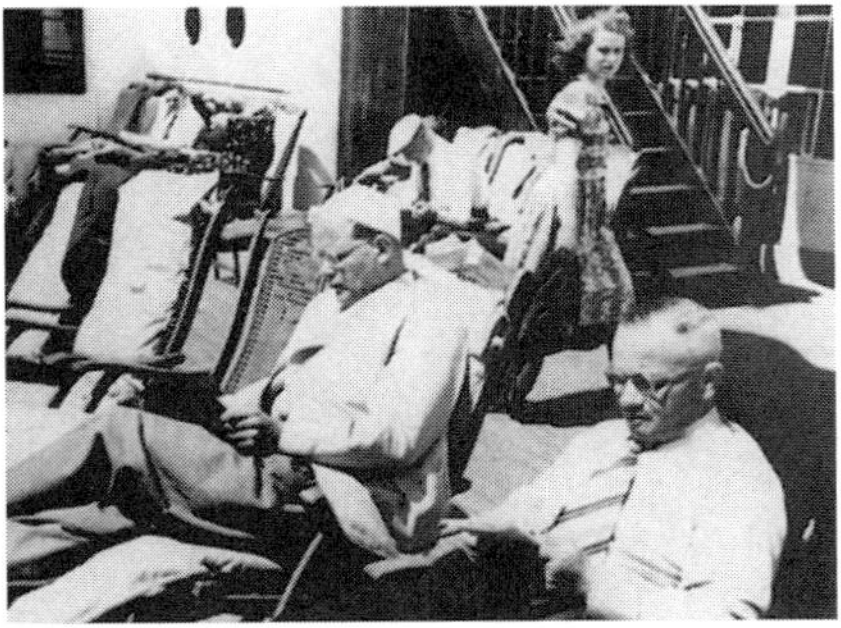

アメリカへ向かう船ブレーメン号にて

す」(一九三九年六月二〇日)。

この間におけるボンヘッファーの内面的転換を知る上で、非常に印象的な事実があります。それは、彼のアメリカへの旅の日記に《聖書日課《ローズンゲン》》の記載がひんぱんに見られるということです。アメリカにとどまるべきか、それとも帰国すべきかという厳しいディレンマの中で、日ごとのローズンゲンは、彼に慰めと導きとをあたえるものでした。

六月二六日に、彼は、その日のローズンゲンの中に「冬になる前にぜひ来てください」(Ⅱテモテ四・二一)という言葉を発見しています。

「この言葉が一日中、私の頭にこびりついて離れなかった。それは、戦場から休暇で帰ってきた兵士が、自分を待っていたすべてのものをふり棄てて、また戦場に引き戻されるときのようなものだ。……「冬になる前にぜひ来てください」――これをもし私が自分に言われたことだととらえても、それは聖書の乱用ではない」と。

二日前の日記にも、ローズンゲンの聖句「信ずる者は慌てることはない」(イザヤ二八・一六)をかかげ、「私は家郷での仕事のことを思う」と記しています。こうして帰国の決意を固めるとともに、彼は良心的葛藤から解放され、ただちにドイツに引き返します。七月七日の夜、ボンヘッファーを乗せた船はニューヨーク港を離れます。それは、アメリカからドイツ人を乗せてドイツに向かう最後の船でした。ボンヘッファーは記しています。

「旅は終わりだ。僕はかの地にいたことを喜んでいる。そして、ふたたび帰国の途上にあることを喜んでいる」。

抵抗運動の中へ

一九三九年九月一日に第二次大戦が勃発します。ボンヘッファーは、告白教会から各地の教会を回って問安する仕事を委託されます。しかし、そうした仕事がしだいに困難になっていく中で、一九四〇年秋には、教会闘争の戦列から一歩踏み出すことを決意します。それは、ヒトラーが《電撃戦》で相次いで勝利を収め、民衆的に人気の絶頂に達して間もない頃のことでした。彼がヒトラー政権を打倒するため実力によるクーデタの可能性をめぐって、『倫理』草稿の執筆を始めたのもその頃のことです。二つのことは、この時点におけるヒトラーの「大成功」の事実と相関しています(本書、二〇五頁、参照)。

すでに一九三八年以来、彼は、政治的抵抗の地下活動について知らされていました。しかし、いまや義兄のドナーニーを介して、ヒトラーにたいする反乱計画にみずから参加するにいたったのです。この頃、カナーリス提督の率いる国防軍諜報部は、ヒトラー政権を転覆しようとするドイツ軍部の抵抗運動の中枢的な存在でした。その頂点には元参謀総長ルートヴィヒ・ベック将軍、さらに政治家カール・フリードリヒ・ゲルデラーが立っていました。ボンヘッファーは、この国防軍諜報部の中のハンス・オスター大佐

(四一年末から少将)を長とする部門に属する対外連絡のための嘱託員として勤務することになります。

公的な理由づけとしては、ボンヘッファーの国際交流の経歴から対外情報収集のために軍事的なスパイ活動にとって役立つ——諜報部にとって《不可欠な》(unabkömmlich UK)——存在だということでした。そのために特別の《UK》の身分をあたえられ、兵役免除を認められたのです。むろん、彼が実際に期待されていたのは正反対の使命でした。

この抵抗運動は、ヒトラーを——やむをえない場合には実力によってでも——排除して平和と公正な国家秩序を再建することを意図していました。それは、ヒトラーを暗殺する可能性も含んでいました。こうした陰謀計画にボンヘッファーが加わったことは、多くの倫理的な問題性をはらむものでした。キリスト教の牧師がヒトラー暗殺に加わることが許されるのか。《汝、殺すなかれ》という神の戒めが妥当しなくなる例外状態がありうるのか。ボンヘッファーは平和主義者ではなかったのか……。

しかし、ボンヘッファーは、この道を具体的な歴史的状況の中で《今ここで》求められた信仰の服従として選びとったのでした。彼にとって、《汝、殺すなかれ》という神の戒めは、一九四四年七月二〇日の行動についてのみではなく、政権の成立当初から不法な殺人を恐れなかったヒトラー支配の全期間の出来事についても妥当するものでした。しかし、この神の戒めが、終始、尊重されないままできたゆえに、ドイツの内外で共同の罪責が山積し、その解決のために、いまや罪責をともなう方法しか残されなくなってしまったのです。興味深い証言が残されています。

「ボンヘッファーは、ドナーニーから聞かれたことがある。「《剣をとるものは剣によって滅びる》という言葉は、いまやわれわれにも妥当するのではないのか」と。ボンヘッファーは答えた。「もちろんです。それは、われわれにも妥当します。しかし、このことを引き起こさせた彼らもまた、この言葉を必要としているのですと」(E・ベートゲ『信仰を告白することと抵抗すること』一九八四年)。

ボンヘッファーがこの抵抗運動へ参加する中で果たした役割は、二つありました。一つは、従来、彼がエキュメニカルな国際交流をもっていたことから、連合国側に、ドイツ国内における政権転覆の地下活動の事実について密かに情報を伝えることでした。ヒトラー打倒後の和平について、また、ドイツやヨーロッパの未来の秩序について、あらかじめ連合国側の理解と支持とを求めるためでした。むろん、この仕事は発覚すれば、ただちに国家への反逆罪として逮捕・投獄され、さらには処刑されうる危険なものでした。

彼は、たとえば一九四二年初夏には、スウェーデンで密かにチチェスターの主教ジョージ・ベルと出会い、ドイツ抵抗運動指導者のリストを示したうえ、イギリス政府の反応について打診するように求めています。ベルは、《いま一つのドイツ》の存在することを確信して、イギリス政府がドイツの抵抗運動とともに《共同の敵》にたいして闘うことを願っていました。しかし、ベルの努力にもかかわらず、アントニー・イーデン外相は《国益》の名において回答することを頑なに拒否したままでした。ドイツの抵抗運動は、まことに不幸にも、連合国側からは、終始、《見捨てられた》ままだったのです（K・フォン・クレンペラー『見捨てられた陰謀者たち』一九九四年）。

そのほか、ボンヘッファーは、戦時中、スイスに三度、さらにノルウェーやイタリアにも秘密の旅をしています。とくにスイスでは、バルトとも出会っています。それは、バルトを驚かせるに十分でした。じっさい、戦争の真只中に告白教会に属する一人の牧師がハーケンクロイツの捺印のある身分証明書をもって公的任務を帯びた国外への旅をしてきたのですから。

戦後二〇年ほどして、バーゼルのカール・バルト文書館の屋根裏から当時のボンヘッファーの手紙が数通発見されて注目されたことがあります。そこから分かるのは、バルト自身は、陰謀計画に加担したボンヘッファーにたいして個人的信頼をけっして全面的に失ったわけではなかったことです。しかし、バルトは、《プロイセンの将軍たち》によるクーデタ計画ということに不信の念を抱きます。そしてクーデタ後のドイツが一九三九年の国境のまま無傷でとどまれると考えているのはナイーヴすぎること、新政権を連合国側が信頼しないだろうということを、はっきり告げています。

この見通しにはバルトの政治的リアリズムがあらわれています。それをバルトから直接に告げられたとき、ボンヘッファーは深い衝撃をあたえられました。このクーデタは、たしかに、プロイセン軍部という手段と結びついてはいましたが、過去のプロイセン主義的反動や軍国主義とはまさに正反対のものを志向している、と考えていたからです。むろん、ドイツの罪責について自覚していたボンヘッファー自身は、抵抗派の指導者たちよりも先んじて、それ以後、ドイツ側からの無条件降伏による和平を明確に期するにいたります。

抵抗運動の中でボンヘッファーの果たした、いま一つの役目は、まったく別のところにありました。それは、抵抗運動に参加した人びとの道徳的バックボーンを彼なりの仕方で支えることでした。ドイツのプロテスタンティズムにおける官憲国家的服従の伝統の中で、実力によるクーデタの可否をめぐって倫理的な検討が問われていたのです(本書、第6章、参照)。

ボンヘッファー自身は、すでにナチ当局から講演禁止(一九四〇年)や著作禁止(一九四一年)を命じられていました。しかし、彼は、諜報部の委託による多忙な活動の合間を縫いながら、旅する各地やベルリンの父の家の屋根裏部屋で、遺稿となった『倫理』の草稿を書き綴っていくのです。彼は、すでに一九三八年には、秘密国家警察からベルリン滞在も禁止されていました。しかし、ボンヘッファーの父は息子のために尽力して、少なくとも私的《プライベート》な理由のあるときには首都に入ることも容認されていたのでした。

じじつ、抵抗運動をめぐる最新の伝記的研究によれば、――一部の左翼の運動家は別として――多くは抵抗運動に入った究極の動機が宗教的なものだったことを教えています。ボンヘッファーは、彼らの重い良心的葛藤について考え抜く神学的な助言者としての役割をもっていました。ある意味では、ボンヘッファーの存在は、ドイツ抵抗運動を支えた思想的・倫理的な柱と見ることさえできるかもしれません。たとえば歴史家ハンス・ロートフェルスも、こう指摘しています。

「ボンヘッファーは、倫理的ディレンマ――それは、〔ナチに占領されていた〕他の諸国における反対派の人びとの良心にたいするものとは比較にならないようなディレンマだった――をラディカルに解決することをためらわなかった、もっとも明確な、かつもっとも純粋な抵抗のタイプを代表している」(『第三帝国への抵抗』片岡啓治・平井友義訳、弘文堂、一九六三年)。

一つの緊迫した状況の中で生まれた挿話を紹介しておきましょう。フィンケンヴァルデで学び、告白教会の非合法の牧師になっていたツィンマーマンは、一九四二年一一月の小さな会合で、ボンヘッファーとヴェルナー・フォン・ヘフテン中尉とのあいだに交わされた緊迫したやりとりを回想しています(前掲、ツィンマーマン編『D・ボンヘッファーとの出会い』)。

このとき、ヘフテン中尉は、長い沈黙ののちに、自分が陸軍最高司令部付き将校としてヒトラーを至近距離から射殺できるチャンスがあることを打ちあけたのです。対話は長い時間つづけられ、ボンヘッファーは、冷静な考慮、明確な計画性、予期しえない事態への忍耐などについて、くり返し警告しています。しかし、最後にヘフテン中尉は、端的に踏みこんで尋ねます。「私はなすべきか、……私は許されているのか」。ボンヘッファーは、答えます。自分には彼からこの決断を取り去ることはできない、リスクは彼自身が、彼一人で引き受けねばならない、と。さらに重大なことが付言されたのでした。好機を逸することの罪責を口にするのなら、これまでナチ的現実との対応をめぐる多くの罪責が積み重ねられてきたのであり、何びとも彼が現に立っているこうした状況から罪責なしに抜け出すことはないのだ、と。「しかし、罪責は、つねに〔イエス・キリストによって〕担われている罪責なのだ」と。

ここには、ボンヘッファーの一貫する信仰的態度決定が迫真的な証言として伝えられているのではないでしょうか。そしてヘフテン中尉は、じっさい、失敗に終わった東部大本営でのヒトラー暗殺事件の行なわれた一九四四年七月二〇日の深夜に、シュタウヘンベルク大佐の副官として、ベルリンのベントラー通りにある最高司令部の庭で銃殺された一人となったのです。東部大本営で爆死を免れたヒトラーから直接に電話で鎮圧命令を受けた親衛隊員たちの手によって。

SSの保安情報部にとって国防軍諜報部の独立性は、目の中にささった棘《とげ》を意味していました。両方の組織が対立する渦中で、不運な事情が重なり、ボンヘッファーは、一九四三年四月五日に両親の家で逮捕され、ドナーニーなどとともにベルリン郊外にあるテーゲルの軍用刑務所に入れられます。しかし、それは、直接的に陰謀計画への参加によるのではなく、彼の兵役免除やユダヤ人の国外逃亡幇助などの容疑を理由とするものでした。反乱計画は、まだ発覚してはいなかったからです。

実は、逮捕される一年ばかり前に、ボンヘッファーは、彼にとって新しい人生の地平を開く運命的な出会いを経験していました。教会闘争の支援者だった東プロイセン土地《ユン》貴族《カー》の家系に属する若いマリーア・フォン・ヴェーデマイアーと知り合ったことです。手紙を通して婚約者となった彼らは、それ以後、直接に顔を合わせて言葉を交わす機会もないままに、ボンヘッファーの逮捕・投獄にいたったのでした。

獄中生活

ボンヘッファーは、つねに逮捕されることを予期していましたが、未決の《政治犯》としての拘禁生活は、けっして容易なものではありませんでした。当初、軍用刑務所では小さな窓が一つあるだけの狭い部屋に入れられ、硬い木のベッド、悪臭をはなつ掛け布団との出会いなど苛酷な生活から始まります。ボンヘッファーの「テーゲル獄中一年目の報告」には、一切の人間的尊厳性を奪う隔離された独房の体験を冷静《ザッハリヒ》な口調で記録しています。

「私は最上階の、もっとも遠く隔離された独房に連れて行かれた。特別の許可なしに接近することは何びとにも禁じられる、という札が貼られた。文通は当分のあいだ停止、それに加えて、他のすべての囚人たちのように一日三〇分戸外に出ることも許されない、と申し渡された。新聞も煙草も手に入らなかった。四八時間後、聖書が返却された。それは、私がその中に鋸とかカミソリなどを隠していなかったかどうかということで調べられたのだった。ついでに言えば、つづく一二日間は、獄房はただ食事を受けとる時と汚物入れのバケツを出す時だけ開けられた。私は最も重大なケースを扱う棟に入れられたのだ。そこには死刑を宣告された人たちや、手足を鎖でつながれた人たちがいた」。

婚約者マリーア・フォン・ヴェーデマイアー

最初の二週間、ボンヘッファーは、あきらかに主体性を打ち砕くことを狙った逮捕と投獄、一連の出来事の渦中に投げ込まれます。独房に入れられたまま、彼に話しかける者は誰もなく、一〇日ごとに両親から郵便が届けられるだけで、それにたいしては返事を出すことが認められていました。一週間ごとに着替えのための小包のほか、補足的な食料品と書物の差し入れを受けとることができました。マリーアとの婚約は、当初はまだ公にされていませんでしたから、彼女と交信することが許可されるには時間がかかりました。

その後、ボンヘッファーの伯父に当たるパウル・フォン・ハーゼ将軍——のちに七月二〇日事件に連座して刑死します——が、当時はベルリン地区防衛司令官であり、テーゲル軍用刑務所もその管轄下に入っていたことから、やや緩やかな扱いを受けるようになります。にもかかわらず、当初に味わった《拘禁トラウマ》とでも呼ばれるべき経験は残ったままでした。

当時のメモには「過去および将来との連続性が断ち切られた」と記され、さらには自殺の想念がよぎったことを思わせる言葉さえありました。もっとも、メモのこの部分には、二重の×印がつけられ、のちに彼がそれをはっきり否定し去っていたこともうかがわれます(本書、二二八頁、参照)。つづく歳月には、彼の生活は手紙の交信に打ち込まれます。

ボンヘッファーの日々の生活は聖書を読むことから始まり、聖書を読むことで閉じられる毎日でした。早朝の起床、冷水摩擦と体操。いつか加えられるかもしれない拷問に耐え通すため身体を鍛えたのです。朝食後は神学の仕事に取りかかり、午前中は執筆、その後は文学書──刑務所内の蔵書の中に発見したアーダルベルト・シュティフターの作品など──を読んだり、体調に応じてふたたび執筆したりの明け暮れでした。時にはパウル・ゲールハルトの讃美歌を暗唱し、ラジオから流れるクラシック音楽にも心をときめかしています。

こうした中で、しだいに敗戦近い獄内にあって、彼は、今後の帰趨に迷う監視兵や同囚の人たちから、しばしば人生相談をもちかけられ、《牧会者》としての役割を果たしていったようです。それは、何ら世俗的な打算によるものではなく、むしろ、時と所とを問わず、悩めるものの《隣人》となることをいとわない生来の愛の人柄と信仰の証人としての姿でした。それが結果的には、非合法なルートによる外部との通信を可能とする機縁となったのでした。

ボンヘッファーたちを担当した高等軍法会議検察官マンフレート・レーダーが、国家反逆罪のかどで告発するには司法的にまだ不十分でした。それゆえ、ボンヘッファーは、まもなく開かれるはずの裁判で、いっそう軽い処罰か無罪放免されることを期待していました。彼は、獄中にあって「真実を語るとは何を意味するか」について神学的に思索した断片的文章も残しています。語る者が立たされている場、いかなる状況におかれているかに応じて、「真実を語る」という意味が違ってくるのです。後で見るように、《現実即応性》という彼の《状況倫理》的特質が関わってくるのです(本書、二六三頁、参照)。

「重要なのは個別の真実の言葉ではなく、つねにその全体が問題なのだ。逆説的な言い方をするなら、正直な者が嘘をつく方が嘘をつく者が真実を語るよりも、いっそうベターなのだ」。

尋問に際して、抵抗運動との関わりについて「強力に嘘をつく」ことを止めるなら、クーデタ計画の仲間を生命の危険にさらすことになりえたのです。このような例に照らせば、ボンヘッファーの神学的倫理の仕事が抵抗運動の仲間の人びとにたいして果たした牧会的役割は明らかです。

ボンヘッファーたちにたいする訊問は成功しませんでした。彼らは、沈黙するすべも言うべき事柄も心得ていました。軍法会議検察官レーダーによって厳しい追及がつづけられている合間に、この検察官に宛てて、ボンヘッファーは、度々、補足説明の手紙を提出しています。その草稿を見ると、彼は自分を世間の世界には疎い神学者にすぎず、あたえられた上司の命令を――全体の計画も知らないままに――ただひたすら忠実に履行する愛国者であることを印象づけようと努めています。末尾に「ハイル・ヒトラー」と署名〔の挨拶〕をもって！　貴下のきわめて忠実な　ディートリヒ・ボンヘッファーすることさえためらっていません。それは、レーダーに深い感銘をあたえたようにみえます。

これにたいして、ドナーニーの方は、国政にも関わったことのある有能な法律家として正面からレーダーと法律論争を闘わせ、それを検察官が無罪の証拠として認めざるをえないようにもっていこうとするのです。ふつう有罪者がそのように挑発的に打って出るようなことはありえないから。しかも、二人の被告側では、検察側が現に把握できている事実について、巧妙に秘密のルートを通して情報を互いに交換し合っていたのです。

こうして彼らは、近い日の裁判において勝訴することを確信していました。しかし、不幸にもドナーニーが発病し、《国防力の破壊》を告訴理由とするボンヘッファーの裁判は延期されます。裁判が開かれないまま過ぎていくうちに情勢は暗転するのです。

一年以上にわたってボンヘッファーは、テーゲルの未決囚として希望と憂慮との只中におかれていました。この歳月の中から生まれたのが、その没後、ベートゲの手によって編集刊行されて有名になった『抵抗と信従』と題する獄中書簡集です。両親や他の家族、友人ベートゲとのあいだに交わされた手紙と獄中で記された覚書やメモなどからなるものです。そこでは、孤独な獄中の限界状況に立たされながら、彼の信仰理解の重大な転換ないし再編成が行なわれています。とくにこの最後の部分には、戦後、新しい神学的展望をめぐって賛否の大論争をまき起こした重要な断片もふくまれています（本書、

第7章、参照)。

さらに今一つ、二〇年ほど前に、婚約者マリーア・フォン・ヴェーデマイアーの遺言によって没後に刊行されたボンヘッファーとの往復書簡集があります(U・カーヴィッツ他編『ボンヘファー/マリーア　婚約者との往復書簡　一九四三―一九四五』高橋祐次郎・三浦安子訳、新教出版社、一九九六年)。その中でボンヘッファーは、マリーアに宛てて獄中にある自分と彼女の生涯にたいして「神の特別な導きが支配しているという確信」を次のように記しています。

「僕たちが出会った出会い方、しかもそれが僕の逮捕のほんの直前だったという時点の問題、これらすべては、僕には神の導きの明らかな徴だと思われるのです。よくあるように《人間の混乱と神の摂理》(hominum confusione et Dei providentia)によるものです。……僕たちが互いにまだほとんど知り合うか知り合わないかのうちに、僕が君に苦しみと悩みを与えなくてはならなくなったのは、あきらかに僕たちの愛が互いに正しい基礎と適切な耐久力を得るようにという神の御心なのだと思うのです」と(一九四三年八月一二日)。

テーゲル刑務所は、第二次大戦後、軍の手を離れていますが、現在もなお一般の刑務所として用いられています。一九八三年の夏、私は――かねてから願っていた望みがかなえられて――ボンヘッファーが最初に入れられていたという独房を広報係の案内付きで見学させてもらいました(事前に所長の特別許可をもらう必要がありましたが、おそらく国立大学法学部教授という肩書による効果だったのでしょう!)。

特別の見学者に内部を見せるため、その時に収容されていた囚人は、外に出されて散歩させられていたのでした。トイレも水洗化されており、鉄格子の窓もやや大きくなり、設備全体は清潔なものに変わっていました。しかし、基本的にベッド一つを入れただけの部屋の狭さに、当時が偲ばれたことでした。

3　最後の日々

ゲシュタポの地下牢で

残念ながら抵抗運動は失敗しました。ボンヘッファーは、すでに一九四四年七月二〇日の夕方には、クーデタが完全に失敗したことを知りました。彼の出入りすることのできた刑務所内の医務室で、ラジオのニュースを聞いたのでした。彼は、当然、自分自身と抵抗運動の仲間たちにたいして、独裁者が加える残酷な報復を予期することができました。じじつ、国防軍や官僚機構、教会その他の組織のあいだにつくられていた関係者のネットワークが、次々と摘発されていきました。ベートゲ宛に残された最後の手紙には、こうあります。

「……どうか僕のことについてけっして心配したり、あれこれ気にしないでほしい。だが、とりなしの祈りは忘れないでくれたまえ。君がそんなことをすることは、けっしてないはずだが！　神の御手と導きとは、僕にとって、このように確かなのだから、いつもこの確信によって守られていることを望んでいる。僕は感謝と喜びをもって僕が導かれるこの道を歩んでいく。そのことを、君は、けっして疑うことは許されない。過ぎ去った僕の生活は、神の慈愛に満ちあふれ、罪責の上には十字架につけられた方の赦しの愛が立っている。一番感謝しているのは、僕が身近に出会った人びとにたいしてだ。そして、僕の願いは、ただ彼らが僕のことで悲しまないで、つねにただ感謝して神の慈愛と赦しとを確信していてくれることだ。こんなことを書いてしまって許してくれ。そのために、どうかちょっとのあいだでも悲しんだり不安を感じたりすることがないように。むしろ、本当に、ただ喜んでくれたまえ。……」(一九四四年八月二三日)。

逮捕された人びとは、ローラント・フライスラー裁判長の指揮する《民族裁判所》で、彼の悪罵を浴びせられながら《見せもの》的裁判にかけられます。彼らが残虐な方法で絞首される様子を、ヒトラーは撮影させ、それをくり返し見ながら自分の復讐心を満たしたのです。彼は、『わが闘争』以来の独英同盟という彼の基本戦略が挫折したのは抵抗運動の人びとの策動によるものと錯誤して激怒したのだ、とも言われています。

九月になって、ベルリン近くのツォッセンにあった諜報部の文書が偶然に発見されるに及んで、状況は、いっそう切迫したものになりました。それによって、オスターやドナーニー、さらにボンヘッファーなどが反乱計画へ関与していたことも明るみに出ることになったからです。《ツォッセン文書》が発見された後、ボンヘッファーは、家族と好意的な監視兵の助けを借りて脱獄を計画します。しかし、兄クラウスが逮捕されるに及んで、家族にふりかかる危険のゆえに、——当時、親族連座刑というナチの悪法がありました——この企てを中止しました。

ボンヘッファーがテーゲルの獄中でつくった「ヨナ」と題する短い詩があります。その終わりの方で、彼は、ヨナにこう語らせています。

「私がそれだ！
私は、神の御前に罪を犯した。私の命は失われてしまった。
私をお前たちから引き離せ！　罪責は私にある。神の激怒は私に向けられたものだ。
敬虔な者は、この罪人とともに滅んではならない！」。
彼らは戦慄した。だが、それから力ずくで

彼らは、その罪ある者を突き放した。そこには〔荒れ狂う〕海が広がっていた。

旧約聖書の「ヨナ書」(一・一二)にある「海にほうり込むがよい」というヨナの要求を、ボンヘッファーは、このように解釈しているのです。ここには、神にたいする服従の足りなかったことへの罪責意識と家族のために犠牲を引き受ける決意とが言いあらわされています(H・W・ヴォルフ『ヨナ書研究』一九七五年)。

この詩は一〇月五日頃に作られたものと推定されます。ボンヘッファーが用いていたルター訳の「ヨナ書」(一・一五)では、ヨナが海に投げ込まれると「海は静まった」(Da stand das Meer still von seinem Wüten)となっています。つづいて物語のヨナは奇跡的に「巨大な魚」に呑み込まれ、心ならずも預言者としての使命を達成させられるのです。

ボンヘッファーの詩では、この原文にあるstill以下の言葉は出てきません。彼が元来の聖書物語に記されている「静まった」海のことも、奇跡的な使命の達成という展開についても触れていないのはどうしてなのか。この時、彼の抱いていた深い感慨の思いについて、改めて考えさせられざるをえないでしょう。

その三日後には、ボンヘッファーは、テーゲルの軍用刑務所からプリンツ・アルブレヒト通り八番地のゲシュタポの地下牢に収監されます。最初は独房第一九号室、それから第二四号室に移されました。それは、きわめて苛酷な条件をもつ完全に新しい状況に入れられたことを意味していました。ここは、残酷な拷問による取調べのゆえに、ナチ政権に反対する人びとからは、ベルリンで《もっとも恐怖される住居《アドレス》》として知られていました。すでに第二次大戦開始以来、たとえば単独でヒトラー暗殺を試みたゲオルク・エルザーのような抵抗者やローベルト・ハーヴェマンを中心とする抵抗グループなどが拘禁されていました。

この時、ボンヘッファーの他にカナーリス提督、ゲルデラー、義兄のドナーニー、さらにマリーアの従兄弟ファビアン・フォン・シュラブレンドルフなども共に投獄されました。

いまや看守たちは、すべてSS隊員でした。しかし、驚くべきことに、短期間ののちにボンヘッファーが彼らの尊敬をかちえたことを、生き残った同囚の記録は伝えています。ここでも、彼は《牧会者》としての役目を果たし、彼らの好意をもとりつけることができたというのです。彼は一段と厳しさを増した追及に直面しながら、最後まで希望を失わないで立ち向かっています。

SS保安情報部の調査によれば、ツォッセン文書が明るみに出た段階で、ボンヘッファー＝ドナーニー・サークルの人びとは、ナチ司法の追及にたいして抵抗運動の真の動機を明らかにしています。彼らがあげた理由の中には、ユダヤ人迫害、教会弾圧、人権否定、法治国家の破壊などがあります。さらに、全世界を敵にしてしまった外交政策の失敗にも言及されていたことが注目されます（H・J・ヤーコプゼン編『《陰謀の映像》――帝国《ライヒ》保安本部の秘密記録』一九八四年）。

じっさい、SS保安本部長官だったエルンスト・カルテンブルンナーがナチの関係機関に提出した報告書（一九四五年一月四日付）からは、ベル主教に会うためにボンヘッファーが北欧に旅した事実について、彼らが特別に注目していたことがわかります。この報告書は、ボンヘッファーの証言にもとづいて「一九四二年におけるチチェスターのベル司教の見解」と題されて、驚くほど詳細な訊問の結果を示しています。あきらかにボンヘッファーは世界教会的《エキュメニカル》な人脈をもつ重要で貴重な情報源とみなされていたのです。

SS保安本部は、この時点では、すでに反ソ連カードを切るために西側連合諸国とのあいだの和平の可能性について感触を探っていたのです。じっさい、SS帝国《ライヒ》指導者ヒムラーの幕僚の中には、――ヒトラー抜きの形ででも――彼らにとって有利な将来をつくり出そうという動きさえ見せ始めていました。

しかし、カルテンブルンナー報告を見る限りでは、ベルを通じてドイツの抵抗運動のためにイギリス政府に働きかけようとした国防軍諜報部の意図は、訊問でもまったく感知されていなかったようです。ここでは、ボンヘッファーは、何ひとつ重要な真実について漏らしてはいません。たとえば彼がベルと出会った場所は、ストックホルムではなくコペンハーゲン(!)だったことになっています(『ボンヘッファー全集』第一六巻、参照)。彼は、状況全体の転換の動きをその鋭敏な頭脳でキャッチして、SS保安本部にたいして、さらに新しい情報を求めつづけさせるすべを心得ていたのではないでしょうか。彼は、最後まで希望をもちつづけ、戦うことを断念しようとはしなかったのです！

この頃、ボンヘッファーの隣の独房に入れられていたシュラブレンドルフは、戦後、次のように証言しています。ここには、最後の最後まで希望を失わなかったボンヘッファーの毅然たる姿がみられます。

「彼は、いつも上機嫌で、たえず一貫して友好的であり、誰にたいしても親切だった。そのため、私自身びっくりしたのだが、彼は、つねに思いやりにあふれてばかりいるとは限らない監視人たちまでも、短期間のうちに心服させてしまった。私たち二人のあいだの関係で顕著だったことは、私が時折意気消沈していたのとは対照的に、彼のほうは、むしろ、つねに希望にあふれていたことである。彼は、つねに勇気と希望とをあたえる言葉を私にかけてくれ、みずから戦うことを断念する者のみが敗者となるのだ、とくり返して倦《う》むことがなかった。聖書から抜き出した慰めと信頼の言葉を彼が自分の手で書き移したメモ用紙を、いったい何度、こっそり手渡してもらったことだろう」(前掲、ツィンマーマン編『D・ボンヘッファーとの出会い』所収)。

ベルリン七五〇周年に関連して、一九八六年夏には、戦禍の中で崩れおちた瓦礫の山として打ち捨てられていたこのSS保安本部の跡地が、市民の手によって掘り起こされました。現在では、ナチ支配のテロリズムを反省する展示施設＝《テロのトポグラフィ》として活用されているようです。私は一九九二年の夏、ベルリンを訪ねた折に掘り出された地下の独房の跡を歩きながら、ここに四カ月間、とどめおかれて厳しい訊問と戦って屈しなかったボンヘッファーの姿を思い浮かべました。

最後の日々

一九四五年の二月初め、ベルリン大空襲によってSS保安本部は重大な被害を被ります。ボンヘッファーは、収監されていた他の一九名の著名な重要人物たちと共に、ここからブーヘンヴァルト強制収容所に移されます。敗戦の兆しが大きくなり戦争終結の切迫する中で、これらの人びとは、事によっては特別の外交的取引に役立つ相殺材料とみなされていたのです。短い滞在の後、一九四五年四月には、さらに南ドイツのバイエルン・ヴァルトを経てレーゲンスベルクからシェーンベルクへと、同囚の人びとと共に幌つきバスに乗せられ、転々と移動させられます。

彼らの中にソ連の外務委員モルトフの甥も一緒に捕らえられていました。目撃者たちの証言によれば、ボンヘッファーは、早速、彼と接触してロシア語を習い始め、ロシアの現状について話し合っています。この出会いの情景には、ボンヘッファーの人柄がよく示されているのではないでしょうか。あらゆる状況の中で彼のもちえた主権的な自由、その関心と視野の広さ、何らの偏見なく他者を受け入れる開放性。とくに《非宗教的》な人びとにたいする積極的な対話の姿勢など。

フロッセンビュルク強制収容所・処刑場

ボンヘッファーが最終的に処刑されたのは、フロッセンビュルクというニュルンベルク西方のチェコ国境に近い強制収容所です。ナチ時代を通じて、囚人たちの強制労働によって、ここの石切場から切り出された膨大な量の石材は、ナチ党の威信をかけたニュルンベルク党大会の壮大な建築物を造るために用いられたのでした。

しかし、この時点では、すでに西方から迫りつつあったアメリカ軍の鈍い砲声が聞こえ始め、道路は敗走するドイツ軍と避難民の洪水とで混雑を極めていました。あきらかにナチの統治機構は、一日一日と加速度的に解体的傾向を強めていたのです。しかし、SS保安本部や秘密国家警察《ゲシュタポ》の無慈悲なテロ装置は、なお驚くべき精確さで機能しつづけることをやめませんでした。南ドイツへの大量の囚人輸送の中に紛れこんで、すでにほとんど見失われていたボンヘッファーを、彼らは、ふたたびフロッセンビュルクの強制収容所へ連れ戻すことができたのです。

彼が処刑のためにフロッセンビュルクに引き出される直前に、途上の町シェーンベルクで小憩する短いあいだに、そこまで一緒に連行されてきた囚人仲間のペイン・ベストに最後の言葉を残しています。「これが最後です。しかし、私にとっては生命の始まりです」。こういってボンヘッファーは、抵抗運動の仲間に別れを告げ、死への途についたのでした。

それは、元来、ボンヘッファーがチチェスターの主教ベルに伝言するように託した言葉でした。いっそう正確には、こういう言葉です。

「彼にこう伝えてください。私にとっては、これが最後ですが、また始まりでもあります。あなたと共に私は、あらゆる国家的利害を超える私たちの全世界的なキリスト者の交わりを信じています。そして私たちの勝利は確実です。――また、こうも伝えてください。私たちが最後に会ったときにあなたが語ってくれた言葉を、私は、けっして忘れたことがありませんでした」と。

ボンヘッファーは、このメッセージを同じ言葉で二度くり返し、真剣な思いをこめて語りかけつつ、自分の両手の中にベストの手を固く握りしめたのでした。イギリス軍の情報将校として専門的に訓練をうけていたベストは、こうした伝言と観察とを、しっかり記憶にとどめる能力の持主だったのです。彼は、戦後、ボンヘッファーを回想した手紙の中で証言しています。

「ボンヘッファーは、まったく謙遜で愛すべき人物(all humility and sweetness)でした。彼は、つねに幸福な雰囲気を発散し、生活の中のすべての最も小さな出来事にも喜びを見いだし、自分が生きている事実だけでも深く感謝しているように見えました。……彼は、私がこれまで出会った人びとの中で、自分の信じる神が彼の近くに現実のものとして存在することを感じさせる、非常に稀な人物の一人でした。私たちの暗い牢獄の中で彼の魂は光り輝いていました」。

これに先立って、ヒトラー周辺では、四月五日、昼の会合の折、ツォッセンで新しく発見されたカナーリスの日記が読み上げられ、ヒトラー自身が《ツォッセン・グループ》を生かしてはおけないという決定を下したのでした。SS保安本部傘下のゲシュタポ局長ヴァルター・フッペンコーテン——彼は七月二〇日事件の関係者逮捕を主導して、このとき親衛隊大佐に昇進していました——は、その翌日にはフロッセンビュルクに向かい、収容所長マックス・ケーゲルとともに、ここでの即決裁判を準備します。ニュルンベルクからは地区のSS主任法務官オットー・トールベックが貨物列車と自転車とを乗り継いで駆けつけ、裁判長をつとめました。しかし、四月九日早朝に行なわれた処刑は、政治的殺害に合法のマントを被せるカモフラージュにすぎませんでした。このとき、抵抗運動の中枢部にいたカナーリス提督やオスター少将などもボンヘッファーとともに処刑されました。

収容所付きの医師ヘルマン・フィッシャーは、一〇年後になって、ボンヘッファーの最後の様子を記録しました。短く祈ったのち、落ち着いた大胆な足取りで「絞首台の階段」を登っていった、と。「死は、その数秒後に続きました。私は、ほとんど五〇年に及ぶ医師としての生活を通じて、一人の人間がこのように神に身を委ねて死んでいく姿を、かつて一度も見たことがありませんでした」と。

しかし、フロッセンビュルクの生存者の証言によれば、この《聖人伝説》には強い疑いが残ります。フロッセンビュルクの処刑場には絞首台も、それに通ずる階段もなく、壁につるされた絞首用の鉤があっただけだったというのですから。これは、現在、抵抗記念館になっているベルリン・プレッツェンゼーの処刑場跡にみられるものと、おそらく同じものだったでしょう。それは、ヒトラーがとくに命じて、処刑の苦悩を長びかせるために用いられたものだったのです。

フロッセンビュルクの医師フィッシャーとは何者なのか。彼の身分は、悪名高い《髑《ど》髏《ろ》》の徽章をつけた武装SS部隊所属の親衛隊中佐だったのです。彼は、犠牲者の一人に、特別の敬意を示す記述をすることによって、自分を暖かい人間性の持主であるかのように印象づけようとしたのでしょうか(C・ヘルトマン『われわれは叫び声を上げねばならなかったであろう――D・ボンヘッファーの生涯』一九九八年)。

義兄のドナーニーは、ボンヘッファーたちと同じ日にザクセンハウゼン強制収容所で絞首され、兄クラウス、義兄のリューディガー・シュライヒャーは、四月二三日、ベルリンでSSによって街頭に引き出されて射殺されました。急激なソ連軍の侵攻によるベルリン攻防戦の最中のことでした。

この間、マリーアは、彼女の婚約者がもはやベルリンにはいなくなったことを聞いて、彼の所在を探し出すため各地の強制収容所をむなしく尋ね回ります。フロッセンビュルクまでも足を運んでいますが、むろん、何らの消息も得られませんでした。ボンヘッファー家の人びとが処刑の事実を耳にするのは、ようやく敗戦の年の七月になってからのことでした。その数日後、彼らは、イギリスBBC放送の報じたロンドンの聖三位一体教会におけるボンヘッファー記念礼拝に――ラジオを通して――ともに参加することができたのです!

それは、ボンヘッファーの長年の知己であり、彼の信仰の闘いを支援してきたベル主教の司式によるものでした。この時の説教で主教は、当時、反ドイツ感情の渦巻いていたヨーロッパ社会では、他の誰もあえてできなかった高い評価と敬意を表明しています。

「彼〔ボンヘッファー〕の死は、ドイツのための死であり、実にまた、ヨーロッパのための死でもあります。彼の死は、その生涯と同様に、告白教会の証しの中でも最も深い価値ある事実を示しています。違った伝統をもつ殉教者たちの高貴な仲間の一員として、彼は、二つのことを代表しています。すなわち、悪の攻撃に対する神の御名の下に信ずる魂の示す抵抗と、同時にまた、不正と残虐とに対する人間的良心の道徳的・政治的反抗とであります。彼と彼の仲間たちを……たとえ教会の外にあっても同じ人道的で自由な理想を共にした他の抵抗者たちと、かくも親密な連帯へと導いたのは、この正義にたいする情熱でありました」。

私がはじめて——おそらく日本からの最初の訪問者として——フロッセンビュルクを訪ねたのは、もう半世紀以上も昔のことです。一九九二年の旅でも再訪してみました。今では、当時より、いっそう記念の施設として整えられています。ボンヘッファーが最後の夜をすごしたバラックの独房の一つがモデルとして再建され、そのすぐ近くの処刑場前の壁には、犠牲者たちの名前を刻んだ大きな記念碑も立っています。収容所跡の中には《死の谷》と呼ばれる谷間が広がり、その中央にはピラミッド型をした土盛りがあります。それは、処刑された人びとの死体焼却後の灰を集めて築かれたものだったのです。谷間に降りて近づいて見ると、それが意外なほど大きいことに改めて驚かされました。

4　即決裁判の真相と司法的復権

即決裁判の真相

戦後ドイツで行なわれたナチ戦犯裁判におけるSS法務官トールベックの証言によれば、このフロッセンビュルクの即決裁判は規則通りに行なわれ、被告の囚人たちは詳細に尋問を受け、彼ら自身の弁明のチャンスもあたえられていた、と主張しています。はたして、その実際はどうだったのか。フロッセンビュルクの即決裁判では、フッペンコーテンが検事役をつとめて、ボンヘッファーがクーデタ計画を関知していたこと、またそれに加担したことを理由に国家反逆罪として起訴したのでした。

しかし、この即決裁判は、司法的手続き上の大きな瑕疵《かし》をもつものでした。まず、ナチ・ドイツ治下においても、即決裁判＝戦地軍法裁判は、緊急の際にのみ認められるものでした。すなわち、問題の行為が行なわれた場合、ただちに処罰するということが目差されていました。しかし、ボンヘッファーの《行為》は、一九四五年四月九日の時点では、すでに何年も前に遡るものでした。

第二に、戦時刑訴法によれば、被告の死刑が予想される行為にたいしては、かならず弁護人をつけることが定められていました。フロッセンビュルクには、あきらかにそうした立会いはありませんでした。

第三に前掲の訴訟手続きの厳しい規定によれば、フロッセンビュルクの場合、SS法務官ではなく、国防軍法務官によって行なわれることが必要だったのです。なぜなら、ボンヘッファーたち六名の被告は、身分上、国防軍の軍法会議の管轄下にあり、SSの特別裁判の管轄下に立つ者ではなかったからです。

起訴を担当したフッペンコーテンは検察官ではなく、SS保安本部の幹部要員にすぎませんでした。訴訟の記録者もいませんでした。とくに重要なのは軍法会議で(さらにはSSや軽犯罪の即決裁判でも)下された判決は、司法権所有者――この場合はヒトラー――によって追認＝確証されることが必要であり、それまでは、判決文は、たんに鑑定書として評価されるにすぎなかったということです。こうしてみれば、フロッセンビュルクの即決裁判は、司法的手続きとして必要な《最低の要件》すらもっていなかったことがわかります。

処刑の執行に立ち会ったのはフッペンコーテンでした。法的に厳しく規定された司法権所有者による判決の追認を、彼も、また即決裁判の裁判長をつとめたSS法務官トールベックも、ベルリンから取りつけてこようとはしませんでした。その結果、刑訴法の規定に反し、何らの法的拘束力をもたない判決によって死刑が執行されることになったのです(E・エンドラース『ボンヘッファーと彼の裁判官たち――裁判とその余波』二〇〇六年)。

この即決裁判を行なったトールベックやフッペンコーテンにたいしては、戦後、刑事裁判が提起されます。その無罪判決にたいする上告による有罪、さらにそれへの上告による無罪といった判決の幾変遷がくり返されてきました。ここでは、もっとも代表的なケースとして連邦通常最高裁判所における一九五六年七月九日の判決のみ取り上げてみましょう。

トールベックには無罪、フッペンコーテンには一部の行為についてのみ有罪の判決が言い渡されています。トールベックは「命令に従って偽装裁判を行なったとは証明されていない」し、また彼自身が「止むをえない義務として、フロッセンビュルクの裁判を行ない、確定された事実に法律を適用したと考えていたということは否定されない」という理由づけにもとづいて、最高裁判所は「疑わしきは罰せず」と結論したのです。同様の理由からフッペンコーテンの即決裁判への関与も無罪と判決しています。

最高裁判所は、彼らの行動ができる限り合法の枠内であったこと、とくにトールベックを当時の法に忠実な義務感の持主だったことを認めようとしているかのようです。判決文の中には、こういう言葉もあります。「当時、抵抗運動者にたいして抵抗運動におけるその行為のゆえに判決を下し、異論の余地のない訴訟手続きに従って証明したとみずから考えていた裁判官にたいして、今日、刑法上の見地からは何らの非難も加えることはできないと言うべきであろう。たとえ、その際、彼が被告にたいして、当時の法律の下において、抵抗者がいっそう高次の、国法による刑罰の威嚇に先行する抵抗権という考え方から、超実定法的緊急事態といった正当化理由をもっていたのではないかと問うことなく、彼を大逆罪＝国家反逆罪と認め、死刑判決を下さねばならないと信じていたのだとしても」と。

回りくどい表現ですが、この判決の結果、ボンヘッファーはじめ抵抗運動の人びとは、戦後もふたたび有罪判決を下されたのです。最高裁判所は、彼らが当時、妥当していたナチ法にもとづいて国家反逆罪＝大逆罪を犯したと認定したことになるわけですから。

この判決では、たしかに、抵抗運動の人びとが「高貴な志」をもって行動したということを確認してはいます。しかし、判決は、抵抗権について、まことに曖昧な注釈をつけ加えています。抵抗者たちが抵抗権に訴える際には、「それが真剣なものと認められるサークルによって企てられたものであり、したがって、注目に値すること、少なくとも抵抗者たちに次のような権利」、すなわち「暴力的支配を排除するために罪なき者の人命を──たとえば間近に迫った軍事行動の企図を敵国に通報することによって──犠牲にする権利が認められうるかどうかという疑問を検討してみる」ことを要件としている、というのです。

あきらかに最高裁判所の裁判官たちは、何らの抵抗運動も行なわないこと、あるいは独裁者の支配をそのまま放任することが、いっそう多くの人命の犠牲を生むという可能性に触れようとはしないのです。すなわち、失敗した七月二〇日事件以後、ナチ・ドイツの降伏にいたるまで、九カ月間の何百万という多数の人命が犠牲となったという事実に目をとめてはいないことがわかります。

フッペンコーテンについては、処刑に立ち会ったことを殺害幇助として有罪と認定しました。すなわち、判決の追認なしに処刑することは違法であり、検察代表者たる彼にはそれを阻止する義務があった、というわけです。しかも「この殺害の違法性は、強制収容所の慣習に一致して人道性のおきてにまったく反する仕方で、すなわち、被告を完全な裸体にしたままで絞首したことにも実証されている。重大な法律違反を犯し刑死させられる者も、原則として最後の瞬間まで人間としての価値と尊厳性とを尊重されなければならない」。フッペンコーテンの「行動の原動力」は「政治的敵意から生まれた復讐心であり、抑制されないままの無慈悲な破壊意志」にほかならなかった、と言うのです。

この判決で確認されるのは、最高裁判所がナチ司法の実際を秩序にかなった合法的なものとして承認し、ただ法的効力をもたない判決の執行のみを違法としているだけだということです。すなわち、判決の追認を怠ることによって最高司法官たる《総統》ヒトラーの意志を無視したこと——たとえヒトラーの殺害命令が当初から存在していたのだとしても——を処罰しようとしただけだったのです。たしかに、フッペンコーテンにたいしては、その処刑の事実とやり方にたいして嫌悪と軽蔑とが表明されています。しかし、フロッセンビュルクの即決裁判の成立そのものを正当化することによって、最高裁判所は、かつての同僚にたいする連帯性を示しているのです。

違法な即決裁判手続きこそが違法な刑の執行の前提だったことには目を閉ざしたままです。《第三帝国》時代に司法に携わっていた最高裁判所の人びとは、彼らが当時の政治的圧力の下においてはトールベックと同じ行動をとっただろうという考えを抱かざるをえなかったのでしょう。こうして戦後西ドイツの通常最高裁判所は、この一九五〇年代の時点では、ナチ司法の実際を合法的なものとみなし、抵抗者たちの行動を不法なものとしたのでした(宮田光雄「西ドイツ司法の社会的性格」(一九六五年)、『宮田光雄思想史論集』第四巻、創文社、二〇一一年、所収、参照)。

司法的復権

むろん、戦後、長い歳月が流れるあいだに、ボンヘッファーは、抵抗運動の象徴的存在として、しだいに多くの人びとの関心と尊敬とを引きつけるようになってきました。それとは逆に、彼に下されたままの国家反逆者という不当な判決は、そのまま忘れ去られていったのです。

こうした中で、一九九五年四月にちょうどナチ崩壊五〇周年――それは、ボンヘッファー没後五〇周年でもあります――を迎えて、改めて抵抗者たちにたいする判決の不当性がクローズアップされることになりました。翌九六年には二つの市民グループの手でボンヘッファーの司法的復権が提起されます。

一つはベルリンのローベルト・ハーヴェマン協会のものでした。こうしたイニシアティヴがかつての東ドイツで始められたのは偶然ではありません。そこでは、ボンヘッファーは、長年にわたって抵抗運動の模範とされてもいたのですから。いま一つのイニシアティヴは、ハノーファーの福音主義的専門学校のサークルから生まれました。「司法自身がその誤りを認め、正すべきだ」と、当時、学生たちとともにカール・ハインツ・レーマン教授は、ベルリンの検事総長にボンヘッファー裁判のやり直し――死刑の取り消しと無罪判決――を求めたのでした。

これを受けてベルリンの刑事法廷は、ボンヘッファーたちの死刑判決がすでに――フロッセンビュルクを管轄するバイエルン州の一九四六年五月二八日の法令（＝「ナチ不法を正すための法令第二一号」）によって――廃棄されているという事実を確定したのでした。このとき当局の一部には、不当判決にたいする抗告はボンヘッファーの近親者から提起されるべきだといった不満の声も出ていたようです。しかし、当然のことながら、ボンヘッファーの家族や友人たちのあいだからは、そうした必要をいっさい認めませんでした。じじつ、投書に示された一つの声は、当時の一般的雰囲気をよく伝えています。

「ディートリヒ・ボンヘッファーは何ら復権される必要はない。彼とその仲間の人びとが抵抗に身を投じ生命を捧げたという事実は、この上ない名誉なこと以外の何ものでもない。すでに五〇年来、ドイツを世界の中で復権してくれた者こそ、まさにディートリヒ・ボンヘッファーにほかならないのだ」。

ベルリン刑事法廷自身、このとき、フロッセンビュルクの即決裁判とその判決の執行が原則的な不法性をもつものだったことを詳細に判決していました。

「ボンヘッファーとカナーリスとをめぐる抵抗グループの努力は、事実上、可及的速やかに戦争を終結すること、ヒトラーを罷免すること、ナチ国家を排除することであった。彼らの行動は国家を危険に陥れることを意図したものではなく、――まったく正反対に――ナチ政権によって国土と民衆との上に引き起こされる害悪を防止するためのものであった。彼らの動機は破壊ではなく、祖国愛であり、人類のために身を捧げることであった」。ナチ支配者たちは、抵抗運動の人びとを排除し殺害するために刑法を用いたにすぎない。フロッセンビュルクの《裁判》は、裁判という名前に値しない。即決裁判は、もっぱらSSメンバーと、この強制収容所長、「すなわち犯罪的な命令を執行して、みずから決定することもできないし、望んでもいない人物」とによって構成されていたのだから、と。

一九九八年には、ドイツ連邦議会は、全会一致でナチ司法制度下のすべての不当判決を廃棄し、その法的な無効性を宣言したのでした。

第2章　時代精神の状況分析――「一〇年後に」を読む

マリーエンブルク通り四三番地

一九四五年四月八日にボンヘッファーがシェーンベルクからフロッセンビュルクに連れて行かれようとする時、彼は獄中から持ってきたプルタルコスの『対比列伝』(いわゆる『プルターク英雄伝』)の中に三カ所、太い鉛筆を用いて急いで書き込みをしました。「ディートリヒ・ボンヘッファー、牧師／ベルリン-シャルロッテンブルク9／マリーエンブルク通り43」と。その本を彼は机の上に置き去りにしました。マリーエンブルク通りのアドレスを書きとめたのは、戦争の最終段階の混乱の中で、自分の足跡を忘却から守ろうとする試みでした。その場に居合わせた同囚の一人――彼は、カール・フリードリヒ・ゲルデラーの息子として、親族連座刑のため、ここまで連れてこられていたのでした――が、その本を取り上げ、のちにボンヘッファーの生の最後の証しとして、遺族に渡したのでした。

マリーエンブルク通り四三番地は、彼の両親が住んだ最後の家で、ボンヘッファーは、ベルリン滞在中には、この屋根裏(三階)の客室に住んでいました。反乱計画をめぐる集まりは、しばしば、この家の中でもたれたことは確実です。父カール・ボンヘッファーは、息子や娘婿たちの行動について承知していましたし、こうした秘密の会合そのものも、当然、彼の了承のもとにもたれたのです。

戦争直後、一九四五年秋に、カール・ボンヘッファーは、かつて自分の助手をつとめ、その後、アメリカに亡命したユダヤ人の若い同僚にボストン宛に手紙を書いています。

「何年にもわたって、私たちは、逮捕された者や、まだ逮捕されてはいないが、その危険にさらされている者たちについての憂慮で心を圧されながら生きてきました。しかし、私たちはみな、行動が必要なことについて一致していましたし、私の息子たちも、陰謀が失敗した場合に何が生ずるのか、はっきり自覚しており、また生命を捨てていました。それゆえ、私たちは、〔今〕たしかに悲しんではいますが、しかし、彼らの真直な生き方を誇りに思ってもいるのです」。

ある意味では、このマリーエンブルク通り四三番地は、プリンツ・アルブレヒト通り八番地の《対極》(E・ベートゲ)にある記念の場所といっても過言ではないかもしれません。ボンヘッファー家の家族全員が一致してヒトラーと闘った抵抗の拠点だったのですから。

一九八六年以来、この家は、ボンヘッファー記念館として改装され、もと居間だった一階は関係資料の展示室になっています。ボンヘッファーの屋根裏部屋は、執筆机やベッド、書架など、ほぼ当時のままの姿で公開されています。この部屋で、彼の『倫理』の一部は執筆されました。今から取り上げるエッセー「一〇年後に――一九四三年に向かう年末に書いた総括報告」(前掲、『ボンヘッファー獄中書簡集』増補新版、所収)の原稿も、この屋根裏の垂木《たるき》のあいだに隠されて、戦争と爆撃とをくぐり抜けることができたのでした。エッセーの一部は、きっとボンヘッファー家の人びとの前で最初に朗読されたことでしょう。

実は、このエッセーは、四部作成され、ボンヘッファーのもっとも親しい三人の知友にたいするクリスマス・プレゼントとして手渡されたのでした。ハンス・フォン・ドナーニー、ハンス・オスター、さらにエーバハルト・ベートゲです。この三人の中で、オスター少将の名前は、彼らがヒトラーにたいする反乱計画の只中で結び合わされていたことを示しています。彼は、国防軍諜報部生え抜きの人物で、反乱計画の中心に立っていたの

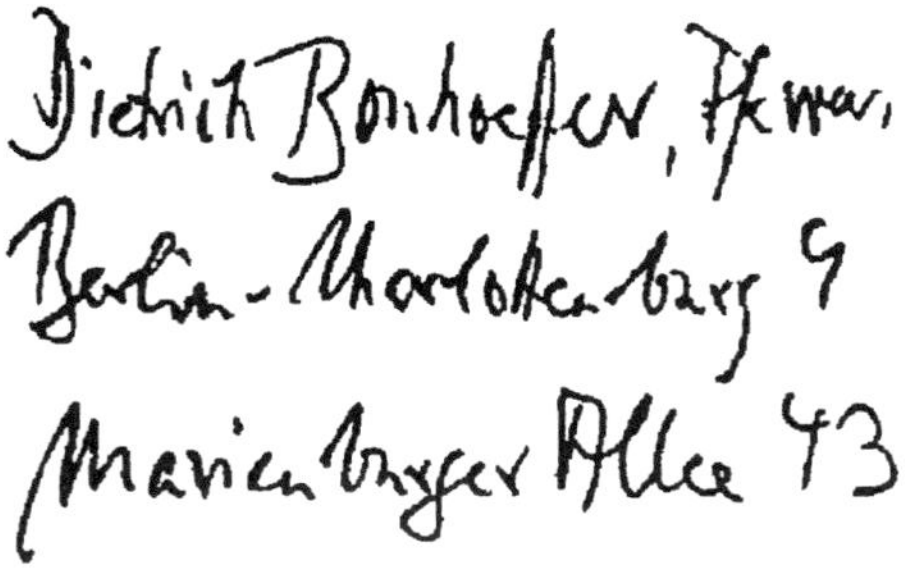

「ディートリヒ・ボンヘッファー，牧師，
ベルリン－シャルロッテンブルク 9
マリーエンブルク通り 43」

ですから。むろん、このエッセーは、当局の手に渡れば、ゲシュタポから告発の材料となりうるものでした。他の三部は失われ、屋根裏に隠されていたこの草稿だけが嵐の時代を越えて残されたのです。戦後になって、このエッセーがようやく陽の目をみたことは、まことに奇跡的な幸運です。

これは、むろん、アカデミックな論文からの抜粋といったものではなく、むしろ、自己自身にたいする、また家族や、現にクーデタを企てている親密な友人たちにたいして、何ら憚《はばか》ることなく示された要請であり、状況認識と行動のための助言というべきものでした。そこには、致命的な帰結をもたらしたプロイセン主義的伝統に対する自己批判も欠けてはいません。

ベートゲは、ロロロ写真版シリーズの『ボンヘッファー』小伝(一九七六年。『ディートリヒ・ボンヘッファー』宮田光雄・山崎和明訳、新教出版社、一九九二年)の中で、「このエッセーは、ドイツの抵抗運動の中から生まれた証言であり、その憲法草案や組織構成の草案が久しく忘れ去られたときにも、なお読みつづけられるものであろう」と記しています。じじつ、当時の抵抗運動から出された政治草案は、戦後、その保守性を批判され、いまでは歴史的文書の意味しかもたなくなっています。これにたいして、ボンヘッファーのこのエッセーは、ベートゲの記している通り、いまなお現代の私たちに問いかける生命をもつものと言えるでしょう。

一九四二年末の総括

このエッセーの書かれた「一九四三年に向かう年末」というのは、東部戦線でスターリングラードをめぐる死活の攻防が行なわれている頃に当たります。それは、第二次大戦全体の帰趨にとって大きな転換点となるものでした。有名なミュンヘン大学の学生たちによる「白バラ」の抵抗パンフレットが、密かに撒かれ始めていました。ヒトラーの《無謬性》に、はじめて重大な陰りが差し始めた時期に当たります。やがて年を越して春頃から、連合国側のドイツ各都市への空襲が激しくなるにつれて、《ヒトラー神話》の解体が急速に進むようになるのです。しかし、このエッセーの時点では、まだ民衆レベルでは、日常生活における不安・不満にもかかわらず、全体としては《ヒトラー神話》によって、なお体制支持は動揺してはいませんでした。

これにたいして、反乱計画グループをめぐる状況は、この頃、かなりシリアスな危機に直面していたのでした。すでに、この年の秋には、ミュンヘンで諜報部傘下の仲間の一人ヴィルヘルム・シュミットフーバーが逮捕されていました。彼が秘密を守りつづけ、ただ一人で絞首台に歩いていくということを期待するわけにはいきませんでした。彼は、諜報部の中の抵抗者にとって、いわば《むき出しになった脇腹》を意味していました。彼の逮捕後、この四名の人びとは、まことに危険な立場に立たされていることを予感できたのです。このエッセーの中のたとえば「危険と死」という文章から。

「最近の数年、死についての思いは、われわれにとって、ますます親しいものとなってきた。われわれは、自分たちと同年輩の仲間の死亡通知を受ける際の平静さに、われながら驚いている。われわれは、死をもはやそれほど憎むことはできない。われわれは、死の特徴の中に何か善なるものを発見してきた。そして、ほとんど死と和解しているのである。基本的には、われわれは、自分たちがすでに死に所属しており、新しくあたえられるどの日も奇跡のようなものだと感じている」。

このエッセーには「総括報告」という副題がついています。この冒頭におかれた、いわば「まえがき」は、「一〇年というのは、どんな人の生涯でも長い時間である」と書き出されています。一〇年というのは、一九三三年のナチ政権成立から数えたものです。「過去をふり返る度ごとに、時間を空費したのではないかという思いで不安になる」仲間にたいして、ボンヘッファーは、「われわれは、多くの、測り知れぬほどのものを失いはしたけれども、時間を空費することはなかった」と、はっきり保証しています。それは、「志を同じくしている者たちのサークルの中で、ある程度まで共通に得られた」「新しい経験と認識」とによるものだ、というのです。たとえば「信頼」という小見出しの文章では、こう記されています。

「われわれがその中で生きているところの空気は不信頼によって毒され、われわれは、そのために、ほとんど死に瀕しているほどである。しかし、この不信頼の層を突破したところで、われわれは、これまで全然気づかなかった信頼という経験を得ることを許されてきた。信頼するそのところで、われわれは、ほかの者に自分の生命をゆだねることを学んできた。すなわち、自分たちの行為と生活とが立たされてきたところのすべての曖昧さに抗して、われわれは、際限なく信頼するということを学んだのである」。

ボンヘッファーのいう「新しい経験と認識」には、このような事柄も含まれていたわけです。こうしてボンヘッファーは、「この数年間に確保され確証された精神と生活との、あらゆる交わりにたいする感謝の気持ちが一つ一つの言葉にともなっているのでなければ、これらの事柄について書き記すことはできないのだ」と、まず、冒頭で《前置き》しています。抵抗運動の仲間たちの一〇年間に得られた諸経験と内面史などの「総括報告」として、このエッセーは書かれたのでした。

大別すると、このエッセーは二つの側面をもっています。一つは、この当時に書かれたきわめてすぐれた状況分析としての側面であり、いま一つは、この危険な状況に直面した仲間と彼自身の内面的葛藤にたいする牧会的な助言としての側面といってよいものです。じじつ、このエッセーの書かれた四カ月後には、彼らのうち三人は投獄されていました。オスター、ドナーニー、ボンヘッファーは、最後には処刑されています。ベートゲも、のちに逮捕されましたが、ソ連軍がベルリンに迫る中で幸い生き残ることができました。

さて抵抗運動のメンバーであるボンヘッファーは、すでに告白教会の闘い以来、ゲシュタポに狙われ、SS保安情報部の秘密報告書にも、彼の名前が時々あがっています。この間に、講演や著作活動など、さまざまの禁止命令を受けていました。この「総括報告」でも、ナチズムについて、反乱計画について、さらに抵抗運動の仲間や、ナチズムには反対だが行動を留保している抵抗運動シンパたちについて、あからさまに書くことは、きわめて危険でした。

しがって、この「一〇年後に」の文章は、当然、《暗号》化されたテキストとして読まれなければならないでしょう。もっとも、それは、あらかじめ約束された暗号コードに従って解読するというものではありません。しかし、ボンヘッファーと同じ「認識と経験」とを共有する「志を同じくする者」であれば、ただちに了解できる暗示的表現がとられているのです。

じっさい、この点において、ボンヘッファーは、《言語上の名人芸》の持主でした。ナチ批判の意図について尻尾《しっぽ》をつかまれないように曖昧な一般的概念や多義的用語などを用いて、摘発されたときにも言い逃れできるようにカモフラージュされていたのでした(H・E・テート『ボンヘッファーによる神学的展望』一九九三年)。

1　時代の精神状況――知識人の諸類型

それでは具体的な中身に入りましょう。かならずしも全部の項目を扱うことはできませんので、とくに抵抗の論理と倫理として注目すべきものを中心にして見ることにしましょう。まず、「確固として立つ者は誰か」から引いてみます。

悪の一大仮装

「悪の一大仮装が、いっさいの倫理的概念を滅茶苦茶に混乱させた。悪が、光・慈善・歴史的必然性・社会的正義といった形をとって現われる。この事実は、われわれの伝統的な倫理的概念の世界からきた人にとっては、まったくまぎらわしい。だが、聖書によって生きるキリスト者にとっては、これこそ、悪の底知れぬ陰険さを証明するものである」。

ボンヘッファーにとって、ナチ体制を原理的に批判して、その問題点を論じることは、もはや必要ではありませんでした。この時点では、ナチの侵略戦争はヨーロッパ全土に広げられ、いわゆる《生きるに値しない》生命にたいする安楽死政策やユダヤ人の強制移送とガス殺の政策が推し進められていました。ナチ支配が原理的に不法な体制であり、正常な《国家》という名前に値しないことは、すでに明らかでした。ここでは、まず、端的に「悪」と呼ぶだけで十分だったのです。

ここにある「歴史的必然性」や「社会的正義」というのは、ナチ政権の成立や支配を正当化するイデオロギーないしデマゴギーとして、よく用いられたものです。しかし、「伝統的な倫理的概念」にもとづいて行動する知識人たちにとっては、この「まぎらわしい」政治宣伝を突き抜けて、ナチ体制にたいする明確な反対＝抵抗に加わることは困難でした。

ボンヘッファーは、以下、こうした人びとの行動類型を列挙してみせます。彼は、幻滅を覚えさせられたこれらの知識人について、何ら軽蔑的な口調ではなく、むしろ、彼らの中に、また彼らによって何が生じていたのかを冷静に正確に把握しようと努めています。それは、ナチ体制下における《時代の精神状況》をきわめて鋭く分析したものと言えるでしょう。

ナチ支配下の知識人

① 「理性的な人びと」――彼らは「最も良い意図をもちながら、現実をナイーヴに見誤り、支離滅裂に陥った世界を、いくらかの理性でふたたびつなぎ合わせることができる、などと考える」。ナチ政権と協力しながら、何とかそれを良い方向に導いて、カタストローフを防ごうとする。しかし、彼らは「眼力不足」のゆえに失敗する。「そこ

で彼らは諦めて脇へひっこむか、ふらふらして、いっそう強い方に屈服するのである」。たとえば、ナチ政権初期に経済相をつとめたヒャルマー・シャハトは、そのすぐれた財政手腕によって、そうした能力と準備とを欠いたナチ政権のために安定した経済再建の軌道を敷くことに貢献しました。彼は、こうして経済的「理性」によってナチ政権をリードして、ヒトラーの軍拡を抑制できると考えていました。しかし、やがて経済的合理性をも無視して戦争準備を強行しようとするヒトラーの意志と衝突したとき、そのポストから退かねばなりませんでした。

②「倫理的な熱狂主義者」――このような人は「原理の純粋さによって、悪の力に対抗しうると考える。しかし、彼は牡牛のように、悪の力の担い手に向かう代わりに、赤い布きれに向かって突進し、そのために疲れはてて倒れてしまう」。これは、「その原理の純粋さ」ゆえに悪の力にたいして徹底的に対抗しうると考えている、熱狂的な《原理主義》ないしリゴリスティックな《規範主義》を指すものと言ってよいでしょう。ラディカルな反対者の弱点は、彼らがよく考え抜かれたストラテジーを組み立てえないことにあります。

ボンヘッファーにとって抵抗運動に加わることは、後述するように、《究極的なもの》のために道備えする《究極以前》の事柄を意味していました。そこで求められるのは、「最後から一歩手前の真剣さ」の闘い――状況を醒めた目で見定め、冷静に出処進退する態度——だったでしょう。彼がここで《闘牛》のメタファーを用いているのは、いわば《究極以前のもの》にたいして《究極のもの》のように振る舞う熱狂主義的行動を戯画化して批判しているのです。

ベートゲの『ボンヘッファー伝』の中の一つの場面が思い出されます。一九四〇年六月、彼らがドイツ東部の教会問安の旅でメーメル地方に滞在していたとき、コーヒー店のラウド・スピーカーがフランス降伏を告げました。人びとは一斉に立ち上がり、右手を上にあげてドイツ国歌とナチ党歌を歌った。ボンヘッファーも立ち上がり、彼らと同じように《ヒトラー式敬礼》をしながら、呆然と傍らに立ちつくしていたベートゲの耳元に囁きかけた。「君も手をあげたまえ。何としたことだ」と。その後で、こう説明したのです。「われわれは、いまや、まったく違ったことのために危険を冒さなければならなくなるだろう。しかし、このような敬礼のためではない！」と。

③「良心的な者」——自分の良心に照らして、その時々に具体的な決断をしていこうとする人びとです。彼らは「決断を要する緊急事態の圧倒的な力から身を守ろうとして孤独な戦いを戦う」。しかし、自分自身の良心によるほかには、どこからも支えとなる助言をあたえられることがありません。そのため「葛藤の大きさが彼をずたずたに引き裂いてしまう」。しかも、先にみたように体制の《悪》はイデオロギー的に仮装しており、良心の葛藤をいっそう深刻なものにするでしょう。

「彼に近づいてくる悪の上品で魅惑的な無数の変装が、彼の良心を不安にし、不確かにする」。その結果、「良い良心」、つまり、疚《やま》しくない良心の代わりに「言い逃れる良心」を持つことで満足する。ついには、自分は《悪》の共犯者ではないと「良心を欺くにいたる」のです。ここでは、体制全体の不法にとり囲まれて、良心はエゴ中心的な人間の自己正当化に仕えるだけで、必然的に現実そのものには目を閉ざすことになるのです。

たとえば、ユダヤ人を輸送する機構の中で、歯車の一つとして仕えていた多くの人びとのことを考えてみるとよいでしょう。彼らもまた、この列車がどこに行っているのか、アウシュヴィッツの絶滅収容所送りを手伝っていることを部分的には認識ないし予感していたはずではないでしょうか。それは、SSのユダヤ人大量虐殺に関わったナチ親衛隊中佐アードルフ・アイヒマンが、のちにエルサレム裁判で自分の責任逃れのため主張した戯画的な論理にまで至りつくものです。自分は《輸送技術的《トランステクニシュ》》にビューローの机の前で働いていただけで、直接に殺害の手を下したことはない、と自己正当化したのでした。――彼は、SS保安本部に勤務する秘密国家警察《ゲシュタポ》のユダヤ人問題担当課長でした。

ボンヘッファーは、こう結論しています。「良心だけに自分の拠りどころを置こうとする人は、悪しき良心のほうが欺かれた良心よりもためになるし、力強くもありうるということを、けっして理解できない」。この《悪しき良心》というのは、むしろ、《良心の疚しさ》と訳した方がよいでしょう。自分は正しいとみずからを欺いて平気でいられるよりも、不安に苦しむ《疚しさを覚える良心》の方が、その人にとって有益である、というのです。

④「義務」に従う者――「とまどうほど多い」ありうべき決断を迫られる中で、「義務」は「確かな抜け道」のように思われます。命令された義務を服務規律の名において遂行することこそ、倫理的に確実な行為ではないでしょうか。しかし、ボンヘッファーによれば、「義務に従うことに限定した生き方の中では、ほんとうに自己自身の責任において行なわれる行為といった冒険は、けっして起こらない」。ナチ体制下の多くの高級官僚・外交官さらに国防軍の将軍たちのことが考えられます。彼らは、「命令について責任をもつ」上位の者から権威ある命令があれば、クーデタにも参加できたかもしれません。しかし、そうした態度からは、「悪の中心を撃ち、それを克服することができる」《責任ある行為》という冒険は生まれませんでした。

ボンヘッファーはいうのです。「義務によって生きる人は、ついには悪魔にたいしてもまた、その義務を果たさなければならなくなるだろう」と。たとえばヒトラーの名におけるヒムラーの命令を「聖なるもの」と呼び、その命令にたいして「生命を捧げつくさねばならないとしても」徹頭徹尾、完全に義務を遂行した、と言い張るアウシュヴィッツ強制収容所長ルードルフ・ヘスの証言の通りです。

⑤　ボンヘッファーは、さらに「最も固有な自分の自由から任務を果たそうとする人」をあげています。いわば彼らは、あたかも知恵の木の実に手を伸ばすアダムのように、善悪の判断基準を自分の手に握ろうとする者です。彼らは、いっさいを一面的な主観的パースペクティヴにおいてとらえようとするのです。しかし、現実のナチ体制は、まことに手に余る複雑な様相を呈していました。

最近の研究によれば、ナチ体制は、けっして強固な一枚岩のように一元的に統合されたものではありませんでした。むしろ、その支配機構内部における絶え間のない抗争と軋轢《あつれき》とによって《多元主義的》支配あるいは《アナーキー》という構造規定をあたえられています。たえず増大する行政装置相互のあいだでは、権力と権限とをめぐって新しい紛争が生まれました。これらの組織間の生存闘争は、《制度のダーウィン主義》とさえ呼ばれるものです。

こうした中で、その時々の権力中枢と結んで、自分の判断で行動しようとする人びとがいました。彼らは、効果的な内部改革によってナチの蛮行に歯止めをかけるためにナチに協力するのだ、というのです。こうして彼らは、「それ以上の悪を防ぐために、悪を認め」なければなりませんでした。とはいえ、彼らは、主観的には、自分がけっして根っからのナチ主義者ではないと言いきかせることによって、自己正当化をしてきたのでした。

戦後、アデナウアー政権の国務次官をつとめたハンス・グロプケは、ナチ時代に人種立法＝ニュルンベルク法の公的な注釈書を著わした人物として、長く論議の的になりました。彼の論理によれば、自分はナチ人種法をできるだけ寛大に解釈する注釈をしたのだ、自分の代わりに熱狂的なナチ主義者がその地位を占めれば、いっそう苛酷な注釈と法の執行をしただろう、というものでした。しかし、ボンヘッファーは記しています。「ところが、その場合、彼は、自分が避けるつもりのそのより悪しきものが、実は、より良いものであるかもしれないということを、もはや認識できないであろう」。

⑥　最後に、ボンヘッファーは「私的な徳行」という隠れ場をあげています。同調行動や忠誠表明への圧力の高い《公共の》場での対決を逃れて、私生活に後退しようとするものです。たとえば文学者ゴットフリート・ベンは、一九三三年五月に、ラジオ放送を通じて亡命文学者たちに公開書簡を発表し、《国外亡命》を国家と民族とに奉仕することをやめた「逃散行為」として糾弾しました。やがて、こうした当初のナチ賛美から《国内亡命》の立場に変わったベンは、その後、ナチ・ドイツ治下にあっても詩人および軍医として生きた自分の姿を《二重生活》と呼んでいます。こうした私的領域での非政治的姿勢も、その一つの典型といえるでしょう。

しかし、ボンヘッファーによれば、こうした人間は、「自分をとりまく不正にたいして、その目も口も閉じていなければならない。自己欺瞞という代価を払うことによってのみ、彼は責任ある行動による汚《けが》れを免れて、わが身を清く保つことができるのである」。彼は、こうした態度が「もっとも偽善的な」パリサイ主義となりうることを批判しています。

以上、いずれの例も「伝統的な倫理的概念」を拠りどころとして、自分を道徳的に純潔なものとして保とうとしています。それは、それぞれ彼らなりの仕方で、自分の人格的アイデンティティを守る努力といえるでしょう。彼らは、たしかに、主観的にはナチ的悪行に自分は加担していないと信じることができたかもしれません。しかし、精々のところ悪行には直接的に手を貸さない傍観者としての地位をとりえただけで、客観的には、すでに犯罪的な体制を支える共犯者となっていたのです。

これらの人びとをボンヘッファーは、けっして第三者のように距離をおいて分析しているのではありません。ここに彼が確認した伝来的な行動様式は、いずれも彼自身のうちにも感じ取られ、それだけいっそう鋭く、その悲劇的な成り行きを洞察できたのではないでしょうか。ナチ・ドイツの支配体制下においては、こうした態度では、社会生活全体をつなぎとめた権力悪の連鎖から抜け出すことは、到底できないのを予感させられていたのです。

2 愚かさについて――呪縛された民衆

愚かさの構造分析

そのことは、「愚かさについて」の分析によって、いっそう構造的に示されます。《愚かさ》というのは、端的に言えば、自分が立たされているこの世の文脈《コンテキスト》を正しくとらえて適切に行動する能力を欠如していること、と定義できるでしょう。

「愚かさは悪意よりも、いっそう危険な善の敵である。悪にたいしては抗議することができる。それを暴露し、やむをえない場合には、これを力ずくで妨害することもできる。悪は、少なくとも人間の中に不快さを残すことによって、いつも自己解体の萌芽をひそませている。愚かさにたいしては、どうしようもない」。

「どうしようもない」と言いながらも、ボンヘッファーは、さらに一歩踏みこんで心理学的・社会学的分析を進めていきます。

「自己の先入観に矛盾する事実は、端的に信じる必要はないとされる――このような場合に、愚かな者は批判的になる。――その事実が避けがたいものであっても、それは、単純に無意味な個別的ケースとして排除されうるのである。その場合、愚かな者は悪しき者と違って自分自身に完全に満足している」。

明白な事実をつきつけられても、例外的ケースとして切り捨て、あくまでも自分の正当性を信じこむ。その信念に矛盾する事実を指摘されると、かえって、「批判的」＝攻撃的になる、というのです。したがって「われわれは、もはや理由をあげて愚かな者を説得しようとは、けっしてしないであろう。それは、無意味であり、危険である」。

これは、まことに的確に《偏見》の心理を突くものです。偏見とは、むろん、誤った否定的な断定のことですが、たんに知的に誤っていることが偏見なのではありません。正しい情報をあたえられても、新しい経験をしても、誤った自分の思いこみに固執する性質をもっているのが偏見です。それは、何よりも、偏見が現代の複雑な社会構造の中で、紋切型《ステロタイプ》の思考に固執することによって、さまざまの不安や孤立感から偏見の持主を守ってくれるという役割をもっているからです。ボンヘッファー自身の言葉を引いてみましょう。

「愚かな者は、しばしば頑固であるが、だからといって、彼が自立的であるということはない。このことを見誤ってはならない。愚かな者と話していると、われわれは、その人自身、つまり、彼の人格と関わりをもっているのではなくて、彼の上に力をふるっているスローガンや合言葉などにたいしているような感じを受ける」。じっさい、この点に関連して、ボンヘッファーは「愚かさは本質的には知的な欠陥ではなくて人間的な欠陥である」という注目すべきテーゼを打ち出しています。

「その際、愚かさが生まれながらの欠陥であるというよりも、人間が特定の状況の下で愚かにされる、ないしは、みずから愚かになるに任せるという印象の方が強い」。

ボンヘッファーは、分析を一歩さらに進めています。

「その上、われわれの観察では、社交性のある、もしくは、あると思われている人びとおよびその集団よりも、〔世間から〕孤立した孤独に生きている人たちの方が、この欠陥を示すことが少ない。このように、愚かさは、おそらく心理学的な問題であるよりも、むしろ、社会学的な問題であるように思われる」。

さらに具体的にはこう言われています。

「愚かさは、歴史的状況が人間にあたえる作用の一つの特別な形態であり、特定の外的関係から生まれる一つの心理的随伴現象である。いっそう厳密に観察するならば、政治的なものであれ宗教的なものであれ、外見的に強力な権力が展開されるときには、いつでも、大多数の人間は圧倒されて愚かになることが分かる」。

ここでは、偏見の構造が心理学的人格構造に加えて社会的・歴史的な構造連関の中でとらえられています。この《愚かさ》こそは、疑似宗教的な崇拝にまで高められた《ヒトラー神話》の民衆的基盤をなすものでした。

こうしたボンヘッファーの認識は、当然、精神医学者だった父カール・ボンヘッファーの専門的知識に負うところも大きかったと思われます。その家庭内の会話で、こうした話題が取り上げられなかったはずはありませんから。じっさい、カール・ボンヘッファーの自伝的回想の末尾には、彼が一九四七年に記した「指導者の人格と大衆の妄想」というエッセーが添えられていました。そこで、彼は、「ヒトラーのパースナリティとドイツ国民における大衆的追従」とを批判的に分析していたのです。

彼は、ヒトラーのヒステリー性の分別のなさ、怒りの発作、型にはまった身体的動作などを指摘し、とくに七月二〇日事件で死刑判決を受けた人びとを絞首させた際の残酷な手口、その情景をフィルムに収めさせて、くり返し見ていたという倒錯的な欲求、とくに感情の粗暴さにも注意を向けています。これは、ヒトラーにおける「法感情や契約を守ることにたいする感覚の欠如、自己批判や政治家としての節度、国際関係や倫理的価値の重要性にたいする明白な展望などを欠落させていたことと密接に関わりがある」と指摘していたのでした。他方では、ヒトラーが「プリミティヴな大衆の本能に調子を合わせて、これを巧妙なレトリックと道徳的な美辞麗句とを用いて自分のために役立たせる並はずれた能力」の持主だったことも明言しています。

しかし、カール・ボンヘッファーにとって、いっそう重要だったのは、次の問題でした。すなわち、「かくも非人間的な残忍性、ありとあらゆる法にたいする違反、ドイツの将来のために不可欠な価値ある人材の意図的な抹殺、腐敗や限度を知らない思い上がりなどに、その本性をあらわにする政権が、ドイツ国民のあいだで、一二年間にわたって維持され、何百万の人びとにたいして服従を指令できた」という事実です。

カール・ボンヘッファーは、この連関で、ドイツ国民における「服従することを好む一定の性癖」や「みずから判断し、みずから責任をとることを放棄する」傾向を指摘し、さらに、そうした歴史的背景として、「過去何世紀にもわたる国民全体の軍国主義的教育」をあげています。あきらかに、精神医学的分析を超えて、彼は、社会的条件にたいする視点にも開かれていたのでした。

大変興味深いのは、こうした分析の中で、彼が「市民的勇気」(Zivilcourage)と「絶対服従」(Kadavergehorsam)という「ドイツの新造語は偶然ではない」と記していることです。おそらくボンヘッファー父子は、こうした《プロイセン的美徳》から生まれることになった致命的なナチ的帰結について、互いに話し合っていたことでしょう。これは、後述の「市民的勇気」をめぐる議論ともつながって、ボンヘッファー家の人びとに共通に抱かれていた市民的精神の所在を教えるものです。

愚かしい人びと

いま一度「愚かさ」の問題に帰ってみましょう。愚かさは、一方では、指導者崇拝の形で《イングループ》にたいしてはポジティヴな体制安定化のために仕えるものでした。

しかし、他方では、《アウトグループ》にたいしてはネガティヴに、たとえば反ユダヤ主義の集団心理にあらわれるような攻撃性の形をとることも可能です。

「愚かな者は、簡単に興奮して攻撃に打って出ようとするから、危険にさえなる。愚かな者は呪縛され、目が見えなくされており、彼自身の本質が悪用され、誤った行動に用いられる。このように、意志のない道具になってしまっているために、愚かな者は、どんな悪も働くことができる。それと同時に、それを悪として認めることができなくなっている。ここに悪魔的に悪用される危険がある」。

たとえば、一九三八年一一月一〇日の《帝国水晶の夜《ライヒスクリスタルナハト》》事件の経過をみれば、ナチ党員による巧妙な挑発に乗せられて、一般民衆もまた、このユダヤ人迫害の行動に熱狂的に加わっていったのでした。たとえばハンス・P・リヒター『あのころはフリードリヒがいた』(上田真而子訳、岩波少年文庫、二〇〇〇年)は、ユダヤ人の友だちに同情的だったドイツ人の少年が、この夜、ユダヤ人家屋の破壊行動にまきこまれていく姿を描いています。

しかし、ナチ支配を支えたのは、こうした一般民衆の《愚かさ》にのみ限られたものではありませんでした。先ほどの文章で、「孤立した孤独に生きる人たち」はこの欠陥を示すことが少ない、という指摘を引いておきました。しかし、社会的エリートと目される人びとのあいだにも、同様の反応が認められるのです。「知的な欠陥ではなく、人間的な欠陥である」という文章につづけて、ボンヘッファーは記しています。「愚かではあるが知的には非凡なほど活発な人間がおり、およそ愚かとは思えないのに、知的には非常に鈍重な人間もいる」。

じじつ、ヒトラーの《疑似カリスマ的》人格に引きつけられたと錯覚した知識人は少なくなかったのです。一例として、著名なドイツの劇作家ゲールハルト・ハウプトマンをあげることができるでしょう。彼とヒトラーとがはじめて出会ったときの模様について、次のような挿話が伝えられています。

ハウプトマンは、みずから、これを史上有名なゲーテとナポレオンとの会見になぞらえていたのです。彼は、ヒトラーから感銘深い批評のいくつかを聞けるものと、期待に胸をふくらませていました。みずから芸術家でもあるヒトラーの天才的な目が、ハウプトマンのどれかの作品の心髄に触れえないはずはあるまい、と。――ハウプトマンは紹介されました。《総統》は彼と握手して、彼の眼をじっとのぞき込みます。それは何びとをも震いあがらせると言われた例の凝視でした。ヒトラーは、ふたたびハウプトマンの手を握る。いまや、偉大な言葉が発せられ、歴史にとどめられるであろう。――会合に立ちあった人びと、そしてハウプトマン自身も、そう考えました。しかし、ヒトラーは三たび温かく彼の手を握っただけで、隣の人に移っていきました。のち、ハウプトマンは、その感動を友人の劇作家マックス・ハルベにこう語ったのでした。「それは、私の生涯におけるもっとも偉大な瞬間でした」。こうして、彼は、ナチ文芸院の総裁に収まり、対外文化宣伝に一役買うことになったのでした。

一九三三年の秋、ナチ政権による国際連盟脱退にたいする国民投票の行なわれる前日のこと。ライプツィヒにおいて「アードルフ・ヒトラーを支持するドイツの学者の政治集会」が開かれました。このとき、神学者エマヌエル・ヒルシュは、彼の演説の最後を次のように締めくくりました。「総統がわれわれから新しいナチ・ドイツにたいする信仰告白を求めるなら、それに私は《然り》をもって答える。私は、それをドイツ人として、福音主義のキリスト者および神学者として、大学の教師として言う。私は、それを総統の呼びかけに答える大きなコーラスの中の一つの小さな声として言う。われわれは《然り》を言い、彼に従う。ハイル・ヒトラー！」。

このときの記念写真では、ナチ親衛隊高級将校の制服を着て(!)哲学者マルティン・ハイデッガーとヒルシュとが正面に座っているのが印象的です。この年の四月に、ハイデッガーがフライブルク大学総長として行なった就任演説「ドイツ大学の自己主張」は、ヒトラーのドイツにたいする高らかな信仰告白を表明するものでした。このハイデッガーのナチズムにたいする関与の問題が、戦後長く大きな論議の的になってきたことは、よく知られています。

ナチ体制の権力中枢にあった知的エリートとして誇り高いドイツ参謀本部の人たちの

場合も同様でした。彼らは、対ソ侵略戦争を準備する段階で、ロシアの寒さを防ぐために十分な冬服を用意するのを怠ったのです。たとえヒトラーの命令がなかったとしても、あるいは、そうしてはならぬというヒトラーの命令が下されていたとしても、そのように慎重に準備をしておくべきだったことでしょう。

というのは、ヒトラー自身は、一九四一年六月に開始した対ソ戦争は四カ月で——すなわち、冬の到来する前に——終わる、と公言していたのですから。じっさい、それまで無敵を誇っていたドイツ軍は、モスクワ直前にまで迫りながら、例年より早く到来したロシアの《冬将軍》、すなわち、雪と寒さとの前に——夏服を着たままで——最初の敗北の兆しを経験することになったのです。

こうした分析は、ボンヘッファーにとって、古い倫理的概念がまったく無効になったことを意味していたのでしょうか。そうではありません。むしろ、古い倫理的概念にもとづく行動が失敗したのは、それぞれがバラバラに孤立させられ、悪の体制のジャングルの中で滅茶苦茶に混乱させられたからなのです。彼らには、ある重要な要素が欠けていたのです。それは、自己を歴史的な必然性として仮装する《悪》＝ナチ政権のイメージやヴェールを突き破って現実性《リアリティ》を見通す能力でした。

ここで見通されなくなっていたリアリティというのは、一つには、むろん、ナチ支配下の政治状況のことです。しかし、いま一つは、自己自身の内面性の状況でもあります。たとえば、厳格に義務を遂行することで良心を安んじている者もまた、彼の服従の行為によって体制全体の犯罪行為を可能にしているのであり、結果的には犯罪行為に加担していることになるのだ、ということを覚《さと》らないのです。むしろ、覚ろうとはせず、それによってみずからの良心を欺いているのです。外なる現実、内なる現実の偏った見方、断片的な見方、「眼力の不足」は、幻想的な期待や不安、自己正当化の心理的メカニズムによって正しい認識を曇らせているのです。

愚かさの克服

それでは、どうしたら《愚かさ》から脱却できるのでしょうか。ボンヘッファーは、こう指摘しています。

「抗議をもってしても、暴力をもってしても、何の役にも立たない。理由をあげても無益である」。したがって、必要なのは「教化ではなく、解放の行動だけが、この愚かさを克服できるであろう」と。

これは、《偏見》の克服をめぐる心理学的＝社会学的な分析によっても、すでによく認められている事実です。知識の修正ではなく、根源的な意味での《人間の解放》が不可欠なのです。何よりも一人びとりが自分の人格的アイデンティティにたいする確信をもつこと、むしろ、根源的信頼感に支えられた主体性を確立することを問われているのです。ここで、ボンヘッファーは、《内面的解放》のための根源的な手掛かりを語っています。

「神を恐れることが知恵の始めであるという聖書の言葉(詩編一一一・一〇)は、人間を内面的に解放して神の前で責任ある生活をさせることが、愚かさの唯一の現実的な克服であるということを語っている」。

しかし、この文章の前に、彼が《外面的解放》について語っていることも見逃せないところです。

「その際、われわれは、次の事実で十分としなければならないだろう。すなわち、ほとんどの場合、外的な解放が先行した後に、はじめて真の内的解放が可能になるであろう。そのときまでは、愚かな者を説得しようという試みを、われわれは、すべて断念しなければならないであろう」。

したがって、つづく次の文章も、まさにナチ体制下における《愚かさ》という特定の精神状況を前提にしていることを見逃してはならないでしょう。

「ところで、《民族》が本来何を考えているかをわれわれが知ろうと努力しても、この状況下では無駄であるということ、また同様に、この問題が責任的に考えかつ行動する者にとって、なぜ余計なものであるかということも――つねに特定の状況に限ってではあるが――こういう事情の中では、理由のあることであろう」。

この「民族」(Volk)というのは、むしろ、人民とか民衆と訳すと、いっそう分かりやすいものです。人民は、ナチの政治宣伝によって人格の内奥まで汚染された《愚かさ》によって、ただちにデモクラシーという政治形態に即応する資質を欠いている、とみられているわけです。クーデタ成功後に成立するはずの新しい体制は、一定の移行期間に限り、《民意》に規定されない政治形態をとることもありうる、としていることが分かります。しかし、まさにこの「アングロサクソン的意味では、さしあたり民主主義的とはみえない政権」と連合諸国、とくにイギリスやアメリカが交渉する用意をもちうるか否かということこそ、抵抗運動にとって最大の問題だったのです(「ウィリアム・ペイトン『教会とヨーロッパ新秩序』にたいする省察、手稿」、『ボンヘッファー全集』第一六巻、所収)。

しかし、こうした考え方の中から生じる《エリート》主義的危険(E・ベートゲ)にたいして、ボンヘッファーは、さらにこう付言しています。「愚かさについてのこれらの考えの中には、それ自体、慰めに満ちた点も含まれている。すなわち、大多数の人間があらゆる場合に愚かであるなどと考えることを、けっして許さないのだから」。

つまり、先にみたように、ボンヘッファーは、《愚かさ》を人間の生まれつきの資質の問題としてではなく、一定の歴史的・政治的状況の中での心理学的・社会学的現象と考えていたのでした。してみれば、問題は、ナチ体制のように「権力掌握者が、人間の愚かさに多くを期待するか」、それを利用しようとするのか、それとも、クーデタ後の新しい政権が民衆一人びとりの「内的自立性および賢明さに期待するか」、それを将来の政治の基盤と考えるのか、という二者択一にかかってくることになるわけです。むろん、この二つを区別することは、倫理的にも政治的にも、きわめて重要です。

とはいえ、彼は、次の「人間蔑視」という小見出しの文章に記しているように、「われわれが人間蔑視に追いやられる危険は、きわめて大きい」ことを認めています。

「人間蔑視によって、われわれは、まさにわれわれの敵〔ナチズム〕の主要な誤謬のとりこになるのである。ある人間を軽蔑する者は、けっして彼から何かを生み出すことはできないであろう。……人間が何をするか、何をしないかということよりも、何を悩んでいるかという点に目を向けることを、われわれは学ばなければならない。人間にたいする——まさに弱い者にたいする——唯一の生産的な関係は、愛、すなわち、彼らとともに交わりを持とうとする意志である」。

ボンヘッファーは、その根拠を、「神御自身は、人間を軽蔑されず、人間のために人間となられた」という聖書の証言に求めています。

こうした考え方は、このエッセーの最後におかれた有名な「下からの視点」にも通ずるものでしょう。しかし、この未完の断片は、一九四二年クリスマスの時点で手渡された元来のテキストには——内容的には深いつながりがありますが——含まれてはいなかったようです。したがって、ここでは、これ以上取り上げることはしないで、その末尾の文章を引くだけにとどめます。

「問題なのは、ただ、次の点である。すなわち、この下からの視点が、本来、下とか上とかということを超えたところに根拠をもっている、いっそう高い満足から、われわれが人生をそのすべての次元において正しく生き、かつそれを肯定しているということである」。

これこそ、偏見を克服しうる根源的な視点ではないでしょうか。すなわち、神による《大いなる肯定》を一人びとりが自己を支える究極的な基盤とすることによって、はじめて――他者との相対的比較から解放され――確固とした自己アイデンティティをもちうるのです。そして、ここからのみ、この断片の前半にある「社会から疎外された人びと、疑惑をもたれた人びと、権力なき人びと、抑圧されかつ嘲られた人びと」に連帯しながら、解放の行動を担いとることもできるようになるのです。

3　市民的勇気ということ

ドイツ精神史への問い

《外から》の解放ということと連動して、神への服従において責任的に行動する人間主体が問われます。それこそ「市民的勇気」をもつものでなければなりません。この題名の小見出しをもつ文章の中で、彼は、まず、ドイツ精神史において、これまで《市民的勇気》が欠けてきた理由をさぐります。

「われわれドイツ人は、長い歴史の中で従順の必要性とその力とを学ばなければならなかった。われわれは、すべての個人的な願望や思想を自分たちにあたえられた任務の下に従属させることの中に、自分たちの生の意味や偉大さを見てきた」。

この「上を見るドイツ人の眼差し」は、かならずしも「奴隷の恐怖」にもとづくのではなく、ボンヘッファーによれば、むしろ、ルター的信仰という宗教的背景から由来するものなのでした。ボンヘッファーは、こう指摘しています。

それは、「任務の中に天職を、天職の中に召命を見る自由な信頼にもとづくものであった。それは、自分自身の心〔ここで意味されているのは、ルターのいわゆる「自己への屈曲」＝自己愛のことでしょう〕にたいする不信という、いささかの正当性をもつものだった。そこから、自分自身の自由裁量よりも、むしろ《上》からの命令に喜んで服従する用意が生じてきたのである」。

これは、ルター主義的なベルーフ思想＝職業召命観にもとづく《職務道徳》と、それと並行して成立した《官憲国家的》な服従のエートスとを指すものでしょう。これには、さらにドイツ観念論の哲学的伝統――しばしば、《ドイツ・プロテスタンティズムの世俗化》とも呼ばれてきました――も連動します。ボンヘッファーは、つづけて論じています。

「しかも、ドイツ人は、全体への奉仕において、我意から自己を解放しようと求め、まさにその中に、みずからの自由があると主張したのである。——ルターから観念論の哲学にいたるまでのドイツより以上に、いっそう情熱的に自由について論じられたことが世界の他のどこかにあるだろうか。——天職と自由とは、ドイツ人にとっては、同一の事柄の二つの側面として考えられていた」。

しかし、まさにそのことによって、ドイツ人は、この世界における権力と自由との関わりを見誤ったのです。ボンヘッファーは、つづけて記しています。「任務のために服従すること、そのために生命を賭ける用意のあることが悪のために乱用されるかもしれないという可能性を、彼は計算に入れてこなかったのである」。

ここでボンヘッファーが論じているのは、ドイツ近代化の《特殊な道》をめぐって、戦後ドイツで大きな論議を呼んできたテーマと関わっています(J・アイベン『ルターからカントへ——モデルネにいたるドイツ的な特殊な道』一九八九年、参照)。

深い内面性の伝統をもつ精神風土においてナチ的なバーバリズムが生まれたのは何故かという近代ドイツ思想史の謎めいた問題性については、私自身も、つとに多大の関心を寄せてきました。それだけに自己省察から試みられたボンヘッファーの批判的な分析視角には大いに引きつけられるところです(宮田光雄「ドイツ・ファシズムの思想史的基盤」

（一九五六年）、『ナチ・ドイツの精神構造』岩波書店、一九九一年、所収）。

じっさい、ナチ・ドイツのスローガンの一つに《公益は私益に優先する》というのがありました。ＳＳ隊員にとっては、「忠誠こそ、わが名誉」というのが、彼らの合言葉でした。それをいっそう戯画化してみせたのは、ナチの強制収容所入口に掲げられていたシニカルなスローガンでしょう。アウシュヴィッツ収容所の鉄門に掲げられていた「労働すれば自由になれる」というスローガンは、よく知られています。ボンヘッファーが処刑されたフロッセンビュルクでも、収容所の入口におかれた二つの礎石には、それぞれ「服従」と「勤勉」という文字が刻まれていたのでした。

市民的勇気

ドイツ精神史の伝統の中で欠けていたもの、それは、ボンヘッファーの言葉によれば、「天職や任務に逆らっても、自由で責任ある行為の必要性について認識すること」でした。

「だが、市民的勇気は、ただ自由な人間の自由な責任性からだけ生まれることができる。ドイツ人は、やっと今になって自由な責任とは何かということを発見し始めている」。

それは、あきらかに抵抗運動を意味しています。しかし、職務や義務に逆らう《自由で責任ある行動》は、厳しい良心的葛藤なしにはありえないものでした。たとえば、このエッセーを渡されたオスター少将の場合を考えてみましょう。

一九四〇年五月、西部戦線におけるドイツ側の攻撃開始の日時を、彼は、意図的にオランダ側に洩らしたのでした。それによって奇襲的効果は失われ、ドイツ側の攻撃は、待ち伏せている相手側から、いっそう多くの犠牲を支払わされることになるだろうと計算したのです。こうしてオスターは、この攻撃によって彼の多数の戦友たちが生命をなくすこと、いな、犠牲が大きくなって攻撃そのものが失敗することさえ予期していたわけです。なぜなら、軍事的なカタストローフに直面して、はじめて指導的な将軍たちも重い腰をあげて、ヒトラー政権を排除するために立ち上がってくれるだろう、と考えていたからです。

この国家にたいする反逆は、これまで義務と忠誠とで養われてきた一人のドイツ人将校の心に重い負担を意味していたはずです。ボンヘッファーは、このオスターの反逆行為を「必要な責任ある行動」として承認しています。彼は、この事柄に関して、オスターの良心にたいして確証をあたえています。しかし、この行為そのものを、けっして言いつくろったり、正当化したりしているのではないことも見逃してはならないでしょう。たしかに、オスターは、「これ以上の悪を防ぐために悪を引き受ける」ことを決意したのです。しかし、国家にたいする反逆は、抵抗運動にともなう偽装やたえざる虚言と同じ《悪い》行為であることをやめるわけではないのです。こうした行動は、不可避的に罪責をともなうもの、抵抗者を「罪ある者」とする行為なのです。

「われわれは、悪行の無言の証人であった。われわれは、すっかりすれっからしになってしまった。われわれは、偽装の技術や曖昧なもの言いの仕方を修得した。われわれは、経験を通して人びとに不信感を抱くようになり、彼らにたいして、しばしば、真実と自由な言葉を語らないままでいなければならなかった。われわれは、耐えきれない葛藤によって疲れ果てた。もしくは、多分シニカルにさえなってしまった。――それでもまだ、われわれは役に立つのだろうか」。

これは「われわれは、まだ役に立つのだろうか」と題する「一〇年後に」の中の文章から引いたものです。

抵抗派の人びとが味方に引き入れようとした多くの将軍たちにとって、彼らが一九三四年にヒトラーにたいして行なった無条件的服従の宣誓が最大の良心的拘束となっていました。当時、この宣誓は「顔のない憲法」にたいしてではなく、「ドイツの歴史を導き、その人格に民族と祖国を体現している総統」「ドイツ国防軍の最高司令官」＝ヒトラーに向かってなされたのだ、と説かれていたのです(H・フェルチュ『ドイツ国防軍の将校――義務論』第七版、一九四二年)。

国防軍将兵の中には、誰か権威ある者が命令を下してくれさえすれば行動する、と考える人たちもいました。命令にもとづく行動というのであれば、いかにも軍人らしいエートスとして矛盾しないとみなされるからです。たとえ、この理由づけが実際には行動しないことの《口実》にすぎなかったとしても。

これにたいして、ボンヘッファーが提起しているのは、神の御前での「自由な信仰の冒険」としての行動でした。彼は、ヒトラーにたいする宣誓が無効だ、と考えるのです。なぜなら、宣誓というものは、それを行なう者と命ずる者との双方を義務づけているはずですから。当事者の一方がそれにふさわしく行動しないなら、宣誓における拘束力は破られているのです。ヒトラーは、その侵略戦争と人種殺戮《さつりく》を始めることによって、彼が国防軍最高司令官として命じた宣誓の基礎を、みずから破壊したのではないでしょうか。

しかし、ボンヘッファーは、それゆえにただちに抵抗派の行動には《罪がない》と言明するのではないのです。「市民的勇気」の最後の言葉を引いてみましょう。

「市民的勇気は、責任ある行為という自由な信仰の冒険を求めたもう神に、その基礎を持つものである。さらに、その行為のゆえに罪ある者となる人間にたいして赦しと慰めとを約束したもう神に、その基礎を持つものである」。

《自由な信仰の冒険》は神から求められるものであり、そこから生まれる《責任ある行為》は、人間を《罪ある者》とする危険がある。したがって、神による《赦しと慰め》との約束なしに生きることはできない、というのです。

歴史に内在する正義

この罪責と罪の赦しの問題を、もう少し広い展望の中で考えてみましょう。「内在的義」と題される文章における《法則《おきて》》＝法規範(Gesetze)の議論から。

「もっとも驚くべく、しかし同時に、もっとも反論しがたい経験の一つは、悪が——しばしば、驚くほど短期間に——みずから愚かで目的に合わないものであることを暴露する、ということである。こう言っても、それは、個々の悪い行為には、そのすぐ後でそれぞれ罰がともなうという意味ではない。そうではなく、この世的な自己保存の利益を追求しようとして神の戒め(Gebote)を原理的に廃棄することは、まさにこの自己保存そのものの利益に逆らうようになるということである」。

「われわれの経験から確実なこととして明らかになるように思われるのは、人間の共同生活の中には、次のような法則が存在するということである。すなわち、これらの法則は、それを越えうると信じているすべてのものよりも強力であり、これらの法則を無視することは、不正であるだけでなく賢明でもないということである」。

この文章を記したとき、ボンヘッファーの思いにあったのは、すでにナチ・ドイツの《終わりの始まり》を眼前にしているという確信だったでしょう。ヒトラーは、内政においても、とくに外交政策においても、これらの《法則》を巧妙に無慈悲に無視しつづけて行動してきました。そのシニカルなまでに現実主義的な打算にもとづく行動は、これまでは成功を収めてきたかにみえました。ヨーロッパ大陸に——北は北極圏から南は北アフリカまで、西は大西洋岸から東はウラル山脈にいたるまで——ヒトラー支配を頂点とする広範な《ゲルマン帝国》を打ち立てることができたようにみえたのですから。

しかし、いまや、このエッセーの書かれた一九四二年末には、スターリングラードで、ドイツ軍の——そしてナチ体制全体の——破局が始まろうとしていたのです。それは、あたかも《歴史に内在する正義》の存在を示すかのようです。ボンヘッファーは、駄目押しのように、いま一度、越えることのできない《法則の限界》を指摘します。

「賢い者は、具体的なものと、その中に含まれているさまざまな可能性との充満する中で、同時に、人間の共同生活に存続している法則を通して、あらゆる行為にあたえられているところの越えることのできない限界を認識する」のである、と。

しかし、《法則》の問題は、ナチ権力側について問われるだけではありません。それは、抵抗運動の側にもつきまとっている問題なのです。既存の法規範＝《法則》を破ることなしには、抵抗運動は現実に成立しえないのですから。「さて、歴史上重要な行動で、かつてこれらの法則の限界をくり返し越えなかったものは、たしかに何一つない」。にもかかわらず、《限界》の越え方こそが問題なのです。

「定められた限界をそのようにして踏み越えることが、原理的に、その限界を廃棄することとして理解され、それとともに、独自の〔人種的〕性質《アールト》をもった法《レヒト》〔＝正義〕として主張されること〔a〕と、この踏み越えることを、おそらく不可避の罪責として自覚し、そして法則とその限界とをただちに再建し尊重することによってのみ、それが正当化されるものとみること〔b〕とは、決定的に違う」。

あきらかに、aは、正義や人道に反する不法行為をあえて法と言いたてるナチ・ドイツ的法治主義（《民族に役立つものが法である》）を指しているのにたいして、bは、反乱計画による新しい政権が意図していたところの方向を指しています。しかし、ここで「罪責」の自覚に言及されていることを見逃してはなりません。抵抗運動が、それ自体として一括審議的に正当化されているのではないのです。《法則》を侵害することは、まさに《法則》の再建のためになされることによって、はじめて事後的に正当化されうるものなのです。

この《法則》の議論の最後には、ボンヘッファーは、まことに明快な結論を下しているのに驚かされます。

「この世においては、事態はかくも単純である。すなわち、究極的な《法則》と生存の諸権利とを基本的に尊重することが同時に自己保存に最も役立つのであり、また、これらの《法則》は、まったく短く、一回限り、特別の場合にやむをえず違反する場合にのみ耐えられるようになっているということである。これに反して、これらの《法則》は、苦しまぎれに一つの原理をつくり出し、これらの《法則》の傍らに独自の《法則》を勝手に仕立てるような人間を、早晩――抗しがたい力をもって――打ち砕くのである」。

未来の世代のために

こうしたボンヘッファーの思索と行動は、未来の世代にたいする歴史的な責任意識に深く動機づけられていたものでした。たとえば「成功について」と題する文章の中で、こう結論しています。

「避けがたい敗北に直面して英雄的な没落を云々することは、根本的には、きわめて非英雄的なことである。それは、そのような言辞が、あえて将来に目を向けようとはしていないからである。最終的な責任を負う問いは、私がどのようにして英雄的に闘いから身を引くかということではなくて、来たるべき世代がどのようにして生きつづけるべきかということである。このように歴史的に責任を負う問いからのみ……生産的な解決が生じうるのである」。

未来の世代への言及は、「現在と将来」という文章にも出てきます。

「来たるべき世代に視線を向けながら思索し、行動すること、その場合、恐れや憂いなしに日々を歩んでゆく用意ができていること——これが、実際にわれわれに要求されている態度であり、毅然として貫くことは容易ではないが、必要な態度である」。

「われわれに残っているのは、きわめて狭い、時にはほとんど見いだすことのできない道、すなわち、毎日をそれがあたかも最後の日であるかのように受けとり、しかも信仰と責任とにおいて、あたかもまだ大いなる将来があるかのように生きる道だけである」。

ボンヘッファーがこう語るとき、それは終末論的希望に生きる姿が意味されています。彼はつづく「楽観主義」という文章では、こうした態度を「将来への意志としての楽観主義」と呼び、「愚かで臆病な楽観主義」から区別しています。なぜなら、この信仰的楽観主義は、「他の人びとが諦めているところでも希望する力、いっさいが失敗したと見えるときにも頭を高く上げる力、反動に耐える力、将来をけっして敵に譲り渡さないで、それを自分のものとして要求する力である」からです。

したがって、この終末論的希望は、けっして地上の世界の「混沌・無秩序・カタストロープ」に絶望して「諦め」る既成事実への屈服でもなければ、また「新しい建設や未来の世代にたいする責任」を放棄する「現世逃避」とも無縁です。むしろ、積極的な現世への関わりを可能にするものです。「われわれは歴史の主の御手の中にある道具なのだ」という言葉も記されています。

同じ基調は「歴史における神の支配に関する二、三の信仰箇条」と題する文章にも読みとれるでしょう。ここで、とても興味深い事実が注目を引きます。すなわち、「一〇年後に」のエッセーでは、これまでボンヘッファーは、時代状況の分析のために、「われわれ」という一人称複数形を用いてきました。しかし、それを中断する形で、以下には「私」という一人称単数形を用いていることです。いわば歴史における神の支配にたいする彼自身の信仰告白を直接的に定式化しているかのようにみえます。

「神はすべてのものから、最悪のものからさえも、善きものを生まれさせることができ、またそれを望まれるということを、私は信じる。そのために神は、すべてのことをみずからにとって益となるように役立たせる人間を必要とされる」（傍点、宮田）。

ここでも、おおらかな信仰的楽天主義が息づいています。しかし、同時に、最悪のものからも善いものを生まれさせるため、神が「益となるように役立たせる人間」を必要としている、という断言も見逃してはなりません。神の恵みの意志に信頼する真の終末論的希望は、それに対応して、人間の側からも責任ある行動を呼び起こすのです。

これにつづく文章は、その一つ一つが、実に深い内実をもった珠玉のような文章です。日々の生活の中で、一人びとりが確証すべき人生の導きの言葉であると言ってもよいのではないでしょうか。

「私は、いかなる困窮に際しても、われわれが必要とする限りの抵抗力を神がわれわれにあたえられると信じる。しかし、神はその力をあらかじめあたえられはしない。それは、われわれが自分自身にではなく、神にのみ信頼するためである。このような信仰において、将来にたいするすべての不安は克服されなければならないであろう」。

「私は、われわれの過失や誤りもまた空しくはならないということ、また、神にとって、そのような過失や誤りを解決することは、われわれが善い行為であると考えていることを処理するよりも困難ではないということを信じる」。

「私は、神がけっして無時間的な運命ではないこと、むしろ、誠実な祈りと責任ある行為とを期待し、そしてそれらに答えてくださるということを信じる」（以上、傍点、宮田）。

第3章 「獄中詩」における自己分析

逮捕され投獄されるという体験は、ボンヘッファーにとって、これまでとはまったく異なる状況の中で、まったく新しい要求を突きつけてきました。家族との結びつき、親しい友人や仲間たちとの生き生きした交わりを絶たれてしまったのです。ナチ当局者のタクティックスは、独房に閉じこめて非日常的なショックをあたえ、抵抗者の意志を打ち砕くことでした。投獄直後の一九四三年五月に、彼は、小さな紙片の上へ、そのときの密かな心の動きを走り書きのメモとして残しています。

「人びとからの分離／労働からの／過去からの／将来からの／結婚からの／神からの／過去への関係における、さまざまに異なる精神的構造……」と。

いまやそれに取って代わったのは、公認された手紙の往復と監視下での訪問者との短い面会時間しか残されていませんでした。こうした中で、当初の数カ月、ボンヘッファーは、彼の家庭環境、それまで身につけてきた教養や自分の信仰体験など、過去の生活史を確認することに努めています。こうした子どもの時期や青年時代を想起する一種の

《退行》の試みは、けっして現実から逃避するものではありませんでした。むしろ、それは、生きる意志を活性化させる効果をもち、自己崩壊による屈服と自白を狙った巧妙な権力に対抗して、自己のアイデンティティを確保し、再建し、維持していくための努力でした。

この関連でとくに注目を引くのは、獄中にあたえられた時間のゆとりを用いて、かつてはなかったほど熱心にシュティフターやイェレミアス・ゴットヘルフなどの文学作品を読み耽っていることです。こうした学びから、さらに彼は、自分でも私小説的な戯曲などの断片的作品も書き残しています。それらは、後に密かなルートを通して獄外に持ち出され、友人や肉親の手に渡り、戦後にいたるまで安全に守られてきたものです。その中には、一九四三年クリスマスから翌四四年クリスマスまでの期間に作られた一〇篇の獄中詩も含まれています。ベートゲに最初に送られた詩が「過去」と題されているのは示唆的です。以下には、その詩から冒頭の出だしの部分と末尾の言葉のみ引いておきましょう。

お前は行ってしまう、愛しい幸せと激しく愛した痛みよ。……
私は聞いている、お前の足どりがゆっくりと遠ざかり消えていくのを。
私に残るのは何か？　喜びか、苦しみか、求めか？

私にはこのことだけが分かっている。お前は行ってしまう——そしてすべてが過ぎ去ったということを。
……〔中略〕……
私は両手を差しのべて
祈る——。
すると私は新しい経験をする。
過ぎ去ったものはお前に戻ってくるのだ、
お前の生命の最も生き生きとした部分として、
感謝と懺悔とを通して。
過ぎ去ったものの中に神の赦しと慈しみをとらえ、
神が今日も明日もお前を守ってくださるように祈れ、と。

この詩を同封した手紙に、彼は「時として駆られる詩作の衝動」があると記し、「不思議なことに韻はおのずからととのい」「全体は数時間のうちに一気にできてしまう」と伝えています。ボンヘッファーにとっては、それは「過去と対決し、さらにそれを再獲得する試み」を意味するものであり、「人はすべてをやってみなければならない。しかし、それは、ただ何が神の道であるかということをいっそう明確に知るためである」

と結論づけています(一九四四年六月五日)。

ボンヘッファーは、若い日には詩作したこともあったようです。しかし、この資質を、彼は、詩作以上にいっそう恵まれていた音楽的な天分とともに、自己本来の専門職《ベルーフ》として取り上げることはありませんでした。獄中詩においても、彼は、けっして自分を詩人と考えているのではなく、むしろ、体験によって促される自己証言を行なっているだけです。詩のあちこちの箇所には、彼にとって特別に重要だった事柄《ザッヘ》が、簡潔な言葉で表現されていることに気づかされます。

以下においては、それらの中から三篇の詩を取り上げます。詩の本文をまず掲げ、それから詩が作られた時代背景と内容分析を試みています。最初の二篇は、ともにテーゲルの軍用刑務所における体験の自己分析として重要なものです。投獄後まもない頃の詩「私は何ものなのか」、さらにほぼ一年半後、ヒトラー暗殺計画が失敗し、処刑を確実に予期せざるをえなくなったときの詩「自由にいたる途上の諸段階」です。三つ目のものは、一九四四年一〇月初めにSS保安本部の地下牢に移された後、クリスマスを目前にして婚約者マリーアに宛てて送った「良き力あるものに守られて」と題される最後の獄中詩です。

1 「私は何ものなのか」

私は何ものなのか？　彼らはよく私に言う、
私が自分の独房から出てくるときは
平然と、朗らかに、しっかりした足どりで
まるで自分の城館から出てくる領主のようだ、と。

私は何ものなのか？　彼らはよく私に言う、
私が看守たちと話し合っていると、
こだわりもなく、親しげに、はっきりした口調で、
あたかも命令しているのが私の方であるかのようだ、と。

私は何ものなのか？　彼らはまた私に言う、
私が不幸な日々の下にありながら、
落ち着いて、微笑《ほほえ》みつつ、誇り高く
まるで勝利に慣れてきた人のようだ、と。

私は、ほんとうに他の人が言っているような者なのか？
それとも、ただ自分が知っているだけの人間にすぎないのか？
まるで籠の中の鳥のように、そわそわと、思い憧れて、病み、
あたかも首を絞められているかのように息をしようともがき、
色彩や花々や小鳥の声に飢え、
やさしい言葉や人間的な親しみを渇望し、
気まぐれやごく些細な侮辱にも怒りにふるえ、
重大事件の到来を待ちわび、
はるか彼方の友人たちのことを憂えて力尽き、
祈りにも、思索にも、創作にも疲れ果てて空しく、
やる気を失い、すべてのものに別れを告げようとする？

私は何ものなのか？　あれか、これか？
今日はこの人間で、明日は別の人間なのか？
私は同時に両方なのか？　人前では偽善者で
独りになれば軽蔑すべき哀れな弱虫なのか？

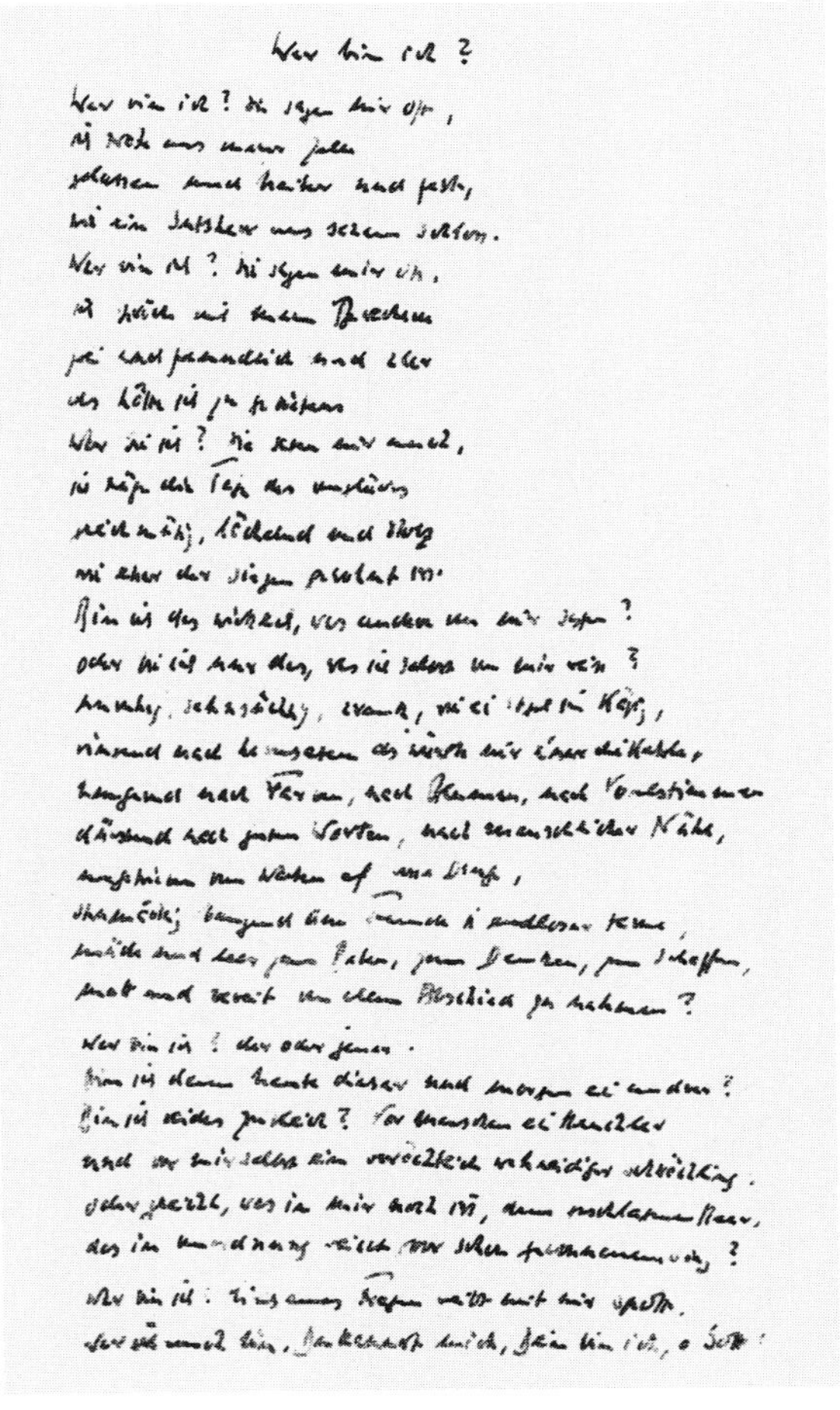

Wer bin ich?

Wer bin ich? Sie sagen mir oft,
ich träte aus meiner Zelle
gelassen und heiter und fest,
wie ein Gutsherr aus seinem Schloss.
Wer bin ich? Sie sagen mir oft,
ich spräche mit meinen Bewachern
frei und freundlich und klar,
als hätte ich zu gebieten
Wer bin ich? Sie sagen mir auch,
ich trüge die Tage des Unglücks
gleichmütig, lächelnd und stolz,
wie einer der Siegen gewohnt ist.
Bin ich das wirklich, was andere von mir sagen?
Oder bin ich nur das, was ich selbst von mir weiss?
unruhig, sehnsüchtig, krank, wie ein Vogel im Käfig,
ringend nach Lebensatem, als würgte mir einer die Kehle,
hungernd nach Farben, nach Blumen, nach Vogelstimmen,
dürstend nach guten Worten, nach menschlicher Nähe,
umgetrieben vom Warten auf grosse Dinge,
ohnmächtig bangend um Freunde in endloser Ferne,
müde und leer zum Beten, zum Denken, zum Schaffen,
matt und bereit, von allem Abschied zu nehmen?
Wer bin ich? Der oder jener.
Bin ich denn heute dieser und morgen ein andrer?
Bin ich beides zugleich? Vor Menschen ein Heuchler
und vor mir selbst ein verächtlich wehleidiger Schwächling.
Oder gleicht, was in mir noch ist, dem geschlagenen Heer,
das in Unordnung weicht vor schon gewonnenem Sieg?
Wer bin ich? Einsames Fragen treibt mit mir Spott.
Wer ich auch bin, Du kennst mich, Dein bin ich, o Gott!

「私は何ものなのか」の手書き原稿

それとも、なお私の中に残っているのは、
すでに戦いとられた勝利を前に　算を乱して退却する
敗残の兵たちの群れと同じか？

私は何ものなのか？　孤独の中で迫るこの問いが私を嘲弄《ちょうろう》する。
私が何ものであれ、あなたは私をご存じだ。あなたのものだ、私は。おお神よ！

この詩は、一九四四年七月八日にベートゲに宛てた手紙の中に同封されていました。しかし、それが出来上がっていたのは、彼が自分の過去を確認し、自由な将来に望みをもつにいたった半年ばかり前の時期でした。詩の題名と内容には、投獄初期の打ちのめされたような独房体験にまで遡るものであることが示されています。

すでに当時、彼はベートゲにこう書き送っています(一九四三年一二月一五日)。

「僕は、しばしば自分自身に問いかける。僕は、いったい何ものなのだ、と。ここでのこういった恐ろしい事柄にくり返しのたうったり、泣きわめきたい気持ちになったりする自分。あるいは、その後でみずからを鞭打ち、外に向かっては(そして自分自身にたいしても)静かで明るい、冷静な、考え深い者として立ち、そしてそのために(つまり、この演技のために、ということだ。それとも、それは演技ではないのか?)賛嘆される自分。それは何ものなのか」。

こうした自己反省にもとづく詩を生み出した背後にあったのは、ベートゲとの手紙での対話だったようです。このときの手紙の書き出しには、「誇張」とも響く言葉が記されています。「昨日君の手紙を読んだ時、それは僕にとって、それなしには僕の精神生活が干からび始めたかもしれない泉が、あたかも長い時を経てふたたび最初の何滴かの水を出してくれたかのようだった。……僕のように閉じこめられていると、余儀なく過去によって生きなければならない。将来は、まだ希望の地平の中にある」と。

二重生活と二つの魂

この詩では、ボンヘッファーは、きわめて率直に――日頃、冷静で有能な精神医学者の家庭育ちの彼としては珍しいほど――直接的に獄中体験によって沸き返るような自己の内面の思いを語っています。

第四連には、「籠の中の鳥」のように「そわそわと、思い憧れて、病み」「首を絞められているかのようにもがき」「色彩や花々や小鳥の声に飢え」、これまで自分が他者に示してきたような「やさしい言葉や人間的な親しみ」をあたえられたいと「渇望し」、おそらく現在の状況を根本的に転換する「重大事件の到来を待ちわび」、ついには「祈りにも、思索にも、創作にも疲れ果てて」空しくなる、といった言葉が並んでいます。

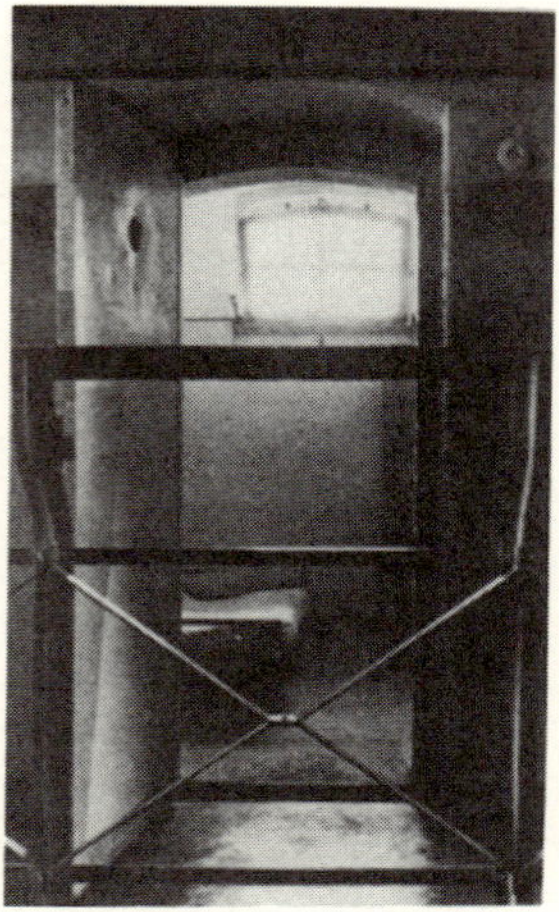

テーゲル軍用刑務所内の
ボンヘッファーの独房

こうした自分の内面的な認知と対比して、第一―三連には、周囲の人びとによる外側から受ける別の評価とイメージとの大きな違い、さらにそこから生まれる緊張意識について記しています。他の人から自分がどう見られているかというのは、一般的にも、よく気になる問題です。ふつうの人の場合、自分は他人の目に映っているより以上の者だ、自分は周りから誤認され、低評価されているという経験が多いのではないでしょうか。

しかし、ボンヘッファーは、こうした見方や感じ方をひっくり返しています。自分は、自己の内部に実際にあるより以上の存在として見られているというのです。独房から姿を現わすときにも「平然と、朗らかに、しっかりした足どりで」あたかも城館から出てくる「領主」のように。あるいは不幸な日々の中でも「落ち着いて、微笑みつつ、誇り高く」連戦連勝してきたヴェテランであるかのように。獄中生活においても、彼は、人びとの目には、あくまでも教養ある市民として、信頼される牧師として、さらには尊敬される神学者として存在するのをやめていないように映っているわけです。

ボンヘッファーは、すでに抵抗運動に参加することによって、さまざまな形で《二重生活》(Doppelleben)を余儀なくされてきました。国外においては祖国ドイツのために密かに情報収集に努める愛国者であり、国内にあってはヒトラー政権打倒を計る抵抗運動の一員でした。逮捕後には、生き残るため獄中と獄外という二つの世界にまたがるコミュニケーションを維持することが必要でした。同時に、秘密警察の担当者からの追及にたいしては、抵抗者として「真実」の課題を果たすために、最後まで「虚偽」を語りつづけるように頑張らなければなりませんでした。

第四連に示されたボンヘッファーの言葉から推測されるのは、時には尋問を受けている際に「ごく些細な侮辱にも怒りにふるえ」る内心の動きを覚えることがあったのでしょうか。しかし、ついには「やる気を失い、すべてのものに別れを告げようとする」というまで追いつめられる状況も出てきたかもしれません。抵抗運動に参加した決意について重大な懐疑が生じていたのでしょうか。すでに「一〇年後に」という逮捕される半年ほど前に書いたエッセーには、「われわれは、まだ役に立つのだろうか」と題する文章も記されていました。

こうして彼の《二重生活》は、心の奥底における《二つの魂》という深刻な自己分裂にまで立ちいたったのです!

脱出への選択肢

第五連の初めにボンヘッファーは冒頭の問いをくり返します。「私は何ものなのか？ あれか、これか？」――「私は、ほんとうに他の人が言っているような者なのか？ それとも、ただ自分が知っているだけの人間にすぎないのか？」と。

この心を抉る苦悶の問いに答えて三つの選択肢がつづきます。

一つの解決は、時間的に区別してとらえる仕方です。「今日はこの人間で、明日は別の人間」になるという仕方で、さまざまの人間的側面を何とか弥縫《びほう》しながら生きていく試み。しかし、これでは、個人としてのアイデンティティは分裂したままです。さらに「同時に両方」を生きるという別の選択肢は、ほとんど問題にもならなかったことでしょう。「人前では偽善者」、「独りになれば軽蔑すべき哀れな弱虫」と、どちらの側面についても当初からネガティヴな酷評があたえられているのですから。

これら二つの選択肢の後につづけて、「私の中に残っている」ものとして第三にあがっている選択肢については、それを何と理解すべきか難しいところです。

「算を乱して退却する」「敗残の兵たちの群れ」といった表現からは、しばしば挫折した人間の最後の段階として「死」に関連づけて解釈されがちです(D・ゼレ『内面への旅――宗教的経験について』堀光男訳、新教出版社、一九八三年)。「死」と関連させながらも、「すでに戦いとられた勝利」という言葉との結びつきから「勝利」の主体をどうみるべきか。それまでの文脈における主語と区別して解釈する意見も出されています。「自己を破壊する勢力」(＝死)を克服する主体としてキリスト復活の讃美歌と関わらせるのです(J・ヘンキース『自由の秘義――ディートリヒ・ボンヘッファーの獄中詩』二〇〇五年)。

しかし、この意見には、やや唐突な印象を受けざるをえないでしょう。ここには、危機的な「死」の予感というよりも、むしろ、自分のリアルな姿を前にした深い挫折感が響いてきます。すなわち、これまで親しまれて信頼されてきた端正な人間＝《教養人》(G・エプブレヒト)であることの誇り(＝「勝利」)を失い、すっかり節度をもてなくなった存在になり下がったのかという痛切な思いです。

興味深いのは、この詩作をしていた頃、ボンヘッファーがベートゲ宛の手紙の中に、こうした《教養人》観に関連して示唆的な言葉を書き記していたことです(一九四四年一月二九、三〇日)。戦争や社会生活、さらに「僕の現在の特別の状況」などの問題に触れながら、「たいていの人の場合、これらの事柄は要するに互いに関係なくバラバラにやってくるものだ」と認めた後で、「キリスト者にとって、また《教養ある者》にとっては、そういうことはありえない」と断言しているのです。この文脈の中で、シュティフター文学の大作『ヴィティコー』のタイトルがあげられているのも示唆的でしょう。

《教養ある者》は、「分裂させられることも引き裂かれることもない。思想的にも、個人として統一のとれた生活態度においても、彼には〔それらを支える〕共通の公分母が見いだされるはずなのだ。これらの出来事や問題によって引き裂かれるような者は、現在および将来の試練に耐ええなかったのだ」。

神の眼差しの下に

こうして第六連では、最後に、また心を抉る問いがくり返されます。「私は何ものなのか？　孤独の中で迫るこの問いが私を嘲弄する」と。しかし、ここで根本的な逆転が生まれます。他人の目から見られた《教養ある人間》としての誇らかな外見も、自己の内面における打ちのめされたような悲嘆の声も、ここでは第一義的な重要性を失うのです。「私は何ものか」という問題は、「私は誰のものか」という唯一つ重要な別の問いかけの前には退かざるをえないのです。それは、「私にとって私の従うべき主となる方は誰なのか」という帰属主体を求める声にほかなりません。「私が何ものであれ、あなたは私をご存じだ。あなたのものだ、私は。おお神よ！」この最後の二行は「嘲弄《シュポット》」「神《ゴット》」という二語が伝統的な詩の韻を踏んで用いられています。「あなたは私をご存じだ。あなたのものだ、私は」というのは大いなる神の御腕の中に自己の存在全体を委ねようとする《祈り》にも近い表現です。末尾の「おお神よ！」という呼びかけこそ、この詩のクライマックスを示す最も力強い響きをもっています。

むろん、神の眼差しの下にあっても自分の存在にまつわる二重性という問題が単純に解消してしまうわけではないでしょう。しかし、神に帰属する者だという根源的な信頼関係の中では、自己認識のアクセントの置き所が転換されるのです。アイデンティティへの問い全体がいわば相対化され、耐えられやすい、担いうるものに変えられるのです。それは、ボンヘッファー自身の有名な表現を用いれば、《究極的なもの》としての重要性を失い、いわば《究極以前のもの》として、最後から一歩手前の真剣さでとらえるべき課題となるのです。その限りでは、神を主とする信仰は、この世において責任的に生きる人間の自由を廃棄するのではなく、かえって、そうした自由の余地を可能にするものだ、ということができるのです。

この詩が多くの研究者によって旧約聖書の「詩編」における嘆きの歌に似通っていると指摘されているのも当然です(たとえば、B・ヴァンネンヴェッチュ編『私は何ものか——ボンヘッファーの獄中詩による神学』二〇〇九年)。彼が日頃愛用していた聖書の中には、たとえば「私はあなたのもの」という同じ言葉(詩編一一九・九四)の下に共感を示すアンダーラインが引かれていた、という指摘もなされています。

2 「自由にいたる途上の諸段階」

ボンヘッファーは、七月二〇日の反乱計画が失敗したことを知った後、自分の生涯を総括する一篇の詩を書き上げています。訓練(Zucht)、行為(Tat)、苦難(Leiden)、死(Tod)の四連からなる「自由にいたる途上の諸段階」と題するものです。

作詩したのは、抵抗者にとってカウントダウンの始まった決定的なニュースを耳にして三週間後のことでした。この詩を同封したベートゲ宛の手紙には、友人の誕生日のためのいわば「手製の贈り物」として、「数時間で」書き上げた「まったく粗削り」のものだ、と断っています。翌朝、もう一度読み返してみて、ボンヘッファー自身、時間があれば全面的に書き直したいと感じました。「にもかかわらず未完成のまま君に渡そうと思う。僕は詩人ではないのだしね!」と追記しています(一九四四年八月一四日)。

しかし、ここには、「一語たりとも多すぎることはなく、一語たりとも足りないということはない」(J・C・ハンペ)内容が盛られています。この詩は、私たちに、彼の生涯の足跡を——責任ある自由において生きる彼の歩みの重要な画期に即して——他の何よりも以上に、よく理解させてくれるのではないでしょうか。

訓練

お前がもし自由を求めて出で立つなら、
何よりもまず、お前の感能と魂とを訓練することを学べ、
欲望とお前の肢体とがお前をあちこちへと走らせることがないために。
お前の精神と肉体とは純潔であれ。お前は自分をよく服従させて、
定められた目標をひたすら追い求めよ。
訓練によることなしには、だれも自由の秘義を経験する者はない。

自分の行動法則にもとづいて、それを他者にたいしても力ずくで押しつけようとする人は、いかにも自由に行動しているようにみえます。このように振る舞う者は、つねに自分を前に押し出し、他者よりも抜きん出て行動しようとします。しかし、責任ある生活が考える「自由」は、けっしてわがまま勝手な無軌道、放縦ということではない。他人を犠牲にして自分だけ利益を貪って手に入れることのできるものでもない。また、懐手をしていてタナボタ式にころがり込んでくるものでもない。訓練によることなしには、誰ひとり、「自由の秘義」を経験することはできない、とあります。

訓練とは何か――この言葉は、ナチ時代には顚倒した理解にもとづいて喧伝されてい

ました。それは、権威にたいする絶対的服従を培う教育手段として高く評価されていたのです。むろん、ボンヘッファーが言わんとするのは、まったく別物です。しかし、一般にも訓練というと、砂をかむような思いで人間らしい生き方、美しさ・喜ばしさ・豊かさを断念し、放棄し、禁圧することのようにみられがちではないでしょうか。

しかし、ボンヘッファーにおいては、けっしてそうではありません。彼自身、よく知られているように、非常に豊かな趣味をもった人間でした。音楽を愛し、美術を愛し、食物についても健啖《けんたんか》家でした。彼は、いつもその周囲を書物でとり囲まれ、そして死に直面しても作詩し、テーゲルでは戯曲や小説の断片さえ書き残しています。とはいえ、彼は、孤独を愛する引っ込み思案の人間ではなく、エキュメニカルに開かれた世界旅行家でもありました。じっさい、彼は、社交好きで、祝祭や遊びにも喜んで参加する人好きのいい人間だったのです。

しかし、ボンヘッファーは、霊的訓練をきわめて高く評価していました。彼は、愛用したルター訳聖書の「箴言」(四・一三)の言葉に傍線を引いています。そこでは、「諭《さと》しを捕らえて放さず、それに従え。/それはあなたの命だ」となっています。ルター訳では、この「諭し」は「訓練」となっています。訓練とは、ある目標を定めた意志に従って精神と肉体とを奉仕させること――自己規律のことです。「欲望と肢体」の赴くままに流されていく勝手気ままや怠惰、安逸さから解放するものです。

すでに見たようにボンヘッファーは、フィンケンヴァルデの牧師研修所長だったとき、告白教会の指導部にたいして《兄弟の家》建設の建議をしていました。その趣意書に彼自身が使った言葉を用いれば、「外なるものに奉仕するための、もっとも内なるものへの集中」を訓練することを求めたのです。この言葉は、とてもよくボンヘッファーの意図するところを表現しています。訓練には、何よりも《内なるもの》へ集中することが必要なのです。しかし、それは、自分自身の満足や幸福、安心、趣味などのためではなく、《外なるもの》に奉仕する力を養うためなのです。

じじつ、フィンケンヴァルデの共同生活の中から生まれたのが、彼の名著『共に生きる生活』(一九三八年)でした。ここには、早朝から夕にいたるまで、共同の信仰生活がなされるときに、「一日の全体が秩序と訓練とを得る」と述べられています。そこでは、聖書に沈潜する「黙想の時」だけでなく、「働きの時」においても、自己中心性から潔《きよ》められ、即事的《ザッハリヒ》に仕事に没入できるように訓練されるのです。

「働くことの中で、キリスト者は、事柄《ザッヘ》(=具体的な仕事の対象)によって自分を限定されることを学ぶ。そのようにして、働くことは、彼にとって、怠惰と安易さに流れやすい肉にたいする薬となる」。

こうした「訓練」を通して、はじめて他者のため、社会のため、キリストのために仕える業《わざ》に出で立つことができるのです。

行為

己が好みのままではなく、あえて正義を行ない、
さまざまの可能性の中に動揺するのではなく、現実的なものを大胆につかみとれ。
観念の世界への逃避ではなく、ただ行為の中にのみ自由はある。
不安に満ちたためらいから、出来事の嵐の中に踏み出せ、
ただ神の戒めとお前の信仰によってのみ支えられながら。
そうすれば、自由は、お前の精神を歓呼しつつ迎えるであろう。

訓練において鍛えられた私たちの主体性は、いまや行為へと出で立つのです。「自由」は人間がさまざまの可能性を夢見ることの中にはない。そのような可能性を特定の行為において具体化する人のみが「自由」を証明できる、というのです。ここでは、「ない」「ない」「ない」(nicht)という否定がくり返し畳みかけられているのが印象的です。

後の章で取り上げる『服従』の中でボンヘッファーが述べているように、信仰の認識は、それが獲得された実存から切り離すことのできないものなのです。この実存的な在り方は、けっして漠然とした一般的なものに関わるのではなく、つねに現実的・具体的

です。それは決断の要求をともなっています。自分の心の中の安らぎとか純粋さ、目的の崇高さなどが問題なのではありません。ここで問われているのは、実際に行為するということです。

このようにいえば、何が何でも行為しさえすればよいかのように響きます。むろん、行為そのものは――たとえ《偉大な》行為と称されるものであっても――それ自身のうちに価値や尺度をもっているわけではありません。ここで「己が好みのままではなく」とあるのは「たんなる思いつきでなく」といってもよいものです。ここでいう行為とは、「あえて正義を行なう」ことです。正義とは、平和をうち立てること、人間としての権利を守ること、キリストに一致する行為をすることです。キリスト者であるということは、神なき世界における真の《この世的》行為によって確証されるのです。

「出来事の嵐」というとき、吹き荒ぶようなナチ時代の激動と人びとが投げ込まれていた不安に満ちた状況が目に浮かびます。反ナチ抵抗運動に加わることは、まことに「大胆」な少数者として生きる選択でした。それは、反逆と忠誠という《二重生活》を演ずる両義的な行動でしかありえませんでした。

連合国側は、ボンヘッファーの伝えたドイツ軍部のクーデタや、その後に組織されるはずの新政府について、まったく信頼しようとはしませんでした。キリスト者仲間もまた、そうした表裏二役を演ずるボンヘッファーの仕事を理解できませんでした。それは、

「神の戒め」に照らせば、ヒトラー暗殺というような「罪の引き受け」なしにはなしえない孤独への道でもありました。

「出来事の嵐」の中に踏み出すことは、「ただ神の戒め」と彼の「信仰によってのみ」(nur)支えられるものなのでした。この「のみ」こそ、自由は「ただ行為の中にのみ」(allein)ある、という先の断定に呼応するものでしょう。神への根源的な信頼にもとづいて神の戒めにたいする《具体的な》服従として行為に踏み切るとき、それは喜びに満ちている、とボンヘッファーは言い切っています。「自由は、お前の精神を歓呼しつつ迎えるであろう」と。

苦難

驚くべき変化。力強く行為するお前の手は縛り上げられ、
無力さと孤独のうちに、お前は自分の行為の終わりを見る。
しかし、お前は大きく息をつき、静かに、そして心安らかに、
より強い御手に正義を委ねて満足する。
束の間であれ、幸いにも、お前は自由に触れたのであれば、
自由を神に委ね、栄光のうちにそれが成就されるのを待ち望むのだ。

この冒頭におかれた「驚くべき変化」という短く言い切った――感嘆符なしの――断言には《冷静な驚嘆》(J・ヘンキース)があらわれています。そこには、自分の「行為の終わり」の中に、それを醒めた目で見る者の新しい発見と冷静な判断があるのです。責任ある自由の行為をあえて行なうことは、ボンヘッファーにとって苦難と必然的に結びついていました。しかし、「苦難」もまた、これまでの「行為」と同じように、自由への途上における諸段階の一つなのです。

逮捕され、投獄されたことは、彼のこれまでの多忙な任務と行動と対比すれば、たしかに、「驚くべき変化」を意味しています。しかし、テーゲルの獄中にあって、もはや行動するいっさいの可能性を奪われても、彼は、無力感と孤独感にさいなまれ、独房の壁に頭をぶちあてていたのではありませんでした。

いな、彼は、その生涯をかけて積み重ねてきた「訓練」によって、獄中においても、その時間と力とを自由に用い、読書し、思索し、執筆しています。また、同囚の仲間や監視兵のためにも、牧会的助言によって奉仕することができたのです。彼は、同囚の人びとからは、あらゆる拘束にもかかわらず、落ち着いて朗らかに生きうる人間として敬意をもって認められていたのです(獄中詩「私は何ものか」)。

ボンヘッファーは、友人たちがなお獄外にあって行動していることを喜びをもって受け入れることができました。むしろ、過去の歳月は自分にとってはすべて失われた歳月だ、と嘆く同囚の声を耳にして、彼は、ベートゲに宛てて、こうも書き送っています。すなわち、自分の人生が外的な歩みに関して、破れのない真っすぐな導きの下にあることを確信している、と。それは、絶え間なく「経験が豊かにされていく生活」であり、感謝するほかないもので、たとえこのまま終わったとしても生きるに値する意味をもつものである。同時に、すべてのことは、彼にとって、結婚や平和や新しい課題などによる新しい始まりの日に備えて根本的な準備ともなる日々である、というのです(一九四四年四月一一日)。

やがて彼があれほど待ちに待っていた反乱計画――七月二〇日事件――の失敗の知らせが、抵抗運動の最後の決算として彼に伝わってきました。もはや、いっさいは絶望である、と悲嘆に苦しまざるをえないように思われる。しかし、ボンヘッファーは、けっしてそのような姿を見せてはいません。その同じ晩に彼が友人に宛てた手紙には、まるで何事もなかったかのように平然と、当時、獄中で新しく着想していた「真のこの世性」に関する神学思想について書き送っているのです。そうした文脈の中で自分の歩みをふり返りながら記しています。

「もし人がこの此岸的生活の中で神の苦しみと共に苦しむならば、成功の時に高ぶったり、失敗の時にうろたえたりすることがどうしてあろうか。こういったことを認識することを許されたこと、それは自分がともかくも歩んできた道の上でだけ認識できたのだということを知っている。だからこそ、僕は感謝して、心安らかに過去のことや現在のことを思うのだ。……神がわれわれを、このような時代を貫いて親しく導いてくださるように。しかし何よりも、御自身のところへ導いてくださるように」(一九四四年七月二一日)。

驚くべき冷静さと言うべきでしょう。しかし、これは、彼の気質あるいは個人としての性格からくるものではありません。むしろ、「より強い御手に」「正義を委ねて満足する」者の信仰からくるのです。行動の可否、さらにはその結果の成否について最終的な判断は行為者自身にはあたえられていないのです。「より強い御手」というメタファーは、究極的には、それが優越した神による判決にかかっているという認識をあらわしています。

興味深いのは、ここで《神の御手》への呼びかけが比較級で表現されていることです。一般的には、つねに弱い人間が神の「力強い御手」に呼びかけ信頼することこそ敬虔な態度とされてきたのではないでしょうか。ボンヘッファーの場合には、それまでみずからの「力強く行為する手」によって神の御前で自由な責任を担いとってきたのです。その手を「縛り上げられた」いま、この自由は神の「より強い御手」に「委ねる」時が来たのです。

「苦難」の中では、自由は、いつまでも自分の手に確保できる所有物のようなものではありません。しかし、苦難の中にあっても「束の間であれ、幸いにも」それに触れえたとすれば、もともと自由が由来する源である神に委ね、「静かに心安らかに」それが「栄光のうちに成就される」終末論的待望の中に生きることを許されているのです。

死

いざ来たれ、永遠の自由にいたる途上にある最高の宴、
死よ、われらの過ぎゆく肉体と目くらまされた魂との
重苦しい鎖と壁とを打ちこわせ、
この世では、われらが見ることを拒まれたものを、ついに見いだしうるために。
自由よ、お前を、われらは訓練と行為と苦難の中に探し求めた。
死に臨んだ今、神の御顔《かんばせ》を仰ぎながら、お前自身を定かに見る。

この詩全体をみると、第三連《苦難》から第四連《死》への移行によって呼びかけの対象が変わっていることに気づかされます。これまで、《訓練》から《苦難》までは、自由への途上にあって、つねに学ぶことを決意する《汝》に向かって二人称で呼びかけられてきま

した。それが、いまや《死》というこの道の最終段階にいたったとき、いわば死そのものに向かって語りかけています。それとともに、この詩の中で、はっきりとは名指されていなかった語る主体が登場します。「われら」という一人称複数形は、対話する汝と反省する汝とが一つになったものなのです(Ｊ・ヘンキース)。

この詩の最後にあるように「この世では、われらが見ることを拒まれたもの」――成功や称賛による確証――をあたえられることなく、また既成の法規範や命令に従うゆえの正当性を保証されることもなく、暗黒の中を歩まねばならなかった者は、すべてのことが明らかとなる最後の時をひたすら憧れざるをえないでしょう。

しかし、それは、たとえばバッハのカンタータにみられるような死への霊的な憧憬といったものではありません。死は呼びかけられているとはいえ、けっして崇拝されているのでもなければ、中世末期の《死の舞踏》のように恐れられているわけでもありません。死が到来しても、それは、《訓練》や《行為》とともに始められたいかなるものも無に帰させるものではないからです。

むしろ、反対に、そのときこそ、自由がついに究極的な姿で神の御顔のうちに輝き出るのだというのです。ボンヘッファーにとっては、この死もまた「自由にいたる途上の一段階」であり、じっさい、共に祝う「最高の宴」となるものでした。責任ある行為に生きたボンヘッファーにとって、つねに神の眼差しのもとを歩むことが許されていたからです。

この詩を作り上げる半月ほど前にベートゲ宛に記した手紙には、この間の心境がもっと具体的に伝えられています。

「行為だけではなく、苦難もまた自由にいたる道なのだ。苦難においては、自分の事柄をまったく自分の手から離して神の御手に委ねることが許される、ということの中に解放がある。この意味で、死は人間の自由の冠だ。人間の行為が信仰の事柄であるか否かは、その人が自分の苦難を彼の行為の継続として、すなわち、自由の完成として理解しているか否かということで決まってくる。このことは、とても重要で、またとても慰めになる、と僕は思う」(一九四四年七月二八日)。

「テーゲルにおいて、ボンヘッファーは、彼にとって完全に新しいものを表現しようとするとき、新しい言語形式、すなわち、詩を選んだ。……彼がなお生きていたなら、もしかしたらこうした形の自己証言はやめていたかもしれない。にもかかわらず、詩は、この囚人にとって任意に取り上げられる一つの実験以上のものである。それは、その中でまったく新しいものを暗示している。神学と伝記とは、詩の中で互いに融合しているのだ」(F・シュリンゲンジーペン『真実の瞬間に――ボンヘッファーにおける信仰と行為』一九八五年)。

３　「良き力あるものに守られて」

最後に取り上げるのは、「良き力あるものに」(Von guten Mächten)として知られてきた有名な詩です。これは、ボンヘッファーがプリンツ・アルブレヒト通り八番地のＳＳ保安本部の地下牢に移されてのち、一九四四年一二月一九日に作詩した最後の獄中詩です。題名は付けられていませんでしたが、七連の詩の番号数字は彼自身で記しています。

ボンヘッファーは、このＳＳ地下牢に移されてからは、テーゲルにおいてはまだ可能だった秘密の私的な交信のネットワークを完全に断ち切られていました。しかし、彼は、手かせなしにまだ執筆すること、希望する図書を手にすることも許されていました。この地下牢で彼が神学的にさらに何を書きつづけようとしていたかについては、残念ながら今では分かるすべがありません。一九四五年春、ベルリンからフロッセンビュルクへ処刑のため移送された際に彼が携えていた一束の草稿は、その途上で、ついに永久に失われてしまったのです。

その限りでは、この「良き力あるものに」という詩こそ、ボンヘッファーが後世に残した、いわば最後の神学的・文学的なメッセージと言ってよいものです。この詩において、ボンヘッファーは、暗い時代の只中にあって、まさに自分の身の上に迫っている最後の時に直面しながら、まったく何らの悲愴感なしに、信仰的な確信、感謝、希望、さらに苦難を引き受ける彼の決意を告白しています。

実は、この詩は、たいへん個人的な歌なのです。ボンヘッファーが来たるべきクリスマスを迎えるにあたり、婚約者マリーアに送った手紙の末尾に書き添えていたものです。しかし、ボンヘッファーは、この詩が思いつくままに手紙の余白にあわただしく書き込まれたものではないこと、幾晩もかかって推敲されたものであることを、はっきり記しています(前掲、『ボンヘッファー/マリーア　婚約者との往復書簡』)。

「さらに、ここに、ここ数日の夜のあいだに心に浮かんだ数節の詩を記しておきます。この詩は、君と両親および兄弟姉妹たちのための、僕からのクリスマスの挨拶です」と。末尾におかれていたとはいえ、この詩こそ、この手紙のために書かれた主題だったのです。

「良き力あるものに」

①良き力あるものに変わりなく静かにとりまかれ
不思議に守られて心安らかに、——
私は、この日々をあなたがたと共に生き

あなたがたと共に新しい年へ入っていきます。

この詩の第①連と最後の第⑦連の冒頭には、「良き力あるもの」という明るく暖かい響きをもった言葉が――あたかも全体のキーワードのように――おかれています。それに連動するかのように、どちらの連にも「不思議に」という言葉が添えられて、神による導きを力強く表現しています。

この詩の作られた背景には、厳しさを加えたナチ支配末期にあって、獄中・獄外に互いに引き離されて生きざるをえない苦難の状況が立っています。しかし、そうした外の現実に目を奪われるのではなく、それを越える神との交わり、親しい人びとのあいだの交わりという内なる真実こそ現実に支配していることを知らなければならないというのです。すでにここに詩全体を貫く基本的な方向性が示されています。

「あなたがたと共に」と呼びかけられているのは、むろん、マリーアも加わったボンヘッファー家の家族全員を指すものです。ここには、ボンヘッファー家の楽しかったクリスマスの日々の情景が思い浮かべられているのです。ボンヘッファーの双生の妹ザビーネ・ライプホルツ夫人による『ボンヘッファー家のクリスマス』(ロコバント・靖子訳、新教出版社、一九九三年)という回想記も出版されています。そこには、アドヴェントから始まる一家をあげてのクリスマスの準備と祝祭、蠟燭のほのかな光の中でもたれる聖書の朗読や家族全員による讃美歌の合唱、クリスマスの贈り物を受けとる喜びなどが、生き生きと描かれています。第⑤連にある「蠟燭の火」も、また第④連にある「喜び」も、あきらかに、この家庭のクリスマスの思い出を暗示しています。

ボンヘッファーは、獄中につながれた自分の不在のままに、すでに二度にわたってクリスマスを迎えざるをえない人びとの苦悩と憂慮とに思いを馳せているのです。冒頭の詩句は、何よりも彼自身の現在の精神状況を伝えようとしたというよりも、むしろ、彼らを慰め力づけるため、自分が深い信頼を失わないで素晴らしい経験に包まれて生きている、と語りかけているようにみえます。「良き力あるもの」に、変わりなく、静かに、とりまかれ、守られている、と。

冒頭の二行の詩句は、原文では、その最後におかれた「不思議に」という言葉のあとにコンマを打ち、さらにダッシュ記号まで付けて強調されています。まさに「良き力あるもの」への深い信頼のゆえに、「この日々」においても、また来たるべき「新しい年」においても、「あなたがたと共に」生きうるのだ、と訴えているのです！

② 今なお、旧い年は私たちの心を苦しめ
今なお、いとわしい日々は私たちに重荷を負わせています、
ああ、主よ、脅しの下に立たされた私たちの魂に救いを与えてください、

その救いのためにこそ、あなたは私たちを造りたもうたのです。

まず根源的な信頼と希望を訴えたボンヘッファーは、むろん、単純に「悪」の現実を飛び越え、それを無視し去っているのではありません。しかし、ここでは、「悪しき力あるもの」を独立した対抗的な勢力や存在として取り上げて論じようとはしていません。その代わりに、「良き力あるもの」への信頼を脅かしている「いとわしい日々」の圧迫について語っています。「今なお」という時間的な規定がくり返され、「今なお」負わせられている重圧の程が感じとられます。

「旧い年」というのは、新しい年に入っていこうとする年末の回顧というだけではありません。むしろ、ナチの暗黒支配の現実を指しています。「救いを与えてください」という訴えの声は、失敗した七月二〇日事件の後だけに、いっそう印象的でもあります。

しかし、ここで希求されているのは、反ナチ抵抗運動がヒトラー暗殺によって打ち立てようとしていた解放と救いとは違います。それは、端的に神の救いそのものです。しかも、ボンヘッファーは、「私たちのための救い」をと言うのではなく、むしろ、この「神の救いのために」こそ私たちは造られているのだ、と言うのです！

いわば、神の救いを人間が私物化するのではなく、神の主権性＝神の救いの秩序という大きな恵みの中に、私たち自身がとりこまれているのです。こうした表現は、カール・バルトの『創造論』を思わせるものがある、と言うこともできるのではないでしょうか。すなわち、バルトによれば、神の「創造の内的目的」は恵みの契約であり、キリストの「救いの外的条件」が神の創造である、とされているのですから。

③ そしてあなたが私たちに、重い苦い杯を
溢れるばかりに満たされた苦難の杯を、お与えになるのなら、
私たちは、それを感謝して、おののくことなく
あなたの慈しみ深い愛の御手から受けとります。

「苦難の杯」というのは、たしかに、反ナチ抵抗運動失敗後におけるボンヘッファー自身の死の運命を予感したものと言えるでしょう。しかし、同時に、それがゲッセマネにおけるイエスの苦難のイメージと重ねられていることは否定できません。イエスが受けとられた「杯」は、イエスに従う者からも過ぎ去らせることはできないのです。この連関で、第⑤連の「もしできることなら」という言葉も、あきらかにゲッセマネのイエスの祈りの言葉(マタイ二六・三九)を思わせるものです。

こうしたゲッセマネへの類比《アナロジー》は、先の第②連における「脅しの下に立たされた」という表現にも読みとることができるかもしれません。それには、野の獣たちが脅されて狩

り立てられる情景をあらわす言葉が用いられています。追跡する者たちに脅かされてギクリとする魂のおののきが示されているのです。ゲッセマネでイエスが「恐れおののき」(マルコ一四・三三)「苦しみもだえ」た(ルカ二二・四四)、という福音書の表現を思い合わせることができます。

しかし、ボンヘッファーは、「苦難の杯」を「おののくことなく」受けとる、と歌っています。それは、「慈しみ深い愛の御手」という神の大きな恵みの秩序の中に生かされているからです。しかも、ここで「私たちは……受けとります」と複数形主語で記されているのは驚きです。「私たち」とは、ボンヘッファーだけではなくマリーアも共に含まれているのです。

慰めと励ましのために書かれたマリーア宛のこの手紙には、未来を共に生きる生活を想像することをもはや断念して、別れを暗示する言葉がふくめられていたのです。しかし、マリーアとの往復書簡でくり返されていたように、彼の確信は終始変わらなかったのです。「愛するマリーア、僕たちに降りかかってくることで、けっして取り乱したりしないようにしようではありませんか。万事は優しく慈愛に充ちたもう御手に由来しているのです」(一九四四年八月一三日)。

④　しかし、いま一度、あなたが、私たちに喜びを、

この世にたいする、またその太陽の輝きにたいする喜びを、贈ってくださるなら、
私たちは、過ぎ去ったことどもを思い起こします、
そのとき、私たちの生は、ことごとく、あなたのものとなるのです。

第③連は、けっして不可避的になった現実にたいする屈服を婉曲に表現したものではありません。この第④連における「いま一度、あなたが、私たちに……この世にたいする喜びを贈ってくださるなら」というボンヘッファーの言い回しも印象的です。彼はマリーアに宛てて「僕たちの結婚は、神の大地にたいする一つの然りであるべきです」(一九四三年八月一二日)と書き送っていました。

神学的に表現すれば、それは、あたかも《究極的なもの》への眼差しによって、けっして《究極以前》の世界が無価値なものとして否定し去られるのではないということを思い起こさせます。イエスに従う者は、この大地を神からの新しい贈り物として受けとることを許され、それとともに自分たちで自由な責任に生きる地平も開かれてくるのです。

むろん、「過ぎ去ったことども」の中には、責任を十分に果たしえなかった罪責、さらには誤った判断にもとづく行動についての悔恨や恥の意識なども含まれているかもしれません。にもかかわらず、それらの事実にたいして、価なしにあたえられた神による赦し、悪しきものから守られてきた恵みの出来事も、けっして忘れられてはならないの

です。

こうしてボンヘッファーは、断固として言い切っています。そのとき「私たちの生は、ことごとく、あなたのものとなるのです」と。

⑤
あなたが私たちの暗黒の中にもたらしてくださった
蠟燭の火を、今日は、暖かく明るく灯してください。
もしできることなら、私たちを、もう一度、共に集めてください！
私たちは知っています、あなたの光が夜の裡《うち》に輝くことを。

第③連は抵抗運動失敗後の死の予感と関わっていたと言うこともできます。しかし、そうした中でも、この第⑤連は、家族のクリスマスの喜びを通して、人生全体が神の恵みの中にあることを確認できると歌っています。「蠟燭の火」は、すでに指摘したように、クリスマスの団欒を象徴しています。ボンヘッファーたち兄弟が獄中にあって離れているとしても、残された家族の喜びを消すことがないように、と訴えています。「もしできることなら共に集まり」喜びを分かち合いたいという願いは、むろん、消えてしまったわけではないとしても。「良き力あるものに」の詩において、ただ一カ所、ここに感嘆符が付けられています！

実は、前年のクリスマス(一九四三年一二月二五日)の当夜に、マリーアは、家族と共にした祝会を終えた後、静かな感謝に溢れる思いで、獄中のボンヘッファーに宛てて手紙を書いていました。「今はすべての歓声、喜びや蠟燭の光、そして日中の騒ぎや物音もみな過ぎ去り、内も外も静かになりました。すると別の声や物音がいま聞こえてきます」。この手紙では、彼女は、さらに死者たちが生きている者に語りかけてくること、そのためにふさわしい時として夜を選ぶのだ、とつづけて記しています。

マリーアがこの「死者」という言葉で、その直前に東部戦線で倒れたばかりの父と兄のことを思い浮かべていたことは確実です。「死者たちは、ほんとうに天使になってしまったのですね。これは、けっして幼児の信仰ではありませんよね。私はこのことをまったく確信しています。あなたも、きっとそう思っていらっしゃるに違いありません」と。ボンヘッファーの詩は、この彼女の手紙にたいする一年後の応答でもあるかのように、その中にマリーアの言葉を響かせています。「私たちは知っています、あなたの光が夜の裡に輝くことを」と。その意味では、この「良き力あるものに」の詩は、二人の手による合作と見ることができると指摘されてもいるのです(J・ヘンキース)。

⑥　深い静けさが私たちの周りに広がるとき、
　目には見えなくても私たちの周りをつつむ世界に充ちる

あの力強い響きを私たちに聞かせてください、
あなたの子らすべての、気高い賛美の歌声を。

「深い静けさ」が私たちの周りに広がるとき、世界をとり囲む「目には見えない」いと高き世界からは神を賛美する歌声が響きわたってくるのです。ここでボンヘッファーが「あなたの子らすべて」と記すとき、彼が一年前のクリスマス当日にテーゲルからマリーアに宛てた手紙に記されていた事実にも注目させられます。

「この今日の夕刻に、僕は、かつての教え子たちの多数があちこちの前線から僕のことを思っていてくれることを知ることができました。しかも教え子のうちの三〇人以上が戦死し、神の御許で永遠のクリスマスを祝っているのですが、これらの教え子たちは、僕たちの認識や理解を超えて、僕たちと共にあり、キリストの全教会と結びついているということも知ることができたのです」(一九四三年聖夜)。

ボンヘッファーは、「私たちの周りに広がる」「目には見えない」世界のリアリティについて懐疑的になるようなことは、まったくありませんでした。たしかに、テーゲルの獄中で彼が着想した新しい神学構想では、この世の課題から逃避して宗教的内面性に閉じこもる伝統的なキリスト教にたいする厳しい批判を提起していました。しかし、《目に見える世界》と《目には見えない世界》とを創造した神を賛美する古代教会以来の信仰告白は、彼の場合、けっして変わることはなかったのです。

「良き力あるものに」がマリーアをはじめ、彼の身近な人びとに向けられた個人的な詩であることは確かです。しかし、この一連の詩は、個人的であるとともに、また広く多くの人びとに訴える力をもっていることも見逃してはならないでしょう。とくに「良き力あるもの」という詩の第①連と第⑦連の冒頭に置かれた言い回しが伝統的な教会的用語にはないこと、またそれが具体的に特定化されていない表現であることもあって、キリスト教的世界になじみの薄い人びとにも広く開かれた響きをもっています。こうして第⑦連の信仰告白が生まれてくるのです。

⑦ 良き力あるものに不思議に守られて
何が来ようとも、私たちは、心安らかにそれを待ちます。
朝に夕に神は私たちの傍らに居てくださいます、
そして新たないずれの日にも、まったく変わることなしに。

この第⑦連にいたって語りかけの方向が転換していることに気づきます。この詩は、当初、第①連では、「私」と「あなたがた」という対話的な関係の中で、愛する家族の人びとにたいする牧会的配慮のもとに始められました。第②連から第⑥連までは、「私たち」は「あなた」＝神と対話するいわば祈りとして語られていました。しかし、いまや、この最後の連にいたって、「私たち」が共に、はっきり神の御前に立っています。

そこには、なお個人的な語りかけの調子は残っていますが、もはや「私たち」という主体は特定化されないで、いわば一般的に表現された信仰告白として終わっています。「朝に夕に」「そして新たないずれの日にも」という、この詩を読む者にとって親しい日常のリズムの中で、すでに身近なものに感じられてきた根源的信頼という事実が、改めて確認されているのです。

ちなみに、第①連と第⑦連に出てくる「良き力あるもの」――原文では「力あるものたち」(Mächte)と複数になっていることに注意！――とは誰のことか、何のことか、私たちの関心を呼ぶところです。この詩とともにマリーアに宛てた手紙の前置きの箇所には、この詩にたいして注釈とも思える以下のような説明がされています。そこでは、ボンヘッファーは「良き力あるもの」について、神学的な言葉によってではなく、端的に私たちの人生のデータをあげて説明しているのです。

「魂は孤独の中にあるとき、日常生活においてはほとんど意識することのないような感覚を発達させるもののようです。だから僕は、一瞬たりとも、ひとり見捨てられていると感じたことはありません。あなたや両親、戦場にいる友人たちや学生たち、あなたがたはみな、いつもありありと僕の眼前に存在しています。あなたがたの祈り、優しい配慮、聖書の御言葉、久しい昔に交わした会話、さまざまな音楽や書物――こうしたすべてのものが、以前とは比べものにならないほどに生き生きした現実味を帯びてくるのです。この目に見えない大きな世界の中で、僕たちは生きているのです。この現実性は疑う余地がありません。懐かしい童謡に天使のことを歌ったものがありますね。「二人の天使が私を安らかに眠らせ、二人の天使が私を目覚めさせる」と。そのように、目には見えないが良き力あるものたち(gute unsichtbare Mächte)によって朝な夕なに守られているということ。それは、子どもたちにとってと同様に、今日、僕たち大人にとっても、やはり必要不可欠なものなのです。だから、あなたは僕が惨めな境遇を嘆いているなどと思ってはいけませんよ。そもそも幸福とか不幸とか言ったところで、いったい、それが何なのでしょうか。それは、けっして境遇などに左右されるものではなく、もともと僕たちの内部で起こることによってのみ決まってくるのですから」。

この「良き力あるもの」とは、ボンヘッファーにとって、父母であり、兄弟姉妹であり、婚約者であり、友人たちであり、学生たち、さらに家庭のクリスマスの喜び、音楽や思想の世界、ついには神への祈り、聖書の御言葉――要するに、私たちの地上の生涯をとり囲んで、私たちの目には見えない《いと高き世界》から来る神の恵みの贈り物のいっさいなのです。

根源的信頼の証言

「良き」(gut)、「力あるもの」(Macht)という二つの「言葉の結びつきのもつ詩的な文学性、さらに、これらの言葉が信仰に働きかけて歴史的経験の――さらには反対の経験の――領域で生きぬくようにさせる力のほどは、いまさら言うまでもない。この〔二連の詩の〕枠を構成する二連〔①と⑦〕の詩句は、神学的にも詩的にも、この二つの言葉からこそ生命を得ているのである」(前掲、ヘンキース『自由の秘義』)。これは、まことに示唆的な指摘です。

じっさい、この点において、ボンヘッファーは、その『獄中書簡集』の中で自分の仕事について彼自身が考えていたより以上に、いわんや彼に批判的な研究者たちが今日考えているよりも以上に、実践的には、すでに一歩先へ進んでいたのではないでしょうか。彼の人格的体験と神学的思索とを深め伝える表現方法として、いわば最後には《詩》の形式が残されていたのでした。「良き力あるものに」だけでなく、獄中で作られた彼の一連の詩は、――まさに《象徴的な言語》として――彼の心のうちに熟しつつあった《新しい言語》を伝えてくれるのではないでしょうか。

「この詩は、まさに(par excellence)キリスト教的経験の非宗教的解釈についてディートリヒ・ボンヘッファーが頭に思い浮かべていたものの一つの実例として読むことができる。ボンヘッファーは、まったく儀式張ることのない、単純な、宗教的な特殊用語ではない新しい言語を探し求めていたのだ」(T・ディーツ編ならびに注釈『ボンヘッファーの神学的獄中書簡集』二〇一七年)。

この七連の詩の中で、とくに有名なのは最後の第⑦連です。それは、人生において私たちが遭遇する多くの苦難や挫折の体験にもかかわらず、「神はわれらと共におられる」(＝インマヌエル)という根源的信頼を告白しています。それは、《それでもなお人生に然りを言う》(ヴィクトール・フランクル)というナチの強制収容所体験から生まれた希望の証言とも通底するものがあります。そのかぎりでは、この最後の獄中詩は、ボンヘッファー自身の言葉を用いれば、「まったく非宗教的な、しかし、開放的で人を救う言葉」によって表現された福音の証言と言うこともできるかもしれません。

それにしても、この詩の各連に番号数字を入れたのはどうしてでしょうか。それは、通常、讃美歌集の中などではよく見られるものです。ボンヘッファーの『獄中書簡集』からは、彼が獄中で味わう暗い思いを、稀にラジオから耳にしたり、折に触れて想起する宗教音楽や歌曲によって慰められていた様子が伝わってきます(大村恵美子『ボンヘッファー獄中書簡集「抵抗と信従」のなかの引用音楽』(CD付き)、東京バッハ合唱団発行、二〇〇四年)。

とくに彼が親しみを覚えていたパウル・ゲールハルトについては、その讃美歌集を読み返したり、暗記したり、口ずさんだりしていることを、しばしば、両親や友人に宛てた手紙の中に記しているのです。そこから少し飛躍した想像もしてみたくなります。もしかしたらボンヘッファーの心の片隅には、自分の獄中詩がそのように愛唱される日もあるだろうかという思いのよぎる時もあったのではなかろうか、と。

この「良き力あるものに」の詩が、最初から最後まで、ドイツ・リートの正しい韻律を整えて作られているのを見れば、そうした思いつきも頭から排除するわけにはいかないのではないでしょうか。そのため、第①連と第⑦連の原詩を紹介しておきましょう。

Von guten Mächten treu und still umgeben
behütet und getröstet wunderbar,
so will ich diese Tage mit euch leben
und mit euch gehen in ein neues Jahr.

Von guten Mächten wunderbar geborgen,
erwarten wir getrost, was kommen mag.

Gott ist bei uns am Abend und am Morgen,
und ganz gewiß an jedem neuen Tag.

こうしてユルゲン・ヘンキースの「獄中詩」研究(前掲、『自由の秘義』)によれば、この詩は、その後世にあたえた影響力という点では、二〇世紀に作られた同じような信仰詩のいずれをも顔色なからしめるものだ、とさえ明言されています。この詩は、これまでさまざまの叙情詩のアンソロジーに再録され、ドイツの学校では生徒たちに暗誦させているところも多いようです。すでに五〇以上のメロディが作曲され、いくつかの国々の教会讃美歌集にも取り入れられています。

Ⅱ 思想

DIETRICH BONHOEFFER

Nachfolge

1 9 3 7

CHR. KAISER VERLAG / MÜNCHEN

『服従』初版タイトル

第4章　信仰の服従のために――『服従』を読む

ロロロ写真版シリーズの『ボンヘッファー』小伝(一九七六年。『ディートリヒ・ボンヘッファー』宮田光雄・山崎和明訳、新教出版社、一九九二年)で、ベートゲは、ボンヘッファーの代表的な著作におけるキーワードに触れています。彼の神学的思想の発展は、これら一連のキーワードの助けを借りて見渡すことができるというのです。《安価な恵み》(die billige Gnade)と《高価な恵み》(die teure Gnade)というのは、『服従』の時期を特徴づけるものです。ちなみに、《究極的なもの》と《究極以前のもの》というのは『倫理』の時期、さらに《非宗教的解釈》や《成人した世界》などは『獄中書簡集』の時期を代表するものです。

これらのキーワードは、いかにも《言葉の名人芸》(H・E・テート)をうたわれるボンヘッファーらしく、簡潔ながら、まことに魅力的に定式化された用語です。そこには、複雑な事柄が単純に明快に言いあらわされています。この決定的＝本質的な事柄にたいする鋭敏な眼差しこそ、ボンヘッファーの《神学的カリスマ》(H・G・ペールマン)をなすところのものなのです。今日、これらのキーワードの多くは、さまざまの人びとによって流行語のように用いられていますが、その際、正確にボンヘッファーの意図に沿うものと言えるかどうかは、いささか疑問です。

『服従』(一九三七年)は、フィンケンヴァルデの牧師研修所時代の講義案を下敷きにしてまとめられたものです。ここでは、彼は、ナチ支配にたいする直接的な政治闘争について教えようとしたのではありません。むしろ、弾圧されつつ抵抗をつづける教会やグループが――おそらく長い歳月にわたる道程で――必要とする霊的な集中力と抵抗力とについて教えようとしています。こうした精神態度を支えたのは、すでに一九三〇年代初めからボンヘッファーをつかんで終生変わることがなかったイエスの《山上の説教》でした。それは、彼にとって、イエスに従う《服従》の道を歩む上での決定的な導きとなるものでした。

1　《安価な恵み》と《高価な恵み》

それでは、先ほどのキーワードについて、『服従』のテキストをみてみましょう。第一部「恵みと服従」の第一章「高価な恵みと服従」から。

「安価な恵みは、われわれの教会にとって許すべからざる宿敵である。われわれの戦いは、今日、高価な恵みをめぐって、くり広げられている。

安価な恵みとは、投げ売り品のような恵みである。投げ売りされた赦し、投げ売りされた慰め、投げ売りされた聖礼典のことである。それはまた、教会の尽きることのない貯蔵庫のようなものである。恵みが手軽にはばかるところなく、際限もなく、ぶちまけられる。それは、とりも直さず、代価のいらない、コストのかからぬ恵みのことである。……

安価な恵みとは、教理としての、原理としての、体系としての恵みのことである。……この世は、みずからの罪を悔いることもなく、ましてや罪から解放されたいと願うのでもないのに、この〔恵みの教理をもつ〕教会の中に、彼らの罪の安価な隠蔽を見いだすのである。……

安価な恵みは罪の義認であって、罪人の義認のことではない。じっさい、恵みがいっさいのことをひとりでやってくれるから、いっさいは依然として旧態のままにとどまることができるのである。……安価な恵みとは、われわれが自分自身で手に入れた恵みである。……安価な恵みは、主に従うことなき恵みであり、十字架なき恵みであり、生けるイエス・キリストなき恵みである」。

これにたいして《高価な恵み》については、こう規定されています。

「高価な恵みは、〔福音書のイエスのたとえのように〕畑に隠された宝である。そのためには、人間は出かけて行って自分の持物を全部喜んで売り払うのである。それは、値段の張る真珠であって、その支払いのために商人は自分の全財産を犠牲にする。……さらにそれは、イエス・キリストの招きであって、それを聞いたとき、弟子たちは網を捨てて従うのである。高価な恵みは、くり返し探し求められねばならない福音である。それは、祈り求められねばならない賜物であり、叩かれねばならない扉である。

それは、服従へと招くがゆえに高価であり、イエス・キリストにたいする服従へと招くがゆえに恵みである。それは、人間の生命をかける値打ちがあるゆえに高価であり、またそうすることによって人間に初めて生命を贈り物としてあたえるゆえに恵みである」。

この二つのキーワードの対称性の中で示されるのは、神の恵みにたいする人間の服従の有無ということです。新約聖書の伝えるイエス・キリストによる救いのメッセージは、たしかに、罪と悩みの中にある人間にたいする大きな恵みです。しかし、その恵みがたんなる「教理・原理・体系」にとどまるかぎり、生きた力となることはないでしょう。なぜなら、そこでは、神の恵みは観念的な知識にとどまり、生の新しい変革を引き起こすことはないのですから。神の恵みの名のもとに、人間の現実がまるごとそのままに是認されるだけで、安易な自己正当化をもたらすところに《安価さ》があるのです。

これにたいして、恵みが真に力ある恵みとなるのは、救いのメッセージが実存的に受けとめられ、これまでの生き方の全面的転換が生ずるときでしょう。支配的だったこの世的な支配的価値から解放されて、全人格的なイエスにたいする服従がなされるとき、恵みは真に《高価な》ものであることを実証します。

中世の修道院と宗教改革

ボンヘッファーは、この対比を中世教会の修道院制度の実例に即して説明しています。

「キリスト教が拡大し、教会の世俗化が進むにつれて、高価な恵みにたいする認識は、しだいに失われていった。世界がキリスト教化される一方、恵みはキリスト教的な世界の共通財産になってしまった。恵みは安価に手に入れることのできるものであった。しかし、ローマ教会は、最初の認識の残滓《ざんし》をまだ持っていた」。すなわち、修道院制度です。それは、恵みが服従を包含するものであることを示す場所となったのです。そこでは、自分の持物をすべてキリストのゆえに捨て去り、毎日の修練においてイエスの厳しい戒めに従うことに努められたのです。ボンヘッファーは、こう評価しています。

「こうして修道院生活は、キリスト教の世俗化に反対し、恵みを安価なものにすることに反対する、生きたプロテストとなった。しかし、教会は、このプロテストを耐え通し、それとのあいだに決定的な決裂状態を生み出さないことによって、そのプロテストを相対化し、さらにその上、このプロテストから自分自身の世俗化した生活の正当化さえも手に入れた。というのは、いまや修道院生活は、教会の一般大衆には義務づけることのできないような、個々人の特別の業績となったからである」。

それは、一方では、厳しい服従の道を歩む少数者に「特殊な功績」を帰することによって、律法主義的な業績達成の自負を生む誘惑をもっていました。他方では、それは、大多数のものに教会の恵みを享受する「もっと楽な道」を選ぶ別の可能性を保証することによって、教会の全体としての世俗化を是認することにもなった、というわけです。修道院は、ローマ教会に包摂されはしましたが、あきらかに教会の周辺におかれていたのでした。それを象徴的に示したのが、一二〇九年、ローマにおいて時の教皇インノケンティウス三世によって引見され、教団として承認された聖フランチェスコの姿でした。

ルターの宗教改革は、《高価な恵み》についての福音の再発見にほかなりませんでした。ルターが修道院において敬虔な生活の可能性を実現することに最終的に挫折することから、神の恵みをとらえ直したのは、偶然ではありません。その時、ルターは、神の救いの御手がイエス・キリストにおいて差し伸べられているのを発見しました。彼は、「どんなに立派な生活を送ろうとも、われわれの業《わざ》は空しい」ということにたいする信仰において、その神の御手をとらえたのでした。

「そこで彼に賜物としてあたえられたのは、高価な恵みであった。その恵みが彼の全存在を打ち砕いたのである。……最初、修道院に入ったとき、彼は、すべてのものを捨てたけれども、ただ自分自身、彼の敬虔な自己というものだけは捨てなかった。しかし、いまや、この自己も、彼から取り去られたのである。彼は自分の功績によってではなく、神の恵みによって従った」。

宗教改革が中世の修道院制度を否定したとき、イエスにたいする服従の生活は、この世の只中でなされることになりました。イエスにたいする服従は、聖職者階級の《特別の業績》としてではなく、この世に生きるすべてのキリスト者にとって、必然的な神の戒めとなったのです。それは、毎日の職業生活の中で行動としてあらわされねばならなくなりました。これが、いわゆる《職業召命観》と呼ばれるものです。それは、日常生活即礼拝＝神への奉仕とみる自覚から、熱心で誠実な労働のエートスを生み出すことになりました。

したがって、宗教改革による福音の再発見は、けっしてイエスの戒めにたいする服従を免除するものでもなければ、また赦しの恵みによって、この世全体を聖別したり正当化したりするものでもありませんでした。ボンヘッファーによれば、「ルターが修道院を出てこの世へと帰って行ったその道は、原始キリスト教以来、この世に向かって加えられた最も厳しい攻撃を意味していた」というのです。彼は、この「衝突」を「白兵戦」にもたとえています。しかし、ルター主義の展開する中で、重大な転換が生じました。ボンヘッファーは鋭く指摘しています。

「にもかかわらず、宗教改革の歴史において、勝利者としてとどまることになったのは、純粋で高価な恵みに関するルターの認識ではなく、この恵みをもっとも安価に仕入れる場所を敏感にも嗅ぎつける人間の宗教的本能であった。そこでは、ほんのわずかな、ほとんど気づかれないほどのアクセントの移行だけで十分であった。それによって、もっとも危険で、かつ致命的な業がなされたのであった。……ルターが恵みについて語ったとき、彼は恵みによって初めてキリストにたいするまったき服従の中に入れられるにいたった自分自身の生活のことを、つねに同時に考えていた。……恵みだけがすべてをなす、とルターは語った。そして彼の弟子たちも、文字通り、それをくり返し語ったのであるが、ただ一つだけ違っていた。すなわち、ルターがいつも自明のこととして同時に考えていたこと、つまり、主に従うということを——いとも早く省略してしまい、それを共に考え語ることをしなくなった点である。……〔ルターの〕弟子たちの教説は、ルターの教説からは議論の余地のないものであった。にもかかわらず、この教説は、宗教改革の終わりであり、その否定

るのです。

であった」。

ほとんど気がつかないほどの《アクセントの移行》は、どこにあったのでしょうか。それは、恵みがイエスにたいする服従において成立するキリスト教的生活の《結論》であるよりも、人間の側からあらかじめ計算することのできる原理的《前提》とされたことにあるのです。

「それによって、私は、この世の生活で私の犯す罪の義認をあらかじめ得ているのである。私は、この恵みによって罪を犯すことができるし、この世は原理的には恵みによって義とされている。それゆえ、私は、これまで通りに自分の市民的・世俗的存在をそのまま維持する。あらゆることが昔のままにとどまる。そして私は、神の恵みが自分を覆っていることで安心してもよいのである。この世全体は、この恵みの下で《キリスト教的》になった。しかし、キリスト教は、この恵みの下で、かつてなかったほど世俗化してしまった」。

ボンヘッファーは、こう規定するのです。「前提としての恵みが安価な恵みであり、結論としての恵みが高価な恵みである」。そして彼は、説得的な一つの具体例をゲーテの『ファウスト』の一場面からあげてみせます。

「知識の探求に明け暮れたその生涯の終局に、ファウストが「われわれは何も知りえないのだということが、私には分かった」と言うとき、それこそ結論なのである。

しかし、それは、この命題を入学したばかりの学生が自分の怠惰を正当化するために使う場合とは、まったく別の事柄である（キルケゴール）。この命題は、結論としては真理であるが、前提としては自己欺瞞である」。

このファウストの独白は、多くの教育者の経験するところではないでしょうか。みずからの深い――実存的――《経験》にもとづいて初めて《定義》できる事柄を、教育者は、未経験な次の世代に《結論》として教える立場に立つのですから。ボンヘッファーの言葉を用いれば、「それは次のことを意味している。すなわち、ある認識は、その中でこの認識が獲得された実存から切り離されることはできない、ということである」。

信仰義認論の危機

信仰的真理については、とくにこのことが妥当するでしょう。たとえば自分の救いがまったく自分の人間的努力による功績ではなく、神の一方的な恵みによるものだということを痛感した預言者や使徒たちは、自分が「母の胎内にあったときから」救いへと予定されていた、と告白したのでした（たとえばパウロの場合、ガラテヤ人への手紙一・一五、参照）。予定説を成り立たせているのは、そうした《実存》的経験でしょう。

しかし、ひとたび、予定説という「教理・原理・体系」がつくり出されて、それが《客観的》な知識として動き始めると、まったく別の状況が生まれます。信仰から離れた一般的な世界観ないし宿命論のようなものになり下がるのです。実存的な関連をなくすときには、ルターの信仰義認論の場合も同様の運命に陥らざるをえなかったのです。ボンヘッファーは鋭く指摘しています。

「純粋な恵みについての教説〔すなわち、ルターの信仰義認論〕は、まさしく比類のない神格化を経験した。恵みについての純粋な教説は神そのものとなり、恵みそのものとなった。いたるところでルターの言葉が口の端に上ったが、しかし、その真理は曲解されて自己欺瞞に一変した。われわれの教会がただ義認の教説をもってさえいれば、なるほど、その教会は、それで義と認められた教会だ、というわけだった。……国民はキリスト教徒になり、ルター派になった。しかし、それは、あまりにも安価に主に従うことを犠牲にした上でのことであった。安価な恵みが勝利を占めた……。われわれが今日、組織化された教会の崩壊によって支払わねばならない代価は、あまりにも安価に獲得された恵みから来る必然的な帰結以外の何であろうか」。

《安価な恵み》に安住して現実妥協の道にのめり込んでいったルター主義的国民教会の伝統が厳しく批判されています。教会闘争の歳月の中で、ボンヘッファーは、ドイツのルター主義が歴史的な形成力を失ってしまっていることを認識したのです。それは、ルター自身においては神学的に一つのものとして結合していた《義認》と《服従》、《信仰》と《行為》とが切り離されていたからです。ここにいたって、ボンヘッファーの『服従』が、けっして時代的状況というコンテキストを欠いた書物ではないことが明らかになります。そこには、教会闘争をめぐる切迫した状況が横たわっていたことを見逃すわけにはいきません。

一九三四年五月にバルメン宣言に結集した告白教会の闘いは、その後、ナチ当局の執拗な弾圧がつづき、こうした中でナチ国家との妥協をはかる多数派のルター主義教会の分派行動が引き起こされて、重大な危機に直面していました。一九三六年春には告白教会は、ドイツ福音主義教会の中で、実質的に少数派グループの地位に転落していたのでした。その指導的メンバーも、停職や逮捕、投獄などに追いこまれる者が多く出ていました。たとえば、すでにみたように一九三五年には、バルトはドイツから追放され、さらに『服従』の出版される少し前には、ニーメラーも逮捕されています。

じっさい、ボンヘッファーが『服従』の「序言」において、教会の迎えている「革新の時代」と言うとき、それは、こうした告白教会の危機の只中で、教会の真のアイデンティティの確立を迫られていることを指すものでした。そのとき、教会で交わされる「日常のスローガンや戦いのスローガン」を越えて、イエスにたいする服従と《高価な恵み》の発見とが問われざるをえなかったのです。ボンヘッファーのすばらしい表現を用いれば、「信ずる者のみが服従し、服従する者のみが信ずる」のです。

ボンヘッファーは、信仰義認論が政治的な静寂主義に通ずる危険性をもっていることを知っていました。それゆえに、彼は、ルター主義的神学において一般に語られていたよりも以上に、いっそう強く《服従》を強調せざるをえなかったのです。疑いもなく、『服従』においては、この服従が主要テーマとなっています。しかし、信仰と服従とが相即するものであること、すなわち、これら二つのものが互いにその実現を条件づけており、《実存的円環》(C・ティーツ)を構成していることを見誤ってはならないでしょう。

《高価な恵み》を論じた最後の節(「服従と個人」)で、ボンヘッファーは「服従へのイエスの招きは、弟子を個人にする」と言い、それは「人間をこの世にたいする直接性から解放する」と語っています。《個人》という表現は、神の前での《単独者》(キルケゴール)としての実存的な信仰を思わせます。神にたいする絶対的な拘束は、神以外のこの世のいっさいの拘束からの解放に通ずるものです。そこにイエスにたいする絶対的服従に立つ《キリスト論的》集中の解放力の秘密があるのです。

つづくボンヘッファーの文章には、「民族や歴史」「血のつながり」といった《直接性》にも言及しています。ボンヘッファーの念頭にあったのは、あきらかに、当時、《血と大地》にもとづく《民族共同体》のスローガンをかかげて大衆的熱狂と宗教的陶酔を組織化していったナチズムの権力過程があったことでしょう。それればかりではありません。このナチ・イデオロギーに呼応する形で、当時、特定の《歴史的瞬間》に直接的に神的意志が啓示されるとする《ナチ革命》の歴史神学的な正当化(E・ヒルシュ)も口にされていました。そのほか、国家や民族を《創造の秩序》（P・アルトハウス）として根拠づけ、そうした所与の秩序にたいする絶対的従属を《本来的な》政治倫理（F・ゴーガルテン）とする《直接性》の神学も横行していたのです。ボンヘッファーの『服従』には、これらにたいする批判も秘められていたのでした。

《ヒトラー崇拝》へと民衆を呪縛するナチズムの疑似宗教的＝政治宗教的な誘惑に抵抗しうるためには、《安価な恵み》に安住する伝統的な宗教的敬虔では太刀打ちできないものでした。そうした安易な宗教から離脱して、《高価な恵み》に生きる真剣な信仰的決断が不可欠となるのだ、と言ってもよいのです。

こうした連関においてみれば、ボンヘッファーの《単純な服従》への呼びかけは、ナチ言語における《無条件的服従》の要求にたいする《論争的概念》にほかならなかったことが分かります。イエス・キリストにたいする一義的な服従が求められるところでは、他のものにたいする忠誠関係の入る余地はありません。徹底したキリスト論的信仰告白には、ナチ的《総統崇拝》にたいする断固たる批判という厳しい《権力問題》が主題化されていたのです。

この第一章の最後には、イエス・キリストにつながる真実な解放と真実な連帯とを、こう結論しています。

「他者にいたる直接的な道はすべて断ち切られているけれども、服従する者には、他者にいたる新しいただ一つ真実な道が、いまや仲保者（イエス・キリスト）を仲介として示されている」。

以上みてきた《高価な恵み》を論じた部分は、『服従』全体の構想にとって《鍵》（R・シュトゥルンク）となる考察と言ってよいものです。

次に、『服従』の主要部分をなす第二章「山上の説教」の講解に移ってみましょう。

2 《山上の説教》の釈義

《山上の説教》とボンヘッファー

《山上の説教》とは、新約聖書の冒頭にある「マタイによる福音書」の初めの三つの章（マタイ五・一―七・二九）にわたるイエスの教えを指すものです。「山に登り」（マタイ五・一）語られたとされるところから、すでにアウグスティヌス以来、《山上の説教》という名前で呼ばれ、とくに一六世紀以来、この呼称が定着しました。それは、一連の《祝福》の言葉で始められ、《地の塩》《世の光》というたとえでイエスに従う者の使命を示しています。とくに注目されるのは、伝来的なモーセの律法にたいして提出された一連のラディカルな《反対命題》（「しかし、私は言っておく」）です。《愛敵》の教えや《黄金律》（「人にしてもらいたいと思うことは何でも、あなたがたも人にしなさい」）などは、これまで人類の倫理思想史における金字塔のようにみられてきました。

《山上の説教》の平行記事、いわゆる《平野の説教》(ルカ六・二〇―四九)との比較からは、《山上の説教》の多くの言葉が、イエスの語録集(いわゆるQ資料)の中にふくまれるものであることを示しています。《山上の説教》は、福音書記者マタイによって編集されて出来上がった文書であり、マタイが彼の眼前にあった特定の読者層のためにイエスの重要な教えを記憶しやすい《教義問答書《カテキズム》》の形で集大成しようとした努力の跡を反映しています。それゆえ《山上の説教》は、原始キリスト教において信徒教育の規範たることに《生活の座》を占めていたものと考えられているのです。

ボンヘッファー自身、こうした連関に気づかなかったわけではないでしょう。先にみた《高価な恵み》の議論の中でも「洗礼準備教育を受ける者の中で、あれほど注意深く、教会とこの世とのあいだにある境界について、すなわち、高価な恵みについて注意するように促した、あの古代教会の認識」についても言及していたのですから。

しかし、ボンヘッファーの《山上の説教》の講解は、基本的には神学的な釈義でした。新約学者としてはテュービンゲン大学のアードルフ・シュラッターに多くを負っていたボンヘッファーは、《山上の説教》を大筋としてそのままイエスの言葉としてとらえています。彼が、聖書の歴史的・批判的研究、とくに福音書の様式史的研究に踏みこんでいないことに遺憾の意を示す声もないわけではありません。しかし、最近の研究では、

《山上の説教》には《歴史的イエス》の宣教に由来する《最古層》の部分が、「批判的研究によってこれまで認められてきたよりは、いっそう多くふくまれている」(G・シュトレッカー『「山上の説教」註解』佐々木勝彦・庄司真訳、ヨルダン社、一九八八年)という見解も示されているのです。

《山上の説教》は、つとにボンヘッファーの神学的形成途上から取り上げられ、ある意味で、その生涯を通してともなわれた問題でした。初期には、彼は、まだアカデミックな関心から、《山上の説教》の《起爆力を弱める》(E・ベートゲ)伝統的解釈に従っていました。たとえばバルセロナでの牧師補時代に、ボンヘッファーは、《山上の説教》を文字通りに現代に適用することを「最大の誤解」として否定的に論じてもいたのです。

すなわち、ルター主義的正統主義《オーソドキシー》の伝統では、ルター自身の場合よりも以上に、《山上の説教》の実行不可能性という感情がいっそう支配的でした。そこでは、《山上の説教》は、キリストによる救いの必要性を示す人間の《罪の鏡》としてのみとらえられてきたのです。その結果、《山上の説教》が個人の心情倫理の問題に還元されるだけでなく、そのコロラリーとして、世俗領域の《固有法則性》の論理に通ずる危険性がすでに胚胎していたといえるでしょう。バルセロナ時代のボンヘッファーにも、たとえば《創造の秩序》や国際関係における暴力行使などの議論にはルター主義的伝統の痕跡が認められます。

しかし、教会闘争の只中で、ボンヘッファーは、しだいに《山上の説教》の問いを彼の思考のみでなく行動の中でとらえるようになっていきました。ナチ・ドイツの政治的現実にたいする批判意識を強めながら、ルター主義的な解釈から、はっきり訣別せざるをえなくなったのです。たとえば、一九三四年七月のラインホルト・ニーバー宛の手紙では、彼は、いまや「文化闘争的状況」にあり、両陣営を分ける「分離線」として《山上の説教》が妥当している、ということを伝えています。しかも、「山上の説教を――宗教改革的理解とは異なって――ふたたび想起すべき時が来ている」(傍点、宮田)という認識を示しているのも、この連関において、まことに示唆的です。翌年一月の兄カール・フリードリヒに宛てた手紙では、いっそう明瞭に語っています。

「山上の説教を本当に真剣に受けとめ始めることによって、僕は、本来、はじめて内的に明快率直になるだろうということが分かっています。ここにこそ、魔術と妖怪の全体を一気に空中に吹き飛ばし、花火の中からわずかばかりの燃えかすしか残らないようにすることのできる唯一の力の源があるのです」。

この「魔術と妖怪」というのは、ナチ《第三帝国》を指しています。『服従』は、ボンヘッファーのこうした《山上の説教》との出会いによってあたえられた根源的体験と時代批判の基本的視座とを若い牧師候補生たちに訴えかけようとしたものにほかなりません。『服従』におけるそれの釈義は、「マタイによる福音書」の第五章

（「キリスト教的生活の《特異なもの》について」）、第六章（「キリスト教的生活の秘匿性について」）、第七章（「弟子の群の特別な選び」）というように、《山上の説教》の全体にわたっています。しかし、以下においては、第五章の釈義を中心にして検討してみましょう。ボンヘッファー自身の重要な視点は、ここに十分に示されていると思われるからです。

祝福の教え

《山上の説教》は、八つの《祝福》の言葉で始まります。ボンヘッファーの釈義では、それらすべてを通ずる基調として《困窮と断念》ということがあげられています。たとえば、冒頭の「心の貧しい人々は、幸いである」について、こう説明しています。

「弟子たちの持っている困窮は、あらゆるものに及ぶ。彼らは端的に「貧しい」（ルカ六・二〇）。何らの安定もなく、自分のものだと言えるような何らの財産もなく、自分の故郷と呼んでもよいような一片の土地もなく、自分がまったく所属することを許されているような何らの交わりもこの地上にはない。その上に、みずから頼みとし、慰めとすることのできるような、自分の精神的な力・経験・知識もない。彼らは、イエスのために、あらゆるものを失ってしまった。彼らがイエスに従ったとき、彼らは、じっさい、自分自身を失い、それとともにまた、彼らを富ませることのできたすべてのものをも失った。いまや、彼らは貧しい。かくも未熟であり、かくも知恵に乏しいゆえに、彼らは、自分を召してくださった方〔イエス〕以外の何ものにも、もはや望みをかけることができないのである」。

同じように、たとえば、「悲しむ人々」は、「この世が幸福とか平安とか呼んでいるものを断念して生きる用意のある者」と言われています。以下、「へりくだった人々」は「いかなる固有の権利をも断念して生きている」者であり、「義に飢え渇く人々」は「自分自身の権利を断念するだけでなく、自分自身の義をも断念して服従する」者、「憐れみ深い人々」は「自分にそなわっている尊厳をも断念して生きる」者、「心の清い人々」は「自分の善と悪とを、つまり自分の心を断念している」人びとであり、「平和を造る人々」は「暴力と反乱とを断念する」者、「義のために迫害された人々」は「財産、幸福、権利、正義、名誉、権力を断念する」者とされています。

この中には、やや強引すぎる印象をあたえる説明もないわけではありません。いずれにせよ、ここには、ボンヘッファーにとって、この世的に望ましいとされるものを意識的に《断念》し拒絶した生き方が重要視されていることがわかります。

彼は、たとえば、《貧しい人びと》と対照させて、「民族宗教の代表者や説教者、力ある者、名望ある人びと」をあげ、彼らは「しっかりとこの大地に足を支えられて立ち、民族性、時代精神、民族的敬虔性に深く根をおろしている」と記しています。これらの言葉で、先にみたナチ的政治宗教とそれに適応しようとする大多数の民衆や教会の群が暗示されています。これにたいして、イエスに従う者の群は、「このように盛んな民族の祝祭の時に、その中に生きていながら、それの外にいなければならない」のです。《断念》することによって、イエスの弟子たちが、この世にあっては《異郷の人》として生きざるをえないというのです。

しかし、この《断念》は、人間がみずからの力で実現すべき倫理的理想というわけではありません。たとえば、「悲しむ人々」について、「弟子たちは、自分に負わされた悲しみを、十字架においてあらゆる悲しみを担われた方の力においてのみ担いとる」とされています。こうして「彼らは、自分たちの真の故郷を、十字架につけられたもうた主のもとに、ここで、また永遠に見いだすのである」。

すなわち、イエス・キリストの十字架におけるいわば《根源的断念》によって、はじめて弟子たちもまた《断念》しうるものとされるのです。そればかりではありません。たとえば、「平和を造る人々は、その主と共に十字架を担うであろう。なぜなら、十字架において平和は実現されたのだから」と言われています。こうしてみれば、《断念》は、イエスに服従して十字架を担うことの具体的な形でもあるのです。

《断念》による《異郷の人》としてのイエスに従う群は、しかし、けっして国家と社会にたいして疎遠な存在であるというのではありません。むしろ、その《特異性》にもとづいて、不可欠な貢献を果たす任務をもっているのです。《山上の説教》では、《祝福》の言葉につづく《地の塩》《世の光》のたとえが、それを示しています。

ボンヘッファーは、ここでキリスト者の群が「地上でも一番不可欠なものの比喩」によって表示されていることを指摘します。「地は塩によって保たれることができる」のですから。しかし、彼が、いっそう強調するのは、弟子たちが塩にならなければならないという訴えではないということです。「あなたがたは地の塩である」という教えは、彼らが、イエスの招きによって「その全実存をあげて地の塩なのである」ということです。イエスに従いイエスの人格の只中で生きているならば、まさにそれが「地の塩」であるのです。

しかし、目に見えない《塩》の働きだけではありません。さらに目に見える《光》の輝きにも注目されます。ここでも、弟子たちは、光でなければならないのではない。彼らにとっては「光らされる光である」より他の在り方はありえない、というのです。したがって、「不可視性への逃亡は、招きの拒否である」と断定されます。それは、宗教改革的な自称《十字架の神学》の名のもとに「謙遜」を装ってこの世の中に埋没し、この世の動きに全面的に同調していこうとする教会の態度を批判するものです。

ボンヘッファーによれば、むしろ、イエスの十字架においてこそ、《特異性》が目に見えるようになっているのです。「この光においてこそ、弟子たちの善い行ないは見られなければならない」のです。それは、すなわち、「貧しくあること、この世にあって異郷の人のようにあること、柔和であること、平和を実現すること、最後には迫害を受けて捨てられることであり、そしてそれらすべてを貫いている一つのこと、すなわち、イエス・キリストの十字架を担うことである」と。

こうした《特異性》は、国家と社会との関わりの中で、たえず緊張をはらむものであることを意味するでしょう。しかし、キリスト者の群は、まさにそうした関係に生きることによってのみ、国家と社会とにたいして不可欠な存在＝《塩》でありつづけるのです。

イエスの反対命題

「マタイによる福音書」第五章の後半には、いわゆる《反対命題《アンティテーゼ》》と呼ばれる一連の文章があります。旧約聖書の戒めを引いたあとで、その問題についてイエスが自分の意見を述べる形をとっているものです。「腹を立ててはならない」ということから「敵を愛しなさい」まで、六つの――もっともボンヘッファーは五つにまとめていますが――きわめて具体的な倫理的勧告が扱われています。一般に非現実的と思えるほど厳しい内容であるところから、それを文字通りにとるべきものかどうか、昔から論議を呼んできました。この点に関して、まず、ボンヘッファーの基本的姿勢を示す注目すべき説明からみてみましょう。

《反対命題》の中で、イエスは、「姦淫するな」という旧約聖書の戒めを徹底化して

「心の中での」それをも否定したところがあります。「右の目があなたをつまずかせるなら、えぐり出して捨てなさい。体の一部がなくなっても、全身が地獄《ゲヘナ》に投げ込まれないほうがましである」と(マタイ五・二七―三〇)。この場合「イエスは、彼の戒めを文字通りに考えておられたのだろうか、それとも比喩的な意味において考えておられたのだろうか」ということが、よく問われます。

ボンヘッファーによれば、「一見、きわめて深刻そうに見える」この問いは、決断からの逃避を促すものであり、この「問い自体が誤りであり悪なのである」。じっさい、イエスが文字通りに考えていたわけではないと言えば、この戒めのもつ真剣さは、まともに受けとられなくなるだろう。逆に、文字通りに理解すべきだと言えば、「キリスト教的実存の根本的な不条理さ」があらわにされ、それによって「戒めも無効とされてしまうだろう」。そのどちらの側にも逃れることはできない。むしろ、「この根本的な問いが私たちに答えられないゆえにこそ、はじめて私たちは、全面的にイエスの戒めにとらえられる」のだ、というのです。

「イエスは弟子たちに非人間的な極度の緊張を強いられるのではない。また、彼らに〔女性を〕見ることを禁じられるのでもない。しかし、イエスは、弟子のまなざしをご自分に向けさせられ、この場合には、たとえまなざしが女性に向けられることがあっても、それは清いままであることをイエスは知っておられるのである」と。

まことに慎重で周到な説き方というべきでしょう。ここから引き出されるのは、ボンヘッファーにとっては、《山上の説教》の個別的な戒めそのものよりも、むしろ、イエス・キリストにたいする決断、すなわち、イエスに与《くみ》するものとして全面的に服従するか否かということこそ決定的だったことを示しているのではないでしょうか。

以下においては、《反対命題》の中から、とくにボンヘッファーの国家と社会とにたいする批判的な関わりを特徴づける二つの場合を取り上げてみましょう。それは「一切誓ってはならない」(マタイ五・三三―三七)と「悪人に手向かってはならない」(同五・三八―四二)という戒めの場合です。

まず前者から。ボンヘッファーによれば、誓いが行なわれてきたのは、この世の中に嘘があることの証明です。嘘を否定するためにこそ誓いがされてきたのです。これにたいして、イエスは、誓いを全面的に禁止されることによって嘘を退けようとしています。とはいえ、他方では、誓いの拒絶が真実を隠蔽するために利用されてはならないことは言うまでもないでしょう。

「このような場合、どこで真実のために誓いがなされなければならないかは、一般的に決められることはできない。それは、個別的に決断されねばならないものであろう。宗教改革の教会の見解によれば、この世の官憲から求められるいずれの宣誓も、このような場合に当たるという。〔しかし〕このような一般的な決定が可能なものかどうか、依然として疑問が残らざるをえない」。

この問題は、ナチ・ドイツ治下において、《総統》ヒトラーにたいする無条件的な服従を誓う《忠誠誓約》をめぐって、きわめてリアルな現実的意味をもつものでした。すでに一九三四年夏、ヒンデンブルク大統領の没後、国防軍の全将兵や閣僚をふくむ全官僚が、この宣誓を行なったのでした。この宣誓がのちに多くの人びとにとって抵抗運動へ加担することを妨げる名目となったことは、すでにみた通りです。しかし、ボンヘッファーによれば、キリスト者にとって、こうした「宣誓による誓約、たとえば忠誠誓約が当初から最も大きな危険を意味するものである」ことは明らかでした。

「というのは、キリスト者は自分自身の将来を自分の手にもっていないだけでなく、その誓約によって彼を束縛する者〔すなわち、宣誓の受け手〕の将来を、なおさら自分の手にもっていないからである。したがって、そのような誓いを神の意志の留保のもとに置かないで行なうことは、真実とイエスにたいする服従とのゆえに不可能なことである。キリスト者にとっては、絶対的なこの世の束縛はない。キリスト者を絶対的に拘束しようとする忠誠誓約は、彼には嘘になり、《悪から来る》ものである」。

そのような場合、「神の名に訴える」ことは、その誓約の保証を意味することには、けっしてならないのです。むしろ、それは、「私たちがイエスに服従することにおいて、神の御心にのみ結びつけられているということ、他のいずれの拘束もイエスのゆえに、この留保のもとにあるということ」を表明するだけのものなのです。宣誓の内容に疑問の余地がある場合に、こうした《留保》がなされなかったり、あるいは留保が認められないようであれば、誓いをすることはできないのです。なぜなら、「この誓いによって、その誓いを私から受け取る者を欺くことになるからである」と。

宣誓問題は、のちに一九三八年に告白教会の戦列をも揺るがす大きな危機になったのでした。こうした問題にたいして、ボンヘッファーの指摘は、まことに的確に必要とされた批判的視点をあらかじめ用意するものだった、といえるでしょう。ここには、すでに官憲国家的秩序に適応しようとするルター主義的伝統にたいする批判がふくまれています。そのことは、さらに次のテーマでは、いっそう明瞭です。

「目には目を」という旧約聖書的な同害報復《タリオ》の法則にたいして、イエスは「右の頬を打たれたら左の頬をも向ける」ことを命じられました。この戒めをめぐってルター主義の伝統的解釈は、中世カトリシズムの《二重道徳》を変形した形で公私の領域における適用を区別するものでした。すなわち、《私人》としての私に個人的に加えられる苦難と、ある《職務》において神から委託された責任を負っている《公人》としての私に加えられる苦難とを区別しなければならない、という考えです。前者の場合には、イエスの戒めに従って行動すべきであるのにたいして、後者の場合には、その戒めからは解放され、むしろ、真実の愛のために、それとは逆の行動に出る義務がある。すなわち、悪に対抗するためには、暴力には暴力をもって立ち向かう義務を負わされている、というのです。

たとえばボンヘッファーが手許において用いたパウル・アルトハウスの『ルター主義的倫理の精神』(一九三〇年)は、代表的なものです。ここでは、国家「秩序の奉仕的性格に照らせば、表面的な見方からは福音書に命じられていることの正反対のような行動、たとえば職務における暴力の行使も認められる」と、はっきり書かれています。しかし、ボンヘッファーは、イエスにとって、こうした行動の基準としての公私の区別などは何ら関係がない、と言い切っています。「《私的なこと》も《公の職務のこと》も、イエスの戒めに全面的に服すべきものである。……イエスは、二つに分かたれることなく服従することを求められる」と。

同じ事柄は、つづく《愛敵》の戒めにおいても妥当するものです。ルター主義的な《二王国》論は、愛敵の教えをキリスト者の個人生活に限定し、公の生活では、それとは別の《政治の固有法則》に従って行動することを是認するものでした。そのことは、結果的には、《山上の説教》を心情倫理へと内面化して、国家と社会にたいするキリスト者の責任をないがしろにする危険をともなうものとなったのです。

ボンヘッファーは、ここで、イエスの《愛敵》の戒めが「政治上の敵であれ、宗教上の敵であれ」「異なる種類の敵のあいだに何らの相違も認めるものではない」こと、この愛が「私人としての私と職務上の公人としての私とのあいだの分裂を認めない」ことを指摘しています。とくに当時、ナチ・ドイツでは、政治上の《敵－味方》(C・シュミット)の概念に関連して、民族や血のつながりを重視する声が支配的でした。ボンヘッファーは、教会の内外で叫ばれている「血や歴史や味方であること」によって自分につながる者をのみ愛することにたいして批判的でした。そうした愛は、人間にとっての自然な感情にすぎない。それを強調することは、「まやかしのプロテスタント倫理の大きな誤謬」である、と言い切っています。

ドイツ的キリスト者と《山上の説教》

じっさい、当時、《山上の説教》に関して面白い実例があったのです。一九三六年に《ドイツ的キリスト者》の出版社から、ルートヴィヒ・ミュラーによる『ドイツ人の神の言葉』という小冊子が出版されました。その序文では「第三帝国の私の民族同胞のために、私は山上の説教を〔ドイツ語に〕《翻訳》したのではなく《ドイツ化》した」とうたわれていたのでした。

ミュラーというのは、一九三三年秋に帝国教会監督《ライヒスビショフ》となって、ナチ宗教政策のお先棒をかついだ人物です。この時点では、すでにナチ教会大臣としてハンス・ケルルも任命されており、ミュラー自身は、これまでの地位を正式に辞職していたわけではなかったとしても、事実上、その地位の重要性は失われていました。こうした中で、彼は、ナチ的《戦友意識》にもとづいて《民族同胞》のために、「すでに時代遅れとなった」ルター訳による《山上の説教》のテキストを現代化＝《ドイツ化》して示そう、と強調するのです。彼は、のちに『積極的キリスト教とは何か』(一九三九年)という著作も出版しています。これらは、いわば彼の地位にともなう権威回復のための空しい試みにほかなりませんでした(T・M・シュナイダー『帝国教会監督ルートヴィヒ・ミュラー』一九九三年)。

この小冊子は、およそ学問的検討には値しない代物です。しかし、ナチ的＝《ドイツ的キリスト教》的な《山上の説教》解釈の興味深い例として、二、三の箇所を紹介しておきましょう。たとえば、イエスは、いっさいの誓いを禁止しました。ミュラーの《永遠のキリスト》はこう言うのです。「私は言っておく。君たちは神の名誉、君たちの民族の名誉、さらに君たち自身の名誉を高く神聖なものとすべきであり、そのため些細な事柄については誓ってはならない」と。逆に、《総統》にたいする忠誠誓約のような「重大な」(！)事柄については、誓うことは、むしろ肯定されるわけです。

またイエスは、タリオの法則を否定して悪人に手向かうな、と命じられました。ミュラーでは、それは、気の抜けた戒めに変えられます。

「私は言っておく。民族同胞とは互いに仲良く暮らす方がよい。……お前の戦友が怒りにかられてお前の顔を打つとき、ただちに打ち返すのはかならずしもつねに正当ではない。冷静にもちこたえるのが、いっそう男らしい。おそらく、お前の戦友は、そのとき自分を恥じることであろう……」。

ミュラーの《ドイツ化》された《山上の説教》(?)では、旧約聖書的タームをことごとく除いていることも印象的です。たとえば《エルサレム》という地名は、まったく出てきません。《律法学者》と《パリサイ人》は「教師と説教者」に、《律法と預言者》は「お前たちの父祖たちから受けついできた神的な真理と要求」とに言いかえられています。こうした露骨な反ユダヤ主義は、彼が民族の《血》のつながりを強調していることにも反映しています。イエスの言葉には、いたるところで血や戦友や民族共同体といったナチ的用語が挿入されてくるのです。ミュラーのキリストは語っています。「民族共同体は、お前たちがそれに犠牲を捧げるべき高く聖なる価値である」と。ここでは、聖書における神的啓示は、いわば民族の《血》の叫びによって押し除けられている、と断定できるでしょう。

このミュラーの小冊子は、当時、論議の的になりました。歓迎する一部の《ドイツ的キリスト者》の声のほかに、面白いのは、《山上の説教》の《ドイツ化》にたいするナチ党側からの拒否反応です。たとえばナチ学生連盟は、その機関紙の論説で、この『ドイツ人の神の言葉』をキリスト教的世界観とナチ的世界観とを《折衷》しようとする「ありうべからざる試み」と決めつけたのでした。古い観念を現代的に粉飾してみても、「けっして革命的でもなければ、ナチ主義的でもなく、欺瞞である」と。じじつ、ケルルの肝入りで設立された《教会委員会》からは専門意見書が出されました。そこでは、ミュラーがこの小冊子の《序文》で「第三帝国における民族同胞」に向かって「あなたがたの帝国教会監督」という資格で呼びかけていることについて疑問符をつけてもいたのです。

ボンヘッファー自身は、彼の所有するこの小冊子の欄外余白に多くの批判的な書き込みをしています。彼は、教会委員会の専門意見書にたいしても、著者ミュラー個人を問題にするのではなく、《ドイツ的キリスト者》の問題について「正しい教理的決定」を下すことこそ重要なのだと、委員会自身の曖昧な姿勢についても批判的です。

それでは、こうした基本的立場から、ボンヘッファーは、悪の問題にたいして、どのように対決できると考えていたのでしょうか。それは「完全な非暴力の道」でした。

「〔悪を加えてくる〕他者を克服するのは、……その悪が求めるもの、すなわち、反抗が見られないということ、それとともに、悪がそのために一段と燃え立たせられるような新しい悪も見られないということによってである。悪は、何の対象も何の反抗も見いださないことによって、〔いな〕むしろ、悪が進んで担われ、耐え忍ばれることによって無力となる」。

相互的応酬によって、悪と暴力の悪循環は、いっそう拡大されるだけでしょう。

「害悪は、われわれが無防備のままでそれを耐え忍ぶことによって、終結を迎える。名誉毀損や誹謗が罪であることが明らかになるのは、服従する者がみずからもそれを犯さないばかりか、無防備のままでそれに耐えることによってである」。

ここでは、悪は、けっして是認され受容されているのではないのです。それは、「あくまでも悪である」ことを否定されているわけではありません。しかし、イエスに従う者は、直面させられている悪が「是認すべき余地のない悪であるからこそ、反抗すべきではなく、それに苦しみながらも悪を行きつくところまで行かせるようにし、そうすることによって悪人を克服すべきである。喜んで苦しみにあうことは、悪よりもはるかに強い。それは悪の死なのである」。ボンヘッファーが、こうした仕方で悪を克服できると考えたとき、思い浮かべていたのはイエスの十字架でした。

イエスは「みずから十字架上で悪によって克服されつつ、この敗北から克服者および勝利者となられた。……このイエスの十字架において悪にたいする勝利を信ずる者のみが、この戒めに従うことができるのである」。

教会闘争への視点

3 教会と服従――《ノンコンフォーミズム》の拠点

最後に、時代と社会全体にたいするボンヘッファーの基本的な展望を『服従』第二部の「見える教会」に即して、結論的にまとめてみましょう。

この第二部では、ボンヘッファーは、パウロの教会理解と結びつけながら、服従の問題を扱っています。キリストに従う者は、洗礼によってイエスの招きを受領し、《キリストのからだ》としての教会に加えられ、その肢《えだ》の一つとなる、とされています。これまでの議論で、キリストに従う群のもつ「この世にたいする特異性」に注目されてきたとすれば、いまや宣教のため教会として「この世において占める場所」が問われることになります。

「新約聖書の答えは、あきらかに、教会はただその礼拝と秩序のためだけではなく、その肢々の日常の生活のためにも、地上の場所を要求するということである。したがって、今こそ見える教会の生活圏について語られるべきであろう」。

それは、具体的には、次のような形をとるものとみられています。

「キリストのからだに属する者は、この世から自由にされ、召し出される。また、礼拝と教会的秩序との交わりによってのみならず、兄弟同士の生活の新しい交わりによっても、この世にたいして見えるようにならなければならない。この世がキリスト者の兄弟を軽蔑すれば、その兄弟をキリスト者は愛し、また彼に仕えるであろう。この世が兄弟に暴力をふるうなら、キリスト者は助け慰めるであろう」。

さらにつづけて記しています。

「この世が義を拒めば、キリスト者は憐れみを行なうであろう。この世がいつわりに身を隠せば、キリスト者は、沈黙している人びとのために口を開き、真理のために証しをするであろう。それがユダヤ人であろうとギリシア人であろうと、奴隷であろうと自由人であろうと、強い者であろうと弱い者であろうと、高貴の人であろうと卑賤の人であろうと、兄弟のためにはキリスト者は、この世のすべての交わりを断念するであろう。なぜなら、キリスト者は、イエス・キリストのからだの交わりに仕えるからである。このようにしてキリスト者は、この交わりにあっても、この世にたいして隠れたままでいることはできない。キリスト者は召し出されて、従っていくのである」。

ここにキリストのからだとして《見える教会》の生きた姿があるのです。

この連関で、ボンヘッファーが、いま一度、中世的修道院制の意義について言及しているのは偶然ではありません。すでにみたように、修道院制度は、キリスト教が世俗化することにたいするプロテストという批判的な意味をもつものでした。宗教改革の積極的意味は、このプロテストをさらに修道院の壁の外に持ち出したことにあります。すなわち、この《この世にたいする異質性》を、この世から隔離された場所ではなく日常生活の只中に回復させようとしたところにあったわけです。しかし、この再確認につづけて、ボンヘッファーは、ここでは、さらに職業召命観の《限界》を明示するのです。

「この限界は、キリストの見える教会自身に所属することによってあたえられる。礼拝、教会の職務、市民的生活という、この世におけるキリストのからだが要求しかつ占有している場所が、この世の発する場所占有の要求と衝突するところ、そこで限界に到達するのである」。

教会の側からは、キリストにたいする信仰告白を目に見える形で表明することを余儀なくされることによって、衝突を避けえない《限界》に達したことが明らかになります。これにたいして、この世の側からは、衝突を避けるため賢明に一歩退く代わりに、権力行使による弾圧や迫害に打って出てくるなら、そこに《限界》が公然化することになるわけです。「キリスト者は、いまや公衆の面前でこの世の職業から追放される。彼は、主と苦しみを共にする、目に見える苦難の交わりに入れられる」。

じじつ、一九三五年以来、ナチ政権は党員であることと教会に所属することとが両立しえないことを公然化させてきました。逆に、ナチ党に入党することを拒んだ多くの人びとは、とくに高い職業的地位から排除されざるをえなくなっていました。

こうした時代状況の中で、ボンヘッファーは、キリスト者にたいして「この世にとどまる」ことを求めるのです。私的な内面性の中に後退することも、あるいはまた熱狂主義的に彼岸に逃避することも拒否されるのです。それは、「この世にたいして正面攻撃をするために、キリスト者は、この世にとどまれ」ということなのです。彼はこう言い切っています。「自分の《この世にたいする異質性》を、はじめて余すところなく見えるようにするために、《世俗内的召命生活》を生きよ。しかし、そのことは、教会の肢に連なることによってよりほかには起こらないのである」と。教会闘争をラディカルに担っていくことへの明確な決意と期待とがあります。

ここには、ボンヘッファーの基本的構想における二つの契機が結びついて示されています。すなわち、《服従》は、一つには、いわば内面に向けられたもので、キリスト者の真のアイデンティティとしての《異質性》に固執することです。いま一つは、いわば外面に向けられた志向です。このアイデンティティをあくまでも《この世》において批判的に証しするという側面です。

したがって、『服従』における見紛う余地のない《この世にたいする距離》を、単純に現世逃避のようにネガティヴにみることはできません。それは、ナチ社会という具体的な生活世界の中で《批判的な距離》をとるための自由な空間を確保する試みとみるべきでしょう。じっさい、ボンヘッファー自身、教会を「見知らぬ土地を通過する封印列車」にたとえているのは暗示的です。第一次世界大戦の末期、ドイツ参謀本部は、スイスに亡命中のレーニンを《封印列車》に乗せてペテルスブルクに送り込み、ロシア革命を起こさせたのでした。ボンヘッファーの用いた印象的な比喩は、あきらかに、このレーニンの故事を踏まえたものです。それは、《この世》にたいする外見上の疎遠な関わり方にもかかわらず、教会がこの世にたいして変革的に働きかけていく目標と使命とを見失ってはならない、ということを物語っています。

フィンケンヴァルデにおいては、修道院にも似た《兄弟の家《ブルーダーハウス》》の生活実践が試みられました。そこでは、この世からの外見的な後退は、この世における闘いをいっそう尖鋭に担っていくための霊的訓練にほかならなかったのです。《兄弟の家》における《共に生きる生活》は、ナチズムに支配された社会全体の画一化＝コンフォーミズムの中で、告白教会をノンコンフォーミズムの拠点として確保し、「キリスト教の世俗化にたいするプロテスト」をあくまでも貫くことに仕えるものだったのです。

この連関において、『服従』における《この世》という言葉が、けっして一般的な中性的概念ではなく、《選りぬきの論争的概念》(R・シュトゥルンク)だったことも見逃してはならないでしょう。《この世》とは、具体的には、ナチ・ドイツの支配する現実世界以外のものではありえなかったのです。

じっさい、ボンヘッファー解釈の上で彼の生前に刊行された『服従』と没後の遺稿『倫理』(一九四九年)とのあいだには断絶があるのではないかという問題が、しばしば論議を呼んできました。しかし、ボンヘッファーが『服従』で用いている「正しい意味における、この世にたいする異質性」は『倫理』における「真のこの世性」と対応できるものでした。二つのものは、けっして矛盾でも断絶でもないと言うべきでしょう。それは、『服従』の序文に示された課題に、はっきり沿うものでした。

「まったき確信を抱いて教会的な決断の狭い道を歩んで行きながら、しかも、すべての人間にたいするキリストの愛と、神の忍耐と憐れみと《博愛》(テトス三・四)の豊かな広がりの中に、弱い者や神なき者と共にとどまることは、今日、実に困難であるように思われる。しかし、両者は共に存在しなければならない」。

『服従』の最後の章は「キリストのかたち」と題されます。

「イエス・キリストのかたちが、その服従する者の中に深く迫って来て、彼を満たし、彼のかたちを造り変えて、弟子が師に似るようになるどころか、まったく同じになるのである」。

ここでは、キリストに服従することが、たんに内面的な個人的敬虔に尽きるものではなく、教会全体の生きざまに関わる根本問題であることが、最終的に明らかにされています。すなわち、この世に受肉し、この世のために死にかつ甦ったイエス・キリストと同じく、苦難にある人びとに連帯するものとなるということです。

歴史的文脈におき直せば、そのことは、いっそう具体的に明瞭になります。すなわち、《キリストのかたち》と同じくなるとは、当時、ナチ・ドイツ社会において妥当していた政治的《偶像》への一体化＝《均制化《グライヒシャルトゥング》》としての《ヒトラー崇拝》に対立することを意味するものにほかならないからです(E・ファイル)。

「イエス・キリストの御生涯は、この地上では、まだ終わってはいない。キリストは、その御生涯を、キリストに従う者たちの中で、さらに生きたもう」。これこそ、ボンヘッファーが『服従』の末尾において求めた呼びかけなのです。こうした連関で、イエスの死の姿と「もっとも深い同一性」をなすものとして彼が「殉教」について言及しているのも印象的です。

『服従』の反響

いままでは、『服従』の成立に関しては、当時の牧師補たちの講義ノートなどともつきあわされて、一九三五年から三七年にかけて五期コースにわたるボンヘッファーの講義のあとが確認されています。第一期生のベートゲによれば、新入りの研修生たちにとって、ボンヘッファーの『服従』の講義は、《息を呑むような驚き》をもって迎えられたと言われています。彼らは、そこで突然に発見したのでした。自分たちが説教や教会教育の新しい技術の修得のために来ているのではなく、それらを根本的に変革する新しい前提に導き入れられているのだ、ということに。第一期コースの終講のとき、ボンヘッファーが総括した次のような講義の《あとがき》をベートゲはノートしています。

「山上の説教は、人間がそれを自由に処理できるような言葉ではない。〔たとえば〕こここには問題はないが、あそこには矛盾がある、というように。この〔山上の説教の〕言葉は、聞き従われるところでのみ、担いとられることができる。この言葉は、われわれが自由に利用したり、取り上げたり、疑いをはさんだりするためにあるのではない。これは圧倒的・支配的な言葉である」と。

このあとがきの言葉は、現行の『服従』の中には入っていません。『服従』は、講義の草稿そのままではありませんでした。たえず修正と削除、新しい加筆を経て、現在の形に完成されたのです。

一九三七年九月に秘密国家警察《ゲシュタポ》が告白教会の牧師研修所を閉鎖したとき、『服従』の最終稿は、すでにミュンヘンのクリスチャン・カイザー出版社に送られていました。編集長オットー・ザーロモン――『嵐の中の教会――ヒトラーと戦った教会の物語』(森平太訳、新教新書、新版、二〇一五年)の著者オットー・ブルーダーの本名です――は、一読してバルトの『ローマ書』(一九一九年)以来の快著という深い感銘をうけました。出版社内の一部には、たとえば、内容が《熱狂主義的》であるとか、《律法と福音との混ぜ合わせ》であり、また《信仰のみの原理を捨てるもの》である、などという異論もあったようです。しかし、ザーロモンは、こうした声を押さえて、ただちに原稿を印刷に回したのでした。

『服従』は、この年のアドヴェントの季節には出来上がっていました。当初、一〇〇〇部が刷られ、一九四〇年に第二刷が出ています。一九四二年五月に、ボンヘッファーがスイスへの旅でザーロモンと初めて出会ったのは、この『服従』出版の縁にもよるものでした。そのとき、『嵐の中の教会』をボンヘッファーがドイツ教会闘争の重要な証言の一つとみなして評価していたことも伝えられたのでした。

ちなみに、教会闘争の中でクリスチャン・カイザー社の果たした役割も見逃してはならないものでしょう。この出版社は、バルトの著作の出版をはじめとして、告白教会の側に立つ明確な姿勢をとりつづけてきました。《ドイツ的キリスト者》の教授の中には、クリスチャン・カイザー社の全出版物を研究室の書庫から撤去させた例もあったほどです。ナチの出版統制の元締めである《帝国《ライヒ》著作院》を相手にして粘り強い闘いをつづけた末、ついに一九四三年には、強制的に出版活動を中止させられたのでした(『クリスチャン・カイザー出版社　一二五年』一九七〇年)。

『服従』刊行の当時、それについての詳細な書評は出なかったようです。にもかかわらず、この本は、比較的早く広がっていったと言われています。あきらかに、この聖書的・神学的な省察は、教会闘争の中で道しるべとなる訴えとして受けとめられたのでした。とくにボンヘッファーと出会い、また『服従』を読んだ若い牧師補たちにとって、それが生涯にわたる信仰の闘いに力をあたえるものとなったことは確実です。いな、この本は、当時、すでに教派の壁を越えても読まれていたのでした。

一九四〇年から四一年にかけての冬、ボンヘッファーは、すでに国防軍諜報部の一員として待機するため、ミュンヘンの南にあるエタールのベネディクト会修道院に滞在していました。このとき、彼は、そこで『倫理』の中の有名な一章「究極的なものと究極以前のもの」を執筆していました。彼は、昼ごとに、修道院の食事の際に、自分の著作である『共に生きる生活』の一節が朗読され、またクリスマスの際には『服従』からの文章が用いられたことに驚かされたのでした。

『服従』の執筆に際して、ボンヘッファーがたえず念頭において、密かに対話しつづけたのはカール・バルトであり、その独特の《福音と律法》の理解だったようです。バルトの弟子だったヘルムート・ゴルヴィッツァーは、『服従』には、バルトの立場にたいする《類比《アナロギー》》が認められるかもしれないと語っています。彼は、ボンヘッファーのいう《安価な恵み》にたいする批判が福音を律法に優先させたバルト的《逆転》に対応するものだった、という興味深い指摘をしています(R・メングス編『影響――ディートリヒ・ボンヘッファーとの対話』一九七八年、所収)。

最後に、このバルト自身の『服従』評を紹介して、この章を閉じることにしましょう。『服従』執筆中のボンヘッファーからの手紙に答えて、バルトは、なお、その内容に「修道院的なエロースとパトスとの匂い」を感じて、批判的な留保をおいていたようです。しかし、戦後になって、バルトは、自分でもイエスへの服従を論ずるにいたったとき、――彼としては珍しいほどの――絶賛の言葉を寄せたのでした。すなわち、《服従》の問題が、「きわめて深く理解され、正確に扱われており」、このテーマに関して書かれた「最良の書物」だ、と。

「主への服従について自分でも執筆してのち、それをみずから行為によって真実なものにしようと願い、またその独特のやり方で真実なものとした一人の人物――その彼がこの本で語っているより以上のことを服従について語るのは、私には不可能である」(K・バルト『教会教義学』第Ⅳ巻第2分冊、一九五五年)。

『服従』は、戦後、そのまま復刊されて版を重ね、一九八九年には全集版の一冊として新版が出ました。ボンヘッファーの手になる著作としては現在でも『共に生きる生活』と並んで、もっとも多く読まれているものと言われています。

第5章　《責任倫理》を生きる——『倫理』を読む(1)

1　全集版『倫理』改訂——《探偵まがい》の編集作業

この『倫理』という本は、ボンヘッファーにとって、つとにライフワーク、いな、それ以上に生涯の課題として意識されていたものです。彼は、すでに長いあいだ、かつ熱心にその仕事に携わってきました。しかし、逮捕されるまでに、部分ごとに出来上がっていた草稿を、いま一度、彫琢《ちょうたく》して自分自身で完成することはできませんでした。それが彼にとって深く心に残る事柄の一つだったという事実は、ベートゲ宛の獄中書簡からも読みとることができます。

乏しい時間を縫って居住の場所も移動させながら進められたこの仕事は、ボンヘッファーにとって、多忙だった抵抗行動の歳月にたいして、内面的にも外面的にも対極にある静謐な生活の側面を示すものでした。一九四三年四月初めに逮捕されたとき、彼は、まさに書きかけていた最後の原稿に注意深く目を通し、それを机上に残したままにしておきました。あきらかに抵抗運動への参加を《偽装》する目的のためだったのです。

彼の没後、戦後に発見された構想やメモ、さらに部分的には完成していた草稿などをもとに、ベートゲの手によって編集され『倫理』がはじめて出版されたのは一九四九年のことでした。この中には、押収されないように隠されていた庭からふたたび掘り出された未整理のままの草稿メモ、また一部は、ボンヘッファーが逮捕されたとき、ゲシュタポの手に渡ったものまで用いられています。

『倫理』(初版)は、各章草稿の成立年代についてのベートゲの推定に従って、時間的な順序で編集されました。さらに後の版では、ボンヘッファーの構想する体系の論理的な順序に従って変更する試みもなされてきました。しかし、そこには、当然、主観的な《解釈》の入る余地があるわけで問題を残しています。そのため、全集版による『倫理』新版(一九九二年)は、できるかぎり客観的な整理方法に従って、成立年代順に編集する方針がとられることになりました。

『倫理』が執筆されたボンヘッファーの書斎(現在)．両親の家の屋根裏部屋

たとえば草稿の書かれた紙の種類や紙質——戦時の紙は年代が後になるほど劣悪になります——、さらに字体、インクの色、万年筆のペン先の大きさ、鉛筆や色鉛筆の使用頻度、草稿に用いられている引用文献の出版時期などを決め手として、五つの異なった時期が特定されたのです。当時、この編集に携わっていたテート教授夫妻から頂いた手紙には、刑事犯罪者の足跡を追及する《探偵まがい》の努力を重ねています、と書かれていて感銘をうけたのを覚えています。

この《探偵まがい》ということには、いま一つの理由もあります。実は、この『倫理』草稿には、謎めいた表現がいたるところにあるのです。抵抗運動の機密を保持するため、ボンヘッファーが執筆にあたって《暗号化》された文章表現を用いたということは、すでに紹介しました。この『倫理』草稿の初めの箇所に出てくる代表的な一例を引いてみましょう。

「阻止しているもの」

これは、彼が一九四〇年初秋の頃に執筆し始めた『倫理』草稿の「遺産と没落」と題する章で、ヨーロッパ近代史を批判的に反省する文脈の中に出てきます。

そこでは、「解放された理性」から発生した「人権」思想のような真の西欧的遺産が見失われ、いまや「詭弁的なプロパガンダ」や「ニヒリズム」が支配的になり、ヨーロッパ全土をまきこむ戦争の中で、キリスト教世界が没落の危機に直面していることを見定めています。この「深淵への最終的な転落」から、ただ二つのものが防いでいるとして、ボンヘッファーは、「新しい信仰覚醒の奇跡」と並べて「阻止しているもの《カテコーン》」という言葉をあげているのです。

　これは、新約聖書（Ⅱテサロニケ二・七）に出てくる「κατέχων」という言葉で、これまで「抑えている者」（聖書協会共同訳）と訳されてきました。聖書テキストの文脈では、おそらくサタンに動かされる「不法の者」の到来と支配とを妨げ、遅らせ、人びとになお信仰の時をあたえるため神によって立てられた支える力を指しています。すなわち、終末の遅延は、キリスト教的宣教を可能にするために生じているというわけです（H・バルツ＝G・シュナイダー編『ギリシア語新約聖書釈義事典』全三巻、教文館、一九九三―九五年、参照）。

　ボンヘッファー自身は、この文脈では「西欧が直面している転落を有効に防ぎ止めるもの」、すなわち、「強力な物理力で装備された秩序を守る権力」と規定しています。

「神の奇跡が宣教される場所は教会である。《阻止しているもの》は秩序を守る国家的権力である。二つのものは、その本質においては区別されなければならないが、脅威となっている混沌《カオス》にたいしては互いに手を携えてあたらなければならない」。

　この「秩序を守る国家的権力」という概念には、それ以上の具体的に明確な規定はあたえられていません。この言葉には冠詞も付けられていないことが注目されます。もしも定冠詞が付されているなら、それは、むろん、ドイツ国防軍、あるいは少なくともその大部分を構成する軍事力を意味するものでしょう。しかし、当時の状況からすれば、実際にはありえないように考えられる事態です。もしも「或る」(eine)という不定冠詞が付けられているなら、あるいは連合軍を指すものとする解釈もできるかもしれません。しかし、当時は、まさにヨーロッパ諸国をまきこむ世界戦争が行なわれていたのです(M・ベルガー「D・ボンヘッファーにおけるカテコーン観念の解釈」、M・ラウヘンシュタイン＝W・ザイター共編『カテコーン――没落を阻止するもの』二〇〇一年、所収)。

この草稿が書かれたのは、ボンヘッファーが国防軍諜報部のオスター大佐に初めて出会った後のことだったという事実をベートゲは指摘しています。つまり、この「秩序権力」というのは、ヒトラー政権打倒のためにすでに具体的に行動し始めようとしていたドイツ抵抗運動の存在を念頭において記していたと考えられるのです。したがってまた、この《暗号化》された文脈の中では、「不法の者」というのは、むろん、ヒトラー政権の権力にほかならないことも明らかです。

「遺産と没落」の章は、最後に次の文章で締めくくられています。

「《阻止しているもの》、すなわち、秩序を守る権力は、教会にその同盟者を見いだし、……教会は、そのような権力とのあいだに誠実な同盟関係を結びつつ、父祖たちの〔世代の〕祝福と罪責とを担っている歴史的遺産を、さらに将来へ譲り渡すことが許されるか否かということを神の世界統治の御手にゆだねるのである」と。

ここで「同盟」という言葉によって、ボンヘッファーが想定しているのは、国防軍諜報部内の抵抗派における批判的な「知性や教養」の遺産と告白教会の革新的な左派グループに代表される正しい福音宣教との結びつきだったのです。

しかし、こうした文字通りの《暗号》だけではなく、彼の手書きの草稿自体、いわば使用文字そのものも容易には判読しがたい《暗号化》に近い筆跡で書かれていました。じっさい、ゲシュタポの手に落ちた『倫理』草稿の一部も、一見したところ、とるに足らなくみえる《神学的な用語》のゆえばかりでなく、その内容と文字とが、第三者には、ほとんど解読不能だったために、そのまま家族の手に返還されたのです。

こうした編集努力の末に、新版『倫理』は、それぞれの文章の執筆された時期を確定しています。その時間的順序に従って第I期（一九四〇年夏から同年一一月一三日まで）から最後の第V期（一九四三年一月から同年四月五日まで）にいたる草稿全体の客観的な成立と構成が試みられたのです。

この第I期の冒頭におかれた「キリスト、現実、善」という章の冒頭には、キリスト教倫理を論ずるに先だって、まず「善の根源である現実」について、通常の「実証的・

経験的な」見方からは根本的に異なった《現実》理解を提示しています。

「イエス・キリストにおいて、神の現実がこの世界の現実の中に入ってきた。……キリストにおいてわれわれは、神の現実とこの世界の現実とに——一方なしには他方はありえない——同時に与《あずか》ることができる。神の現実は、私を完全にこの世の現実へ引き入れるという仕方でしか示されない。しかし、この世界の現実に出会うとき、私は、いつもすでにそれが神の現実の中で担われ、受け入れられ、和解されているのを見いだす」。

「キリスト教倫理は、キリストにおいてあたえられている神の現実とこの世界の現実が、われわれの世界において現実化することを問題にするのである」。

「そこでわれわれは、すべての抽象的な倫理学のもとを立ち去って、具体的な倫理学へ赴くことになるだろう。ただ一度限りの善が何かを問うのではなく、キリストがいかにして、今日、ここで、われわれのあいだに形をとりたもうかということが問題なのである」。

この最後の引用文は、冒頭の章につづく「形成としての倫理学」と題する草稿からのものですが、いっそう明確にボンヘッファーの問題意識が示されています。

すなわち、一方では理想やイデオロギーにもとづく原理的・一般的な《規範主義》にとらわれることなく、しかしまた、他方では既成事実に追随・埋没するだけの《状況倫理》

でもなく、後述するような《現実即応的に》行動するボンヘッファー独特の自由な《責任倫理》の構想を可能にする大前提となるものでした。

この第I期の文章が書かれた一九四〇年夏というのは、三九年夏のポーランド侵略に始まった第二次大戦の一年後のことで、ヒトラーのヨーロッパ支配の絶頂期にあたります。この年四月には北欧デンマークやノルウェー諸国を軍事的占領下におき、西部戦線を突破してフランスを降伏させてパリに入城して間もない頃のことです。第V期の最後の一九四三年四月五日というのはボンヘッファーが秘密警察によって逮捕された当日です。こうした世界史の激動する只中で、ボンヘッファー自身も、各地を転々としながら、政治的状況の転換を見据えて草稿を書きつづけていた事実に注目しなければならないでしょう。

イエスの十字架

このことを代表的に示す一例として、前掲の「形成としての倫理学」の一節から引いてみましょう。「成功する者」について批判的に考察した文章です。

「この人を見よ——神によって裁かれた人(＝十字架のイエス)を見よ！……成功が万物の尺度であり正当化であるような世界においては、裁かれた者や十字架につけられた者の姿は、疎遠なもの、せいぜい憐れみを覚える対象にすぎない。この世界は、成功がすべてに優越することを求めてやまない。理念や心情ではなく行為が決定する。成功のみが行なわれた不正をも正当化する」。
「成功者の姿がとくに注目を引くように出現するところでは、多くの者が成功の偶像化に陥る。彼らは、正と不正、真理と虚偽、誠実さと卑劣さの区別にたいして盲目になる。彼らは、ただ行為のみを、成功のみを見る。倫理的・知的判断力は、成功者の輝きの前では、またその成功に何とかして与りたいという欲望の前では鈍くなってしまう」。

むろん、この「成功の偶像化」にたいしては、他方からの反対意見として、「長い目で見れば、正義、真理、秩序が暴力行為、虚偽、恣意よりも長続きする」という希望的観測もまったく消え失せるわけではないかもしれません。しかし、このような楽観論をボンヘッファーは、「人を誤りに導く」にすぎないと切り捨てています。そこでもまた、つまるところ「成功が万物の尺度とされている」限り、こうした類の「過去の出来事にたいする実りなきパリサイ的批判」によっては、現実の行動に打って出ることがけっしてできないからだというのです。

この文章が書かれたのは、ナチ・ドイツ軍の電撃戦によってヒトラーの威信が急速に高まり、それまで慎重な作戦を求めていた国防軍高級参謀たちによってさえ、独裁者の軍事的指導の《カリスマ》に心服せざるをえなくなりつつあった時期と重なります。むろん、抵抗運動全体にとっても、近い将来においてそれを実行する見通しは暗いものとなりました。参謀本部の助言を無視したヒトラーの強引な作戦指導が破滅に通じているという見通しは、《大成功》の事実によって否定された形となりました。

たしかに、ボンヘッファー自身、ヒトラーの軍事的成功によって政権打倒が、従来の予測以上に困難になったということを、他の人びとよりもいっそう切実に感じとっていたようです。しかし、彼は、全面的に悲観的になったり、眼前に広がる既成事実に屈服せざるをえないと考えたのではありませんでした。先に引いた「成功する者」の文章によれば、希望を失った悲観論と実りない楽観論とのディレンマを乗り越えて、成功を「万物の尺度」とする考え方全体を無力化するものこそ「イエスの十字架」にほかならない、というのです。

そこでは「成功か失敗かではなく、神の裁きを心から受け入れるということこそ問題であった。ただこの裁きにおいてのみ、神との和解、人と人とのあいだの和解が存在する。……まさにキリストの十字架は、この世界における彼の敗北であり、それがふたたび歴史における成功に通じていることは神の歴史支配の秘義なのである。そこからは、いかなる一般的規則も引き出すことはできないが、しかし、それはキリスト教会が苦難を受けるたびに、あちこちでくり返されているのである」。

「イエスの十字架」というキリスト論的信仰告白こそ、盤石のような存在根拠として彼の抵抗の倫理思想を最後まで支えた力でした。興味深いのは、残された『倫理』草稿の最後におかれた「具体的な戒めと神の委任」という章の中にも、歴史的文脈の中で論じた「イエスの十字架」について興味深い文章が記されていることです。この箇所は、まさに彼が逮捕された当日に机上に残されていた草稿部分に当たります。

再編集作業によって確認されたところでは、ボンヘッファーがこの章の執筆に取りかかったのは、一九四三年初め頃、すなわち、東部戦線ではドイツ軍がスターリングラード攻防戦で力尽き、ヒトラーの死守命令にもかかわらず、敗残兵九万人が投降して捕虜となった時期に当たります。ボンヘッファーは、ナチ政権の《終わりの始まり》を予想して、来たるべき再建の日に備えて新しい角度から論述しようと試みていたのです。

「イエス・キリスト、十字架につけられたもうた和解者——このことは第一に、この世界全体がイエス・キリストを拒絶したことによって神なき世界となったということ、また人間のいかなる努力も人間をこの呪いから取り除くことができないということを意味する。……しかし、キリストの十字架は、この世と神との和解の十字架であるゆえに、この神なき世界は、同時に神の自由な定めとしての和解の印章の下に立つ」。

「和解の十字架は、この神なき世界の只中で、神の御前で生きることへの解放であり、真のこの世性を生きることへの解放である。……それによって、この世を神化しようとする空しい試みは背後に退けられ、《キリスト教的なこと》と《この世的なこと》とのあいだの分裂・緊張・抗争は克服される。われわれは、成し遂げられた神とこの世との和解を信じて、単純に行為し、生きることへと招かれているのである」。

「ただ十字架につけられたキリストを宣教することによってのみ、真のこの世性における生活が存在する。……何かこの世的なものの固有法則性を主張することではなく、まさにキリストを宣教すること《において、それと共に、その下で》はじめて真にこの世的に生きることが可能となり、現実的なものとなるのである」。

一九四〇年の文章の背後に漂っていた雰囲気といかに隔絶していたか明らかでしょう（本書、二七三頁以下、参照）。

こうして書きつづけられた『倫理』草稿の独特の思索の跡を、とくにナチ体制批判と政治的抵抗の倫理に関わる二、三の章を選んで辿ってみることにしましょう。

2　《究極的なもの》と《究極以前のもの》

究極的なもの・究極以前のもの

《究極的なもの》(die Letzten)と《究極以前のもの》(die Vorletzten)というキーワードは、

『倫理』の時期を代表するものです。幸いなことに、《究極的なもの》というキーワードをふくむ章「究極的なものと究極以前のもの」は、成立年代と成立場所とが、はっきり特定できます。それは、すでに記したように、一九四〇年一一月から翌年二月にかけて、エタール滞在中にまとめられたものです。

この間に、彼は、修道院の向かい側にあるルートヴィヒ・デル・バイエルというホテルに泊まっていました。しかし、修道院の図書室で執筆を続け、食堂では修道士たちと仲間になりました。ここでは、ボンヘッファーは、修道院長や修道士たちから、すぐれた資質をもつプロテスタントの神学者として歓迎されたのでした。むろん、これら修道院の人たちも、反ナチズムという姿勢を彼と共有していたのです。

「究極的なものと究極以前のもの」と題するこの章では、ボンヘッファーは、その倫理的考察を政治的ないし歴史的状況と直接的に関わらせて展開するよりも、いっそう体系的に取り組もうとしています。すなわち、終末論的な視点は倫理的な行動にたいしてどんな関わり方をするのか、という根本的な問題意識からです。これは、『倫理』草稿の中でも《もっとも完結した章》(E・ベートゲ)であると言われています。

ボンヘッファーのテキストに即して、まず《究極的なもの》の意味するところを確認することから始めましょう。《究極的なもの》というのは、端的に言って、宗教改革的な信仰義認論において示されている恵みの出来事を意味しています。《義認》の信仰による根拠づけから出発して、《自然的生》の権利をめぐる個別的な倫理的諸問題が詳しく論じられていくのです。

「すべてのキリスト教的生の根源と本質とは、決定的に、宗教改革が《恵みのみによる罪人の義認》と名づけた一つの出来事にもとづいている。……そこでは、ある究極的なこと、人間的な存在・行為・苦しみによっては理解することのできないことが起こっているのである。内面的にも外面的にも閉じこめられ、いよいよ深く深淵と袋小路へと迷いこんで行く人間生活の暗い坑道は、力をもって〔外から〕引き開けられ、神の言葉が入ってくる。人間は、はじめて救いの光の中で神と隣人とを認識する」。

この《究極的なもの》から《究極以前のもの》を区別することは、人間の自由な行動にとって、まことに重要な区別に導くものです。《究極的なもの》は《究極以前のもの》の成就、その完成として出てくるものではありません。その限りでは、人間の倫理的行動は、あくまでも《究極以前》の領域に限定されているものです。しかし、それは、つねに《究極的なもの》を望み見つつなされるべきものとされています。

実は、ボンヘッファーがこうした独特の表現を用いるとき、初期バルトの用語にヒントを得ているようです。バルトもまた、有名なタンバッハ講演「社会の中のキリスト者」(一九一九年)の中で、「究極的なものは、究極以前のものの継続ではなく、むしろ逆に、そのラディカルな破砕である」と述べていたのですから。

しかし、ボンヘッファーの場合には、それだけにとどまっていません。たしかに、彼は、《究極的なもの》が、すでに「獲得されたもの」、「計算しうるもの」として人間の側であらかじめ前提されるときには、その神的本質は失われ、「恵みは安価なものになる」と語っています。しかし、同時に、「究極以前のものから究極的なものにいたる道は、けっして廃棄されてはならない」と明言されているのです。ここには、《高価な恵み》を服従の道に結びつけてとらえる『服従』に示された彼の考え方が明確に生きています。

すなわち、ボンヘッファーにおいては、《究極的なもの》のためにこそ《究極以前》の領域における倫理的責任が担いとられなければならないのです。いまや、キリスト者の生活の中で《究極的なもの》にたいして《究極以前のもの》がいかなる位置を占めるのかということが決定的な問題となります。

一つは《急進主義《ラディカル》》という解決です。それは、《究極的なもの》にのみ目を注ぎ、《究極以前のもの》との完全な断絶のみを見るものです。両者は、排他的な関係の中に立つ、とされます。《究極以前のもの》は《究極的なもの》を前にして無価値なものとされ、キリスト者は、それに責任を負うことはないとされる。興味深いのは、その具体例として、ボンヘッファーがキルケゴールの『あれかこれか』をモデルにしたと言われるヘンリク・イプセンの戯曲『ブラント』の主人公ブラントの姿をあげていることです。

もう一つの解決は《妥協》という道です。ここでは、《究極的なもの》は、すべての《究極以前のもの》から原則的に隔離されています。《究極以前のもの》は、自分自身のうちに存在の権利をもち、この世のことは、この世の手段を通してのみ処理されなければならないとみなされるのです。そこでは、《究極的なもの》は、この世の生活の形を決定する上に何らの発言権ももっていません。むしろ、《究極的なもの》は「まったく日常的なものの彼岸にあり、〔そのことによって〕最終的には、すべての既存のものの永遠の正当化として仕える」ものとなるのです。

いわば彼岸的なものへの超越は、実際には《現世逃避》として、既成事実への追随を引き起こすにすぎないのです。ここでは、終末論的な観点に従ってこの世からの自由にもとづいてなされる《現世拒否》は、不自然なものとして断罪されることになるわけです。ボンヘッファーは、その具体例として、ドストエフスキーの『カラマーゾフの兄弟』における《大審問官》の姿をあげています。

いずれの解決も、許しがたい《抽象化》です。時間を憎み否定する急進主義でもなく、永遠を憎み否定する妥協でもなく、ボンヘッファーは、永遠が時間へと受肉し、神の子が人間となられたイエス・キリストにおいてのみ、《究極的なもの》と《究極以前のもの》との関係は正しく基礎づけられると考えます。

「イエス・キリストにおいて、われわれは、人となり・十字架につけられ・甦られた神を信じる。その受肉において、われわれは、被造物にたいする神の愛を知り、その十字架において、すべての肉にたいする神の裁きを知り、その甦りにおいて、一つの新しい世界への神の意志を知る」。

この三つのものを、引き離すことは誤りであり、三つのものを一つの全体としてとらえることによってキリスト者の生活は営まれる、というのです。すなわち、イエス・キリストが人間となられたゆえに、キリスト者としての私たちは、神の前に真実の人間として生きることを許されている、とされるのです。

こうしてキリストは、「人間の現実をそれ自身によって立つものとしたり、〔あるいはその反対に〕それを破壊したりしたもうことはなく、人間の現実が究極以前のものとして存在することを許したもう。すなわち、それは、究極以前のものの仕方で真剣に受けとめられはしても、しかし、究極的なものを覆い隠すような究極以前のものとしては真剣に受けとめられてはならないものなのである」。

これは素晴らしい表現です。わかりやすく言い直せば、《究極以前のもの》は、まさに《究極以前のもの》としてふさわしい真剣さで真剣に受けとめられなければならない、というのです。そのことは、逆に、《究極以前のもの》にたいしては、それをあたかも《究極的なもの》であるかのように絶対視することのない、非陶酔的な＝醒めた関わり方を教えるものでもあります。

先ほど、この《究極的なもの》と《究極以前のもの》というキーワードをボンヘッファーは、初期バルトからヒントをあたえられたのだ、と指摘しました。しかし、大変興味深いのは、晩年のバルトが、『教会教義学』の中で、このボンヘッファーの言う《究極以前的な真剣さ》——《最後から一歩手前の真剣さ》という言い方でよく引かれます——という表現をバルト流に用いていることです。

バルトもまた《究極的なもの》＝終末論的観点からすれば、この世の姿が過ぎ去りゆき移ろいゆくものであることを知っています。そのような終末論的超越性にもとづくキリスト者の自由の立場から、すべての出来事にたいして一定の距離をおいて眺めることができるのです。バルトは、こう言っています。

「たしかに、キリスト者は、世の姿がどんな形で引き継がれ交代していくとしても、この世を真剣に受けとめる。しかし、その形のどの一つをも、けっして究極的な真剣さで受けとめるのではない。それらにふさわしく、そのいずれをも、ただ最後から一歩手前の(＝究極以前的な)真剣さでしか真剣に受けとることができないのである」(K・バルト『教会教義学』第Ⅳ巻第3分冊、一九五九年)。

この余裕から生まれる冷静で誠実な認識——ここからバルトの言う《力強く、落ち着いて、朗らかに》この世と対決するリアリズムも引き出されてきたのでした。私は、ここにバルトのユーモアと笑いの根拠がある、ということを紹介したこともあります(宮田光雄『キリスト教と笑い』岩波新書、一九九二年)。

とても面白いのは——それは、ある意味で当然のことでもありますが——同じ連関でボンヘッファー自身も《冗談》(Scherz) = 《笑い》あるいは《遊び》ということを書いているのです。

「キリスト教的生の真剣さは、ただ究極的なもののうちにのみある。しかし、究極以前のものもまた、次のような意味においてその真剣な意味をもっている。すなわち、そこでは、もちろん究極以前のものは究極的なものと混同されてはならず、後者にたいしては前者は冗談のようなものであり、したがって、究極的なものと究極以前のものとが、それぞれ、その真剣さを保有するという意味においてである」。

道備え

こうして《究極以前のもの》は、《究極的なもの》によって相対化され、まさに《究極以前のもの》とされるのです。しかし、《究極的なもの》は、けっして《究極以前のもの》の必然性を廃棄するのではありません。キリスト者の生活とは、「究極以前のものの破壊でもなければ、正当化でもなく、……それは、キリストのこの世との出会いに参与することである」。こうしてみれば、ボンヘッファーにとって、《究極以前のもの》は、けっしてそれ自身で存在しうるのではなく、《究極的なもの》を通してはじめて可能となるのだ、と言うことができるのです。

彼は、具体的に《究極以前のもの》として二つのものをあげています。それは《人間であること》と《善くあること》です。たとえば、《人間であること》そのことは、むろん、義認の前提条件ではありません。むしろ、《究極的なもの》から考えて、はじめて人間であるとは何であるかが知られるのです。そこでは、《人間であること》は、恵みによって義とされることによって条件づけられ、基礎づけられているものです。しかし、《人間であること》は、義とされることに先行し　その限りで《究極以前のもの》となる関係にあります。こうした一見、抽象的な規定から、人間の尊厳性について、決定的に重要な結論が引き出されてきます。

「究極以前のものは、究極的なもののゆえに保持されていなければならない。究極以前のものを勝手に破壊することは、究極的なものに重大な損害をあたえることである」と。

たとえば、人間の生活から《人間であること》にふさわしい条件が奪われるならば、恵みと信仰による人間の生の義認は、――たとえそれが不可能にされるのではなくとも――重大な妨げを受けるでしょう。具体的な例として、ボンヘッファーは、奴隷の生活をあげています。奴隷が自分の時間を自由に使うことを妨げられているために、神の言葉の宣教をもはや聞くことができなくなるとすれば、その奴隷は、いかなる場合にも、義認の信仰へと導かれることはできないことになるでしょう。神の言葉の宣教者にとっては、「究極以前のものが破壊されることによって究極的なものが妨げられることのないように、究極以前のものをも配慮する」ことが、どうしても必要になってくるのです。この《究極的なもの》と《究極以前のもの》とを正しく結びつけることを、ボンヘッファーは、《道備え》と呼んでいます。それは、彼にとって、きわめて重要な意味をもっているものでした（それゆえ、当時、エタールからベートゲに宛てた手紙の中で、執筆中のこの倫理に関する著作に『道備えと到来』というタイトルをつけることを思いついた、と熱心に記していたほどでした）。ボンヘッファーにとって、問題は、神の言葉の宣教のための道備えということでした。よく知られた彼の文章をあげてみましょう。

「この課題は、イエス・キリストが到来したことを知っているすべての者に、無限の責任を負わせるものである。飢えている者はパンを、家なき者は住む家を、権利を奪われている者は正当な権利を、孤独な者は交わりを、規律に欠けている者は秩序を、奴隷は自由を必要としている。飢えている者をそのままにしておくことは、神と隣人とにたいする冒瀆である。なぜなら、隣人にとって必要なことは、まさに神が最も近くにおられるということだからである。私のものであると同様に飢えている者のものでもあるキリストの愛のゆえに、われわれは、彼らと共にパンを分かち、住む家を共にする。もし飢えている者が〔その飢えのゆえに〕信仰に至りえないとすれば、その責任は、彼のためにパンを拒んだ者の上に来る。飢えている者にパンをあたえることは、恵みの到来のための道備えなのである」。

したがって、この《道備え》は、たんに心の中での内面的な出来事にとどまるものではありません。それは、「目に見える最大規模の拡がりをもつ形成的な行為」でもあるのです。この《形成的》という言葉は、もとの草稿の表現では「くつがえし、新しく秩序をつくる」となっています。あまりに明白にクーデタ計画を連想させる表現だったので、ボンヘッファーは、それを書き換えたのでしょう。

むろん、キリストのための《道備え》と言うとき、たんに一個の「社会改革のプログラム」を実現することだけが問題ではありません。《霊的》な道備えとして「悔改め」を意味しています。しかし、悔改めとは具体的な方向転換をとることであり、それは、現実となる行為を引き起こすはずでしょう。ボンヘッファーにとって、《道備え》が全力をあげてナチ体制を打ち倒す抵抗運動につながっていたことは明らかです。

むろん、ここで生じているのが《究極以前のもの》であることを、彼は知っていました。飢えている者にパンをあたえるということは、それだけでは、なお神の恵みを宣べ伝えることを意味するものではないし、パンを受けとるということは、なお信仰に立つということを意味してはいません。しかし、《究極的なもの》を知り、そのためにこれらのことを行なう者にとっては「この究極以前のことは、究極的なものとの関わりの中にある」のです。こうして彼は結論しています。

「究極的なものと究極以前のものとは、互いに密接に結びついている。したがって、ここでは、究極的なものを力をこめて宣教することによって究極以前のものを強化しなければならないが、同時に、また究極以前のものを保持することによって、究極的なものを守らなければならない」と。

こうしてみれば、《究極以前のもの》というカテゴリーをめぐる、一見、抽象的な議論は、あきらかにルター主義的な《二王国論》の伝統と対決するものだったことがわかります。ボンヘッファーは、国家や政治など世俗領域を《固有法則性》の名のもとにキリスト教的責任の外に放任する教会の在り方を克服しようとしたのでした。これは、すでにみた『服従』において、信仰と服従との分かちがたいことを強調する考え方につながっています。しかし、ここでは、いっそう切迫していた具体的な服従の形が問われることになったのです。それを《自然的生》をめぐる人権の問題についてみることにしましょう。

3 《自然的なもの》——人権の神学的根拠

自然的なもの

先に指摘したように、《究極以前のもの》は、ボンヘッファーにとって、内容的には、

《人間であること》と《善くあること》を意味しています。彼は、この問題を《自然的なもの》という表題のもとに論じていきます。

《自然的なもの》あるいは《自然的生》という言葉を聞くとき、最近では、むしろ、環境問題や生態系秩序にあらわれる自然の生命が連想されます。じじつ、ボンヘッファーが一九三〇年代初めに行なった「創世記」の講解(『創造と堕落』一九三七年)には、「創世記」テキストを《生態学的》に解釈して、被造物のいのちとの連帯性を先駆的に指摘した文章を記していることも注目を引くところです(宮田光雄「美しい大地と人間の責任」、『宮田光雄集〈聖書の信仰〉』第三巻、岩波書店、一九九六年、所収)。

しかし、ボンヘッファーがここで問題にしているのは、具体的には、今日、《人権》の思想と呼ばれるものだけです。おそらく彼が目撃していたナチ支配下の恐るべき人権否定の現実にたいして、それと対決することこそ、彼にとって焦眉の倫理的課題だったからでしょう。

ボンヘッファーによれば、《自然的なもの》という概念は、プロテスタント倫理においては「不信の目をもって見られてきた」というのです。一方において、宗教改革のオーソドックスな理解によれば、《恩寵と自然》という対立図式の中で、恵みのみが高調されるところでは、自然は、「普遍的罪性」の暗黒の中に姿を没して、独自の意味をあたえられがたいからです。他方では、逆に、たとえばアルトハウスに代表されるドイツの新ルター主義にみられるように、《創造の秩序》の神学においては、民族や国家などが「根源的被造性」の光輝を保持するものとされているのです。ボンヘッファーは、いずれも誤りであり、結果的には《自然的なもの》という概念をカトリック倫理の一手販売にすることに貢献してきた、と批判しています。

ボンヘッファーは、福音にもとづいて正しく理解された《自然的なもの》の概念をふたたび回復しなければならない、と考えたのでした。こうして得られた《自然的なもの》の概念は、彼にとって《自然的生》の問題にたいする実践的な手引きとなり、社会倫理的な考察の重要な根拠づけをあたえるものでした。そこには、此岸的な生にたいする信仰の新しい関わり方を見いだすために、まことに示唆に富む考え方がふくまれていました。『獄中書簡集』において《成人した世界》を肯定するにいたる彼の信仰思想の飛躍は、すでに『倫理』のこれらの章に広く呼応するものをもっていたと言えるのです。

さて、ボンヘッファーの《自然的なもの》をめぐる神学的な規定は、かならずしも分かりやすいものではありません。私なりにまとめてみれば、次のように言えるでしょう。《自然的なもの》は、それが堕罪後の現実である以上、神との直接性の中に生きる原初のままの《造られたもの》とは同じではありません。他方では、神による《被造性》という事実に変わりない以上、一般的な《罪のもとにあるもの》として否定し去られるわけでもありません。《自然的なもの》は、堕罪後も神によって保持されている生命のかたちであり、キリストの到来、すなわち、義認と救いと更新とに向かって開かれています。これにたいして、《不自然なもの》は、キリストの到来にたいして目を閉ざし、生命のかたちを否定するものです。

この二つのものの違いは、堕罪後の世界における相対的な違いではありますが、けっして無視しえないものなのです。ボンヘッファーは、《自然的なもの》のもつ相対的な自立性と相対的自由とを認め、あたえられた秩序の中で《人間として》《善く》生きるということを《自然的なもの》の《内容》をなすものと規定しています。

さらにボンヘッファーによれば、この《自然的なもの》は、人間の理性によって認識しうるものとされています。もっとも、この理性は、自己を絶対化して《自然的なもの》に優越するような理性ではなく、あくまでも《自然的生》の一部をなすものです。その限りでは《堕罪後の理性》ではあるのですが、この世における所与のものの中にある「普遍的なもの」を、しかも、もっぱら「その内容的な側面に即して」理解する能力をもつ、とされています。

ボンヘッファーによれば、《自然的なもの》を破壊する《不自然なもの》は、《生命主義《ヴァイタリズム》》と生の《機械化》という二つの形をとって現われます。前者は、地上の生命を絶対化して自己目的とする中で、他の生命を破壊し、生命に仕える基準ないし限度を失い、ニヒリズムに陥ってしまいます。後者においては、生命は組織の中の利用価値という観点からのみとらえられ、目的のための手段とされて、その自己目的性を失ってしまいます。いずれも、生命にたいする《不自然な》破壊に至りつかざるをえないのです。

こうした生命主義と機械化という両極端のあいだにあって、《自然的生》は、自己目的であるとともに目的のための手段としての生でもあります。それは、他の生に仕えることにおいて目的のための手段であり、「神の国に参与する」使命においても同様です。しかし、また《自然的生》は創造者からあたえられたものとしては、あくまでも自己目的なものです。神は、この生を堕罪を越えてキリストの到来に向けて保持されているのです。キリストから見られたこうした事実にたいして、「自然的生の枠内において」対応しているのは、次のような関係です。すなわち、自己目的性という側面は、生に賦与されている諸権利という形にあらわされ、目的にたいする手段としての生の側面は、生に負わされている諸義務という形にあらわされています。こうして《自然的生》は、「特定の諸権利と特定の諸義務において生きられる生」として規定されるのです。

その際、ボンヘッファーは、カントに代表されるような理想主義的な倫理に反対して、まず、権利について論じ、その次に、はじめて義務について論ずるのが聖書的である、と強調しています。それは、まず生にたいしてあたえられているものについて論じ、次に生から求められるものについて論ずることを意味しています。「神は、要求する前にあたえられる」。

　ボンヘッファーは、《自然的生》の諸権利に「神の賜物の豊かさ」を認め、それを「堕罪後の世界における創造の栄光の輝き」と呼んでいます。こうして「義務は権利から出てくる。それは賜物《ガーベ》から課題《アウフガーベ》が出てくるようなものである」。《自然的生》の権利と義務との関係と順序も、こうして福音の直接法にもとづく命令法という関係から根拠づけられていることがわかります。

　テートによれば、これは、第一次大戦後、人権を神学的に論じた最初の試みだろうと言われています（H・E・テート＝I・テート「ボンヘッファーの『倫理』を読む」、K・ホフマン＝I・リーデル＝シュパンゲンベルガー編『信仰による世界の発見的方法』一九九七年、所収）。もっとも、ボンヘッファーにおいては、《人権》という概念そのものは登場しません。ドイツでは、ヴァイマル共和国の崩壊後、いっさいの基本権が、事実上、廃棄されていました。しかも、連合国側からは、この概念が反ナチ戦時宣伝に用いられていたために、ドイツ社会では疑わしいものとして警戒される恐れがありました。してみれば、ボンヘッファーが《自然的生の権利》という彼独特の用語をつくり出して用いているのは、時代史的に当を得た表現だったと言うべきかもしれません。

自然的生の権利

《自然的生》の諸権利について、ボンヘッファーは、一連の具体的な問題を取り上げています。まず《各人に各人のものを》から始まり、《身体的生の権利》《自殺》《生殖と生まれ出る生命》《身体的生の自由》とつづき、さらに《精神的生の自然権》について論じようとして、草稿は中断されています。

ボンヘッファーは、ここで、《道備え》という概念によって終末論的観点を《自然的生》の福音主義的な評価と結びつけ、これまでプロテスタント倫理に伝統的にみられた身体性の低評価を克服しようとしています。魂と身体の全体からなる人間は、《自然的なもの》の連関から引き離されることはありえないのです。むしろ、この世と自然とにたいするキリスト者の関わり方は、しばしばプロテスタント倫理を特徴づけてきた——アルブレヒト・リッチュルからルードルフ・ブルトマンにいたる——一面的な支配意志によって規定されるものではなくなります。カトリック的な自然神学(たとえばアナロギア・エンティスの論理や自然法など)の危険性を避けるとともに、そこにふくまれる正当な意図を取り上げている、と言うこともできるでしょう(K・フォン・クレンペラー)。

《身体的生》の権利について論じている個別のテーマを追っていくと、すぐ気づかされるのは、ボンヘッファーが、その倫理学的な考察の中で、ナチ支配下の不法行為の事実と鋭く対決しているということです。ここには、しばしば指摘されるボンヘッファーの《神学と伝記》との密接な関わりが典型的にあらわれています。

ボンヘッファーによれば、自然的生の第一の権利は、肉体的生命を「恣意的な殺害」

から守ることだ、とされています。たとえば、戦争の中で一般市民が殺されることも、それが直接的に意図されたものではなく、必要な軍事的措置の不幸な結果として生じたものである限りは、恣意的なものではない。これに反して、「武器をもたない捕虜や負傷者を殺すこと」「激情にかられて、あるいは何らかの偏見のゆえに、無辜《むこ》の人を殺すこと」、いな、そもそも「無辜の生命を故意に殺すこと」は、すべて「恣意的」である、とされています。こうして、たとえば強制的な安楽死や優生学、受胎調節や強制断種、暴行や拷問などの問題が次々に登場しています。

　これらの問題領域では、当時、ナチの人種思想にもとづく各種の法令が出され、また法的手続きによらないSSやゲシュタポによる《特別措置》が行なわれていたのでした。これらに反対して、ボンヘッファーは、聖書にもとづいて《身体的生》の権利を積極的に擁護する根拠づけをあたえたのでした。これらの中から、一つの例について取り上げ、短く説明しておきましょう。暴力や拷問に関連して《身体的生》の自由について論じた中で、彼は記しています。

　「一人の人間の身体的な力が、ほかの人間あるいは制度的組織の無制限的な所有物とされるような場合に、われわれは、人間の身体の《搾取》について語る。そのような状態を、われわれは、人間の《奴隷化》と呼ぶ」。

ここにある《搾取》という言葉は、むろん、マルクス主義の資本制批判においてよく用いられたものです。それは、当時、ナチ当局からは独特の《言語規制》によって使用を禁じられていた用語でした。ボンヘッファーが、あえてそれを使用しつづけていることも注目されます。

いずれにせよ、こうした《搾取》や《奴隷化》の事実は、人間が「他者の力によって、実際上《物》として取り扱われているところ」、また、「もっぱらほかの人間の目的のための手段にされているところでは、いたるところに存在している」。このように彼がつづけて記すとき、あきらかに強制収容所の存在やそこでの強制労働の実態が意味されていたのです。

こうしてボンヘッファーは、罪なき人びとの権利や自由が奪われているのと対照的に、罪ある者が罪を免れ、公然たる栄誉を享受している事実を指摘した上で結論しています。

「そのことは、すべての共同体的秩序がくつがえされていることを意味しており、遅かれ早かれ、自然的生の権利を回復することが必然的な課題として生じなければならないのである」。

こうした暴力による《自然的生》＝人間の権利にたいする侵害と抑圧とは、ボンヘッファーにとって、ナチ国家権力の犯罪者的性格を暴露するものでした。これらの権利を奪われ、苦しみをなめている人びとのために行動することは、キリストにたいする服従において成り立つ決定的な倫理的課題とならざるをえなかったのです。これは、むろん、抵抗運動につながるものでした。

この抵抗運動と関連して、いま一つ、注目されるのは、ボンヘッファーが《自殺》について論じている文章です。

彼によれば、「自殺は、人間的に無意味となった生命に、最後の人間的な意味をあたえる人間の試みである」。そこでは、自分の人格を恥辱と疑惑から救い出すという動機が優先しているでしょう。こうした「自己義認は、神の前では端的に罪となり、それゆえに自殺も罪となる」とボンヘッファーは明言しています。それは、神が挫折した生にも、ふたたび意味と権利とをあたえうる方であり、まさに生の挫折という出来事を通してはじめて生はその本来の充実に到達しうるものだ、ということが信じられていないからだ、というのです。ここでボンヘッファーは、自殺にたいする純粋に道徳的な批判は不可能であり、ただ神の御前でのみ自殺の権利が否定される、としているのも注目されます。

しかし、彼は、特殊な個別的ケースについて言及しています。自分を殺すことは、どのような仕方であれ、ただちに自殺と同じだと考えるのは短見である、というのです。「排他的かつ意識的に、ただ自分自身のことだけを考えて事がなされるところでのみ、自分を殺すことは、自殺となる。しかし、その行為の動機の排他性とか意識とかを、いったい、誰が確実に言い切ることができるだろうか。ある囚人が、拷問のために自分の民族・家族・友人を裏切るようなことになることを恐れて、みずからの生命を断ったような場合、……自分を殺すということが犠牲の動機を強く帯びてくるために、そのような行為を罪ありとすることは不可能である」と。

実は、これは、のちにボンヘッファー自身が逮捕され、テーゲルの独房に入れられたときに直面した問題でもありました。じっさい、投獄後まもなく記された日付のない小さなメモ用紙——これは、一九四三年五月に彼の父が食料品の差し入れに際して、その内容を監視兵に申告するために用いた、はぎとり用メモ用紙の一枚でした——の裏側に「自殺、終止符、締めくくり」といった言葉を記していたのでした。もっとも、それには、大きな二重の×印が付され、ボンヘッファーがそうした道に訣別してゲシュタポの審問と対決する姿勢を確認したものだったのです。

ボンヘッファーの人権思想を論じて、ハインツ・E・テートは、ボンヘッファーの倫理的考察がナチ政権の人権侵害という具体的な現実に直面してなされたものであり、さらには当時のナチ支配体制を越えた人権理解の新しい考え方に開かれていると評しています。すなわち、人権の要求をあたかも抽象的な規範体系のように異なった文化や社会に押しつけるのではなく、それぞれ固有の文化的・政治的条件の下で人間の自然権を正しく理解し、また擁護するにはどうすべきか研究するように促すものだとみているのです。

テートによれば、ボンヘッファーの《自然的生》に関する章は、「キリスト教的伝統とドイツの経験とにもとづく人権倫理のきわめて独自の構想」であり、そのことによってアングロサクソン的・西欧的な人権理解を「補い、またそれに取り代わりうるもの」としても読むことができる、と高い評価をあたえています（前掲、テート『ボンヘッファーによる神学的展望』）。

取り代わりうるというのは、やや過大評価という印象を禁じえませんが、ボンヘッファーの先駆的意義については、まったく同感です。疑いもなく、人権という考え方は、キリスト教の影響のもとに発展したものです。しかし、同時に、それが教会から積極的に理解されるまでには――アングロアメリカ的文化圏を除けば――かなりの抵抗を冒して貫徹されなければならなかったことも否定できないところです。とくにカトリック教会やヨーロッパ大陸のプロテスタント教会の場合、人権思想に大きなためらいをもち、またその実現に反対してきたのです。

こうした頑なな態度の背後にあったのは、近代的な人権思想がヨーロッパ大陸ではフランス革命を通して拡がったことにあります。フランス革命が行きついたテロリズムの支配は、教会や神学者たちからは、自由の名のもとに、いっさいの伝統的秩序の敵となった人間の自己主張の救いがたいことを暴露したものとして映ったのでした。

今日、自明のように考えられている教会の人権運動にたいする連帯の動きは、ファシズムと戦争とによる文明の惨禍、人間の尊厳性にたいする侵害を経験した第二次大戦以後のことだったのです。人権思想にたいする神学的な根拠づけが改めて問い直されるようになったのは、さらに遅れて一九六〇年代以降と言ってよいでしょう。こうした歴史をふり返るとき、ボンヘッファーの《自然的なもの》をめぐる倫理的考察は、ドイツ・プロテスタント神学における基本的人権の先駆的な根拠づけとして、さらには一九四八年に国際連合によって採択された有名な「世界人権宣言にも匹敵しうる」(C・シュリーサー)という指摘さえあるのも、けっして過大な評価とは言えないでしょう。

第6章　政治的抵抗の神学構想——『倫理』を読む(2)

さて、いよいよ、抵抗運動にたいするボンヘッファーの参加について、もっとも正面から神学的な——さらに政治的な、いな、政治学的なと言ってもよい——根拠づけを行なった《責任倫理》の章に移ってみましょう。

それは「歴史と善」と題する、いわば『倫理』における《もっとも政治的な章》(F・ヨハンセン)の中で扱われています。この章は、一九四二年初めから夏にかけて、ボンヘッファーの諜報活動のいわばクライマックスに達する時期に執筆されました。すなわち、この間に、彼は、ドイツ軍占領下のノルウェーに渡り、その地の反ナチ教会闘争を支援することに成功していますし、ストックホルムではチチェスターのベル主教と密かに会い、重大な情報をイギリスに伝達しています。ユダヤ人救出のための《七号作戦》に手を貸して第三回目のスイスへの旅を行ない、さらにヴァティカンに旅したのも、その頃のことです。

注目されるのは、「歴史と善」については、この時期に書きとめられた二つの草稿が残っていることです。いかに彼がそれを重要とみなし、また周到な叙述を心がけていたかがわかります。政治学を専攻する私にとっては、『倫理』の中でも、もっとも興味を引かれる章の一つです。マックス・ウェーバーとの接触があり、マキャヴェリが引用され、権力と倫理との緊張関係の中で、ボンヘッファーが国家と政治の本質について論じているのですから。

1 《責任倫理》の構造——ウェーバーとの対論

責任という概念

《責任》を論ずるに先立って、ボンヘッファーは、まず《善とは何か》という問いから出発します。彼によれば、これまでの倫理的思考には二重の意味で抽象化が支配的だった、とされます。すなわち、まず、孤立した《個人》が倫理的主体として前提され、さらに、この個人によって絶対的な規範としての《善》を探求するものだったからでした。しかし、ボンヘッファーによれば、歴史においては「善と悪とは、その純粋な形で示されるものではない」し、また、こうした善の認識には、それから独立して反抗する意志が対立するために、現実に決断することは不可能なのだ、と言われます。そこでは、生の現実との関わりを度外視して、特定の原則を貫徹することが倫理的な課題であると考えられ、その結果、「純粋に私的・観念的な真空地帯」に移されてしまうことになるからです。

これにたいして、ボンヘッファーによれば、《善とは何か》という問いは、生の状況の只中で、人間や物や制度や権力にたいする生きた関わりの只中で、すなわち、人間の歴史的実存の只中で取り上げられ、決定されるのです。「善とは何かを問う問いは、生とは何か、歴史とは何かを問う問いと切り離すことができない」と言い切っています。あきらかに、この世の現実からかけ離れてしまいがちな規範倫理ではなく、現実に足をおろした状況倫理が目差されています。しかし、他方では、状況倫理は、個別的決断を状況の中に埋没させたり、既存の現実に流されていく危険性があります。

この点において、生の連関の只中に立つボンヘッファーの倫理は、生の現実をいっそう深い次元からとらえることによって答えようとします。すなわち、イエス・キリストが生そのものであり、この生に参与することが善である、という認識です。

「善とは、現実性をもって存在する生命、すなわち、その根源・本質・目標において存在する生命であり、換言すれば、「キリストがわたしの生命である」(フィリピ一・二一)という言葉の意味における生命である。善とは、生命の性質ではなく、《生命》そのものである。《善くある》(gut sein)とは《生きる》(leben)ことである」。

ボンヘッファーによれば、人間の生は、神の《言葉》(Wort)であるイエス・キリストの生――受肉し、苦難を受け、甦った生――にたいする《応答》(Antwort)において成立します。そしてこの生活の全体をもってする《応答》を、彼は《責任》(Verantwortung)と名づけるのです。

《責任倫理》という言葉は、いまでは、平和問題や環境問題との関連で現代倫理学の一種のキーワードとなっています。それだけ、いささか多義的な内容をもつ、曖昧な流行語という感もあります。この際、まったく別の角度からするボンヘッファーの規定を学び直しておくことは、けっして無駄ではないでしょう。もっとも、ボンヘッファーがこの用語を取り上げたとき、あきらかにマックス・ウェーバーのそれを念頭においていたことは確実です。

マックス・ウェーバー

《心情倫理》と対比させて、ウェーバーがこの言葉を用いているのは、有名な講演『職業としての政治』(一九一九年)の中です。この用語は、戦間期の福音主義神学では、ほとんど議論されていなかっただけに、それをボンヘッファーが取り上げているのは、注目されるところです。すでに一九三一年にベルリン大学の講義においても、ウェーバーについて言及があります。「これまで見られなかったほどの即事性《ザッハリヒカイト》」こそ「神学が彼から学ぶべき唯一の事柄である」と、絶賛に近い評価をあたえています(「二〇世紀の組織神学の歴史」、『ボンヘッファー全集』第一一巻、所収)。宗教社会学論集に限定されないで、彼がウェーバー社会学の基礎的なカテゴリーに早くから接触していたことがわかります。
じじつ、ボンヘッファーの『倫理』の中でも、ウェーバーの名前は、たとえば職業召命概念や責任の概念との関連で出ているだけに、いっそう興味をそそられます。ボンヘッファーがウェーバーの『政治論集』(一九二一年)に親しんでいたというのは十分ありそうなことです。

すでに第1章で言及したボンヘッファーの「ユダヤ人問題にたいする教会」という講演(一九三三年)で、彼は、教会の政治的責任の極限的な可能性として「車輪の下敷となった犠牲者を介抱するだけでなく、車輪の輻《や》に身を投じて」暴走車そのものを阻止することを想定していました。一九四二年末のエッセー「一〇年後に」の一部にも「運命の車輪に手をかける」といった表現もあります。《車輪の輻》というのは、重い車輪を支えるため車軸から放射状に出ているいくつかの支えの棒のことです。

実は、この「車輪の輻」というメタファーは、ウェーバーの論文集で、あちこちに出てくるものです。有名な『職業としての政治』から一例だけ引いてみましょう。政治家に必要な三つの資質――情熱、責任感、判断力――を論ずる、その直前の文章です。「どんな人間であれば、歴史の車輪の輻に手を掛ける資格があるのかという問題は、たしかに倫理的問題の領域に属している」とあります。もっとも、ここでは、「身を投ずる」ということまで言われているわけではありません。

むろん、ボンヘッファーがこの《車輪の輻》という言葉を用いたこと自体は、ウェーバーからヒントを得たものか、それとも二人がそれぞれ独立に、よく知られたこの言い回しを用いたのかということを確定するのは困難です。ただ、ウェーバーが『職業としての政治』の中で示した《責任倫理》の考え方は、ボンヘッファーも、よく熟知していたものです。あとで詳しく取り上げるように、《結果責任》とか《即事性》などの考え方は、ボンヘッファーの思考を貫いています(K・B・ニールセン他『歴史の車輪の輻に身を投じる――D・ボンヘッファーの神学における政治的なるもの』二〇一三年)。

じじつ、ボンヘッファー自身、『倫理』の中で、この《責任》という言葉は、「マックス・ウェーバーにおいては、倫理的には最高度に重要な地位をあたえられている概念である」と言い、ウェーバーの《責任》概念をはっきり名指ししているわけです。しかし、ボンヘッファーは、つづけて「それでもなお十分であるとは言いがたい」と指摘しているのです。はたして、彼は、ウェーバーの理解を越えて、あるいは、それをいっそう深める形で、《責任》概念を新しい用語として規定することに成功しているのでしょうか。

ちなみに、こうした《責任》概念をめぐる問題提起は「歴史と善」第二草稿において書き加えられた部分です。ボンヘッファーの意気込みが感じられます。逆に、第一草稿ではウェーバーの名前や記述は直接には出てきません。この第二草稿が執筆されたのは、ボンヘッファーの第三回目のスイス旅行後のことです。この旅でバルトを訪ねて話し合ったこと、また出来上がったばかりのバルトの『教会教義学』(第Ⅱ巻第2分冊、一九四二年)――その後半には「神の戒め」と題して、「神論における課題としての倫理学」が論じられています――のゲラ刷りを読みえたことも、たとえば先ほどの《責任》概念のキリスト論的な根拠づけなどに見られるように、改訂された草稿の内容と重要な関わりがあるという指摘もあります(A・パングリッツ)。

バルトは、そこでこう論じていたのです。

「責任という言葉こそ、それによって主権的な神的決断にたいして人間の状況が最も正確に認識されなければならない概念である。われわれは責任的に生きているのだ。すなわち、われわれの存在、意欲、作為や不作為は――われわれがそれを知ると否とに関わらず――われわれに戒めとして語られた神の言葉にたいする不断の応答なのである」。

ウェーバーが《責任倫理》という理念型を打ち出した際、ウェーバーは、《山上の説教》に示される「福音の絶対倫理」を行為から生まれる結果を考慮しない《心情倫理》の典型として例示したのでした。しかし、すでにみたボンヘッファーの《山上の説教》の釈義にも示されるように、イエスのラディカリズムは、たんなる《心情倫理》の表現ではけっしてなかったはずです。むしろ、倫理的決断の主体と状況とをよく視野に入れて、心情倫理と責任倫理とを結びつけたものではなかったでしょうか。「イエスの倫理は、ウェーバーが理解したよりも、いっそう高いレベルにおける責任倫理である」(C・フライ『神学的倫理』一九九〇年)ことを見逃しえないのではないでしょうか。

これまでの代表的なウェーバー解釈は——たとえばヴォルフガング・シュルフターやユルゲン・ハーバーマスなどにおいても——《心情倫理》から《責任倫理》へ移行する中で、宗教的な基盤からの倫理の解放が生じたとされてきました。しかし、ボンヘッファーの理解に従えば、責任の概念には、その宗教的由来の痕跡が消え失せていないことを認めなければならないでしょう。

たとえば世俗化されたウェーバー的理解によれば、責任とは《歴史の前》での、自己の《国民にたいする》責任です。しかし、もっとも根源的・究極的な形で人間の負う《責任》は、《神の御前》での、《神にたいする》責任でしょう。責任とは、元来、最後の審判において神の前で弁明しなければならないという根源的体験に由来するものなのです(G・ピヒト『真理・理性・責任』一九六九年)。

そこから、さらに人間の《前で》人間に《たいする》責任も出てきます。最後の審判に関するイエスの有名なたとえでは、イエスの「兄弟である最も小さい者の一人」にたいして愛の行為をしたか否かという責任が問われていたのでした(マタイ二五・三一—四六)。ボンヘッファーは記しています。

「責任を負う行為は、神の前で、神のためになされ、人びとの前で、人びとのためになされる。それは、つねにイエス・キリストの事柄にたいして責任を負うことであり、そして、ただそのことによってのみ、自分自身の生活にたいして責任を負うのである」。

《責任倫理》の構造

責任を負う人間は、自己を世界の中心に立て善悪を判定する主体となるものではありません。むしろ、歴史的な状況から迫ってくる具体的要求を引き受ける責任へと呼び出されるのです。こうした展望の中で、ボンヘッファーは「責任を負う生活の構造」について体系的に論じていきます。

「責任を負う生活の構造は、次のような二重の要素によって規定されている。すなわち、神と人間とに生活を束縛されることによって、また、自分自身の生活の自由によって」。

この《束縛》と《自由》と言うとき、ルターの有名な《キリスト者の自由》の二重規定が反映されています。すなわち、神にたいする絶対的な《拘束》のゆえに、神以外のすべてのものにたいして《解放》されていると同時に、その自由を万物にたいする《奉仕》において実現するという《自由》と《束縛》との弁証法です。

「この束縛なしには、また、この自由なしには、責任を負う生活は存在しない。ただこの束縛の中で無私のものとなる生活だけが、自分自身の生活と行動との自由を生み出す」。

ボンヘッファーは、この《束縛》については、①《代理》、②《現実にたいする即応性》——これにはさらにコロラリーとして《事柄にたいする即応性》の問題が含まれています——という二つの側面から、《自由》については、生活と行為における③《自己帰責》、すなわち、ある行為の責任を自分に帰すること＝罪の引き受け、さらに④具体的な決断としての《自由な冒険》という二つの側面から明らかにしていきます(この中で、これまでの旧版では、《自己吟味》(Selbstprüfung)と読まれていたものが、新版では、改めてボンヘッファーの原稿の筆跡確認にもとづいて《自己帰責》(Selbstzurechnung)と改められています)。

① 代理

《応答》的構造としての責任は、まず、《代理》(Stellvertretung)的構造としての特徴からとらえられています。

「責任を負うことを支えるのは、代理ということである。そのことは、ほかの人に代わって——たとえば、父親として、政治家として、教師として——行動しなければならないという関係の中で、もっともよく明らかになる」。

たとえば父親は、子どもたちのために働き、戦い、苦しむことによって、子どもたちに代わって行動します。そのようにして、父親は、ほんとうに子どもたちの代理となるのです。彼は、孤立した個人ではなく、「自分自身の中に多くの人たちの《私》(das Ich)を一つにしてもっている」のです。このような現実によって、すべて倫理的行為の主体は孤独な個人であるという虚構は打ち破られます。ちなみに、ボンヘッファーにとって、倫理というのは、つねに基本的に社会倫理を意味しています。

それだけではなく、この父や教師の役割には、非対称性《アンシンメトリー》、すなわち、相互的行動を前提した通常の倫理を突破する責任倫理の一方的な方向性があらわれています。相手側の反応を期待することなく、それに先んじた行動のイニシアティヴをとることがボンヘッファー的責任の概念にはふくまれているのです。《相互性》の倫理を越えて一方的な行為によって平和な関係を打ち立てること――「だれかがあなたの右の頬を打つなら、左の頬をも向けなさい」――こそ、イエスの《山上の説教》において主題とするところでもありました。ここでも、《山上の説教》を《心情倫理》のモデルとして《責任倫理》の対極にあるものとみなしたウェーバー的理解との違いがあらわれています(宮田光雄「山上の説教の問いかけるもの」、前掲『宮田光雄集〈聖書の信仰〉』第五巻、所収)。

いずれにせよ、この責任の《代理》的構造を根源的に可能にするのは、ボンヘッファーにとって、人間のために神の前に《代理》となられたイエスの生と死にほかなりません。

「イエスは自己のうちに、すべての人間の《私》(das Ich)を受け入れ、担われる方として生活された。彼の生涯、行動、苦難の全体は、代理である。人間が生き、行動し、苦しむはずのことは、彼において成就している。彼の人間的実存を形づくっているこの真実の代理的行為において、彼は、端的に責任を負う方であられる」。したがって、イエスにならい「代理する」ということ、それゆえ「責任を負う」ということは、ただ自分自身の生活を「他の人びとのために捧げつくす」ところにのみ存在し、ただ「無私のものとして生きる」者のみが、責任的に生きるのである、と結論されるのです。代理は、特定の状況において具体的な隣人にたいして行なわれます。たとえばボンヘッファーにとって、迫害されるユダヤ人のために代理する者となることこそ、ナチ・ドイツの反ユダヤ主義に反対する闘いを神学的に根拠づけるものだったのです。

② 現実即応性

責任を負う人間は、その具体的可能性において具体的な隣人と関わりをもちます。その関わり方は、当初から原則的に固定されたものではなく、所与の状況に応じて成立するものです。むろん、そこでは、絶対的な妥当性をもつ原則を強引に押しつけるようなものではありません。むしろ、ボンヘッファーによれば、「相対的な悪にたいして相対的な善を優先的に選ぶこと、《絶対的な善》は時としては最悪のものでありうるということを認識すること」こそ責任を負う行動だ、とされています。

しかし、《現実即応性》(Wirklichkeitsgemäßheit) ということは、たとえばニーチェの言うような事実＝既成事実にたいする《奴隷的屈従》のことではありません。そのような態度は、むしろ、責任の喪失と呼ばれるべきものでしょう。他方では、何らかの高い理念の名において事実を原則的に拒否することも、また誤りです。真の現実即応性には、ある意味で、事実の承認と事実にたいする反対とが切り離しがたく結びついています。このように指摘した上で、ボンヘッファーは、この世の現実性は真に《現実的な方》であるイエス・キリストから、その肯定と否定、権利と限界とを受けとるのだ、と説いています。

このように《現実的であること》をキリスト論的に根拠づけるボンヘッファーの論理は、一般的な見方からすれば、やや理解しがたく思われるかもしれません。しかし、彼の説明はこうです。

「神は人間となられ、神は人間の肉体をとり、それによって、人間の世界を神と和解せしめられた。人間とその現実にたいする肯定は、この神が人間を受け入れたもうたという事実にもとづいて起こった」。

しかし、ボンヘッファーによれば、神が人間の現実を受け入れられたということは、けっして単純に人間とその現実とが「神の肯定に価するものであった」からではないのです。むしろ、人間とその現実とが「神の否定《ナイン》に価するものであった」ゆえであり、イエス・キリストにおいて「人間の本質そのものの上に下された神の否定の呪いを御自身の身に負い、苦しみを受けたもうたことによって、人間とその現実を受け入れられた」ことにほかならない、というのです(ちなみに、旧版では、この前半の文章における神の《否定》(Nein)というのは神の《存在》(Sein)とされていたのが、筆跡確定の結果、新版ではじめて訂正されたものです)。

人間の現実とこの世の現実とは、イエス・キリストの出来事において肯定されると同時に否定されている——このイエス・キリストにおいて現実を、同時に、肯定と否定とにおいてとらえることができる。そこから《現実即応性》のリアリズムが、はじめて生み出されてくる、というわけです。以上の説明から、「キリストに即応する行動が、すなわち、現実に即応する行動である」というボンヘッファーの——一見、突飛に思える——命題が少し了解できるものとなったのではないでしょうか。

なぜなら、「キリストに即応する行動」とは、「この世をこの世として認めながら、しかし、この世がイエス・キリストにおいて神によって愛され、裁かれ、和解を受けている世界であるという事実を、けっして目から離さない」からです。その場合、「この世をこの世として認める」ということは、いわゆる《固有法則性》の名において、この世をそのなすがままに委ねることでは、けっしてありません。

こうした連関で、未完のままに残された『倫理』第二草稿で、「歴史と善」につづく「神の愛とこの世の堕落」と題する別の章には重要な指摘があります。これは、新版『倫理』の時期確定によれば第Ⅳ期(一九四二年夏から年末まで)に執筆された文章です。

具体的状況の中で「何が神の意志であり、いかに行なうのが正しいことか」をめぐって、「悟性、認識能力、所与の事実の注意深い観察などがいまや生きた行動の中に入ってくる。……あまりにも容易に自己欺瞞に導かれることがないようにするため、けっして直接的なインスピレーションに訴えられたり、それを期待してはならない。重要な事柄が問題になるときには、高度の非陶酔的精神によって支配されていなければならないのだ」と。

「直接的なインスピレーション」にもとづく政治行動が「自己欺瞞」による重大な失敗につながるという指摘は、ボンヘッファーの正確な政治的状況認識ないし予感を思わせる文章です。この草稿が執筆されていた当時、ソ連に侵入したドイツ軍の快進撃は押しとどめられ、その後一進一退する中で、しだいに押し返されてヒトラー支配の《終わりの始まり》の兆しがあらわれていたのだからです。「イエス・キリストの現実」にもとづいて初めて「冷静にして単純な、現実に即応する」状況「判断」とそれにもとづく「行動」が可能となるのです。しかし、こうした行動がなされる場合、ボンヘッファーは、それが一定の限界づけの下にあることを承認しています。

「無制限の原則をどこまでも貫徹することが問題ではないのであるから、あたえられた状況の下で、観察し、考量し、評価し、決断して、しかも、それらをすべて人間的認識一般の限界の下で行なわなければならないのである」。

ここでは、人間がけっして《無限責任》を問われているのではない、ということも重要です。とはいえ、その限界の中においても、もちろん、責任は現実の全体に及ぶものです。それは、「善き意志」を問うだけでなく、また行動の「善き結果」をも問うものだからです。

「われわれは、その目を、あえて最も近い将来に向けなければならない。また、行動の結果を真剣に考慮しなければならないし、同様に、自分の行動の動機、自分の心情を吟味することも試みられねばならない」。

あきらかに、ウェーバーの言う《心情倫理》と《結果責任》との双方に注意を向け、それを結び合わすことを課題にしています。

この連関で、たとえばエッセー「一〇年後に」の中に「成功について」と題する文章があり、彼が成功を「倫理的にまったく中性的なこととみなすことは不可能である」としていたことも思い起こされるでしょう。彼は、「未来の世代」への責任との関わりにおいて、「成功の倫理的問題」を真剣に問うべきことを訴えていたのでした。したがってまた、現実に即応する行動は、幻想を追うのでなく、具体化しうる可能性を追求するものです。

「世界を逆様にすることではなく、あたえられた場所で、現実に注目しながら、どうしても必要なことを行なうのが、われわれの課題となりうる。その場合にも、実際に何ができるかということを問わなければならない。かならずしもただちに最終的な行動に入りうるとは限らない」。

ここでは、黙示録的終末観に立ってラディカルかつトータルな現実変革を問う性急さが否定されています。この「最終的な行動」のくだりは、抹消された当初の草稿では、「むしろ、一歩一歩の前進が問われている」と記されていたのでした。それとも関連して、最後に、もっとも重大な論点が取り上げられています。

「責任を負う行動は、自分の行動が究極的に正当であるかどうかについての知識を断念する。神が人間となり、また神が人間となりたもうたということを見つめつつ、すべての人格的・客観的な状況を責任的に判断しながらなされる行為は、それを実行する瞬間に、ただ神にすべてを委ねる。自分自身の行動の善悪を最終的には自分で知らないということ、したがって、ただ恵みのみにより頼むこと、それが責任ある歴史的行動の本質である。イデオロギー的に行動する者は、その理念において自分自身が正当化されるものと考えている。しかし、責任を負って行動する者は、その行動を神の御手に委ね、神の恵みと裁きとによって生きる」。

このいっさいの自己正当化を断念したものの謙虚さと自制、神を信頼するゆえの落ち着きと勇気――こうした逆説的な結びつきこそ、ボンヘッファーが責任を負う行動として抵抗運動に参加することのできた秘密なのでした。

事柄にたいする即応性

ボンヘッファーは、すでに《代理》を論じた一節で、責任がイエス・キリストを通して本質的に人間の人間にたいする関係であることを指摘したあと、さらに、《事柄》にたいする責任ということについても言及していました。それを彼は、この節で《事柄にたいする即応性》(Sachgemäßheit)と呼んで取り上げています。

この即応性は、第一に、「神と人間とにたいする根源的・本質的・合目的的関係をつねに念頭におきながらもたれる、事物にたいする態度である。この態度は、即事性《ザッハリヒカイト》を損なうことなく、むしろ、それを清め、事柄《ザッヘ》にたいする献身の激情《グルート》を押し殺してしまうのではなく、むしろ、それを純化し強めるのである」。

こうした言い回しの仕方(たとえばザッハリヒカイトの強調など)は、むろん、バルトの倫理学を貫く基本的姿勢とも平行するものでしょう。しかし、ボンヘッファーが《ザッヘにたいする献身の激情》と言うとき、それは、『職業としての政治』において、ウェーバーが政治家の第一の資質として取り上げた「ザッヘにたいする情熱的献身」といった表現を思わせます。さらに、これにつづく文章で、ボンヘッファーが次のようにたたみかけるとき、あきらかにウェーバーの《価値自由》の議論にも通ずるものがあることを思わせます。

「事柄《ザッヘ》にたいする奉仕が人間的な他のさまざまの意図や目的からいっそう自由になればなるほど、その事柄それ自身が、神と人間とにたいする根源的な関わりをいっそう回復し、人間を自分自身からいっそう自由にするのである」。

この文章では、ウェーバーにおける《価値自由》の立場と重なりながら、さらにその先に、いっそう徹底された《自己からの自由》まで深められていることがわかります。しかし、この《ザッヘ》への集中による自己限定が信仰的な規律と訓練とをあたえるという考え方は、ボンヘッファーの『共に生きる生活』(一九三八年)における「働きの時」の規定にも確認されていたのでした(本書、一二三頁、参照)。いずれにせよ、ボンヘッファーは、《価値自由》の視点の重要性を具体的に説明するために、《科学》の場合を例示しています。

「デマゴギー的・教育的・道徳的根拠から、科学が誤った直接的な仕方で、人間にとって有用なものとされるようなところでは、たんに人間が損なわれるばかりでなく、科学もまた損なわれてしまう」と。

ここで取り上げている頽廃した《科学》の例は、科学の客観性を否定して、民族や国家のための直接的有用性を優先させようとしたナチの《人種論的科学》＝疑似科学(ドイツ的物理学!)を指すものでしょう。むろん、これは論外です。しかし、同時にまた、ボンヘッファーの《価値自由》は、先の引用の示すように「神と人間とにたいする根源的関わり」に連動するものでした。その限りでは、たとえば第二次大戦後、いわゆる実証主義論争で問われた手放しの《価値自由》にたいする《批判的反省》(J・ハーバーマス)の視点(宮田光雄「世俗化と宗教倫理」、『政治と宗教倫理』岩波書店、一九七五年、所収、参照)をも欠いてはいなかった、と言えるのではないでしょうか。ボンヘッファーはこう記しています。

「人間が無私なものとして奉仕する事柄は、究極的には、まさに人間に仕えるものでなければならないのである」。

次に進んでみましょう。第二に、すべての《事柄《ザッヘ》》には、そもそもの初めから、それ自身に内在する《本質的な法則》、むしろ《存在法則》(Wesensgesetz)が備わっているということです。このことは、その《事柄》が物質的なものであるか精神的なものであるかということには無関係である、とされています。この意味において、《事柄》とは、「この存在法則を内包しているすべての所与のもの」を指しています。この《本性的な法則》というのは、数学や論理学の公理から、国家や家族、株式会社のそれまでもふくまれます。責任を負う行動の《現実即応性》には、これらの諸法則を発見することも入ってくるわけです。

以下においては、ボンヘッファーが力をこめて詳説する《国家統治策》(Staatskunst)＝《政治》の例について、このことを取り上げてみましょう。

2　政治の論理と倫理——マキャヴェリとの対論

「国家統治策〔＝政治〕もまた、その技術的側面をもっているということは疑いない(行政の技術があり、外交の技術がある)。しかし、もっとも広い意味においては、この国家統治の技術的な面には、すべての実定法の秩序と条約、じっさい、法律的には固定していない規則や、歴史の歩みを通して是認された内政・外交上の共存形式、ついには普遍的に受け入れられた国家生活の倫理的諸原則さえも含まれている。いかなる政治家も、これらの諸法則や原則を軽蔑すれば、罰を受けないですまされることはないであろう。傲慢にもこれらを軽視したり破ったりすることは、現実を誤認することであり、遅かれ早かれ、ひどい結果を招かざるをえない」。

それは、あらゆる国際規範を破り、軍事的合理性すら無視して行動したヒトラーのドイツが、まもなく直面せざるをえなくなった事実でした。

とくにボンヘッファーが、《事柄に即した行動》を、これらの諸法則や原則の枠内で行なわれるものだと言い、それらを顧慮することをたんに上べをつくろう「偽善」的行動とみなすのではなく、「すべての秩序の本質的契機」を承認することだ、と言明しているのも政治学的に重要な点です。これまで西欧的近代に対立して近代ドイツ精神の特殊性を強調するドイツの思想家や政治家たちは、しばしば、西欧とくにアングロサクソンの世界において権力の行使を道徳原則と調和させようとする政治の論理を《偽善的決まり文句》呼ばわりするのがつねだったのです。ボンヘッファーは、こうしたドイツの伝統にたいして重大な異議をとなえているわけです。

この問題は、終始、彼の関心にとまっていたらしく、『獄中書簡集』でも、ドイツ風《誠実さ》とイギリス風《偽善》というステロタイプ的図式に言及しています(一九四三年一二月五日)。むしろ、諸世代にわたる経験によって獲得されたこれらの諸形式についての知恵は、彼にとって、積極的に承認され、有効に利用されなければならないものなのです。

ここから、いよいよ《政治の論理》のもっとも興味深い分析に入ります。いまや《事柄に即した行動》は、まさにここで、否定しがたく次の事実を承認せざるをえないでしょう。すなわち、「国家の存在法則は、これらの国家統治策(=政治)の諸法則と原則とによって汲みつくされるものではないこと、然り、国家の法則は、それがまさに人間の実存と分かちがたく結びついているゆえに、最終的には法則として把握しうるあらゆるものを超えていくものだ」ということです。まさにこの地点において、はじめて「責任を負う行動の深部」に到達するのです。

「ある国家にとって……〔前述のような〕形式的な法則をザッハリヒに守っていくことが、歴史の生きた経過の中で、人間の赤裸々な生の必然性と衝突することがある。そのような時には、事柄に即応して責任を負う行動は、原理的＝法則的なものの領域、正常なもの、規則的なものの領域を超え出て、もはやいかなる法則によっても規制されないギリギリの必然性という例外的状況に直面する」。

ここで、ボンヘッファーは「人間の赤裸々な生の必然性」といった実存主義的な表現を用いています。しかし、社会科学的に言えば、政治に携わるものが手段としての権力と暴力性とに関わらざるをえないということ、ウェーバーの有名なメタファーを使えば「悪魔の力と契約を結ばざるをえない」という事実を指すものでしょう。

マキャヴェリ

この政治のギリギリの《必然性》を論ずるにいたって、ボンヘッファーがマキャヴェリの《必然性》(necessita)という言葉を引き合いに出してくるのも当然です。ボンヘッファーが用いたレクラム文庫版の『君主論』には「自分の身を保持しようとする君主は、時に応じて、よくない行為に出るすべを心得ておくべきであり、必然性が要求するままに、この行為に出たり出なかったりすべきである」とあります。ボンヘッファーの『倫理』の草稿メモには、この《必然性《ネチエシッタ》》というイタリア語が何度かメモされていたのでした(I・テート編『倫理のための断片ノート』一九九三年)。

じっさい、ボンヘッファーのマキャヴェリ理解は、フリードリヒ・マイネッケの『近代史における国家理性の理念』の第一章「マキャヴェリ」の精読にも負うていたようです。幸いなことにも、彼の所有したその第三版(一九二九年)が、ベートゲの書架に特設されていたボンヘッファー・ライブラリーの中に残されていました。私がとり出して確認したところでは、そのいたるところに多くの傍線が引かれていて、彼の関心と精読ぶりとを深く印象づけられました(こうしたボンヘッファー関係資料は、現在では、すべてベルリンの国立図書館に収蔵されています)。

マイネッケは、この「マキャヴェリ」の章の終わりに近い箇所で、こう記しています。「この necessita ―― すなわち、没落することを欲しない君主は狐の中の狐でなければならないという必然性 ―― の中に、人びとは、おぼろげにも倫理的良心にたいする非倫理的な政治のための一段と高い正当化を感じとったのである。これこそ、後々まで影響を残したマキャヴェリの唯一の倫理的要素であったのだ」と。

この部分にボンヘッファーは傍線を引き、この横に鉛筆で「シニシズムと責任」という注釈を記していたのでした。あきらかに、この政治の自律性＝倫理からの解放という論理に、彼は、一方では「シニシズム」＝倫理への完全な無関心に陥る危険を見ると同時に、他方ではギリギリの極限状況において自己の最終的決断に賭ける政治的主体の「責任」＝緊張感覚をも読みとっているのです。

ちなみに、歴史家ゲールハルト・リッターも、一九四一年に公刊した『権力国家とユートピア』の中で、マキャヴェリの《必然性》について論じ、やや批判的にマイネッケの分析にも言及しています。戦後、一九四八年に出版された改訂新版(『権力思想史——近世の政治的思惟における権力問題の歴史および本質に関する考察』西村貞二訳、みすず書房、一九五三年)と照合すると、そこにはヒトラー批判の《暗号化》も秘められていたようにもみえます。じじつ、リッターは、バルメン宣言の決議に参加した告白教会の代議員の一人であり、ナチ時代末期には抵抗運動に連なるフライブルク・サークルの指導的メンバーだったのですから。ただし、ボンヘッファーがこのリッターの本を手にしたか否かは不明です。

ボンヘッファー自身は、ここから、さらに一歩を進めます。

「このような必然性が存在することについては、疑問の余地がない。この必然性を否定することは、現実即応的な行動を断念することを意味している。しかし、同様に確実なのは、生それ自身の根源的事実としてのこの必然性は、いかなる法則によってももはや把握されえないし、また、それ自身がけっして法則とはなりえないということである。この必然性は、いかなる法則にも束縛されない行動する者の自由な責任に向かって、直接に訴えかける。それは、一つの例外的な状況をつくり出す。それは、その本質において、極限的ケースである。それは、人間の理性《ラーティオ》にさまざまの逃げ道をあたえることをせずに、最後の手段《ウルティマ・ラーティオ》の問題の前に立たせるのである」。

この《ウルティマ・ラーティオ》というのは、非常手段、最後の手段を意味するものです。これは、しばしば、《ウルティマ・ラーティオ・レーグム》(帝王の最後の議論)——ルイ一四世が彼の軍隊の大砲に刻んだ言葉です——として、武力ないし戦争の意味で用いられてきたものです。ボンヘッファーは、この戦争という意味のほかにも、「自分の側がどうしても生きのびるために、相手側を騙したり、条約を破棄したりすることでもある」と記しています。いずれにせよ、《ウルティマ・ラーティオ》は、限界状況としてラーティオの法則を超えたところにあるものです。それは、基本的に「非合理的な行動」なのです。ボンヘッファーはこう付言しています。

「もしウルティマ・ラーティオそれ自身が、ふたたび一つの合理的な法則となるなら、つまり、極限的ケースから正常な状態が、ネチェシッタから技術がつくり出されるならば、すべては根底的にひっくりかえされてしまうであろう」。

カール・シュミット

《例外》から《正常》を引き出し《例外》が《ルール》そのものになるということの言い回しは、

ナチ時代の代表的な政治学者カール・シュミットの『政治神学』(第二版、一九三四年)の一節を思い起こさせるものです。シュミットは、こう断言していました。

「例外は正常の場合より興味深い。正常なものは何一つ証明せず、例外は、いっさいを証明する。例外はルールを確証するのみならず、そもそもルールは例外によってのみ生きる。例外において現実の生の力がくり返しの中で硬直した機構の外殻を破って発現する」と。

ここでシュミットが、正常状態では隠されている事態の真相が例外状態においてあざやかに現われるというのは、ウェーバーの《理念型》のヴァリエーションです。ここには、かつてウェーバーのゼミナリストだったシュミットの面目が示されているとも言えるでしょう。しかし、シュミットの場合は、実存的に解釈された政治的決断主義の論理に立って発言しています。この論理に従えば、政治は、いまや一面的に純粋な《敵－味方》の対立と同一視されるのです。政治にとってのウルティマ・ラーティオ(＝最終手段)としての戦争は、そこでは、プリマ・ラーティオ(＝第一手段)にすり代えられるのです(宮田光雄「政治における敵－味方の論理」(一九七三年)、『宮田光雄思想史論集』第一巻、創文社、二〇〇六年、所収)。

ボンヘッファーは、こうしたウルティマ・ラーティオの手放しの一般化＝正当化にたいして鋭く限定をおいているわけです。戦後に残されたボンヘッファー・ライブラリー文献表(D・マイヤー＝E・ベートゲ編、一九八七年)には、シュミットの名前も著書も入っていません。しかし、散逸された多数の文献があったわけですから、その中には、この——書名からしても——彼の興味を引きそうなシュミットの代表作を彼が知らなかったはずはない、と推定したくもなります。新版『倫理』の中の編集者による詳細な「脚注」や参照された同時代文献リストには、シュミットの『政治的なるもの』(一九三三年)は引かれています。しかし、この『政治神学』が上げられていないのは重要な見落としと言うべきでしょう。

いずれにしても、ボンヘッファーは、この連関でイギリスの政治家ボールドウィンの言葉を引いて、それを正当だと言い切っています。すなわち、「暴力よりも、いっそう大きな害悪がただ一つある。それは、原理としての暴力、法則としての暴力、規範としての暴力である」と。

「彼〔＝ボールドウィン〕は、そう言うことによって、極限的ケースとして例外的に起こる暴力行使のウルティマ・ラーティオとしての必要性を否定しているのではない。もしそうであれば、彼は一人の〔倫理的〕狂熱主義者ではあっても、政治家ではなくなってしまうであろう。ボールドウィンは、どんな高い価を払っても、例外的なことや極限的ケースを、正常なこと、つまり、法則と取り違えてみることを欲しなかったのである。彼は、諸法則や原則をザッハリヒに遵守することによって守られる相対的な秩序を、極限的ケースのゆえに、混沌と取り替えることを欲しなかったのである」。

ボールドウィンは、一九三五年にナチ・ドイツとのあいだに海軍協定を結び、いわば対ヒトラー宥和外交に道を開いた人物として知られています。それは、イギリス外交政策を特徴づける政治的リアリズムのあらわれでもあったでしょう。後に一九三八年には、チェンバレン首相がヒトラーの恫喝に屈してミュンヘン協定を結んだのも同様です。しかし、このときチェコ政府の頭越しにズデーテン地方をドイツへ割譲することを容認した事実は、西欧民主主義にたいするヒトラーの蔑視を強め、ひいては第二次大戦へ道を開く要因ともなったのでした。

しかし、ここで引用されたボールドウィンの政治的格言《マクシム》そのものは、あくまでも正当です。ボンヘッファーの評価は、倫理学的のみでなく政治学的にも、まことに的確な指摘と言うべきでしょう。前述した草稿のための『倫理のための断片ノート』でも、ボールドウィンの名前が先ほどの《偽善》の議論と関連して出ています。「イギリス人における暴力への憎しみは偽善ではない」と。別の箇所では、「真実と正義およびそれらのもつ歴史的な力にたいする不信、すなわち、マキャヴェリズム」と対比して、「まったく別のものを人びとは偽善(イギリス)と呼んでいる」と記しています。

『獄中書簡集』では、この《偽善》の評価と対照させてドイツ風《誠実さ》に触れた文章に、ボンヘッファーは意外な注釈を加えているのです。「《真実さ》というものは、あるがままの事実がすべて暴露されるということではない」と。すなわち、この《誠実さ》の心情が、ある時には全面的に権力の論理と一体化し、赤裸々な権力そのものと化してしまう危険性についても、彼はよく知っていたのです。かつてハインリヒ・ハイネは、後のナチ的バーバリズムの《狂気》を予言するかのようにこう記していました。

「ドイツの狂気には筋道がある。較べるものなき衒学性をもって、恐るべき良心性をもって、考えもつかぬような徹底性をもって、人びとは、あのドイツの狂気をやってのけた」(ハイネ『ロマン派』一八三六年。傍点、宮田)と。

それだけに、ボンヘッファーの次の結論は、いっそう重いものになってくるでしょう。

「この特別な必然性は、責任を負う人間の自由にたいして訴えかける。責任を負う人間が、ここで、その背後に隠れ場所を求めることができるような何らの法規範《ゲゼッツ》〔＝法則〕も存在しない。したがってまた、そのような必然性に直面して、責任を負う人間をあれこれの決断へと強制することのできる、何らの法規範も存在しない。むしろ、このような状況に直面するとき、ただ、すべての法規範を完全に断念する道だけが存在している」。ただし、「そのことは、同時に、ここでは、法規範が傷つけられ破られていることを明白に〔罪過として〕認めることと結びついた上のことでなければならない。すなわち、ここでは、緊急な必要に迫られて〔神の〕戒め(Gebot)

が破られているのであるが、そのことは、まさにこの法規範の破棄において法規範の妥当性〔そのもの〕を承認することと結びついた上のことでなければならない」。マイネッケの『国家理性の理念』(一九二四年)には、「人が政治における倫理法則にただ事実として違反したのかどうか、それとも……避けがたい《必然性》だったからといって自己を正当化することができたかどうか、この二つのことは本質的に別個の事柄である」と記されています。こうした正当な認識は、ボンヘッファーのリアルな政治認識にヒントをあたえたことは否定できないでしょう。しかし、彼が次の言葉を結論的に引き出すとき、マイネッケを越えていたのです。

「そして、最終的にあらゆる法規範をこうして断念することによって、しかも、ただそうしてのみ、自分自身の下した決断と行為とを歴史を導く神の御手に委ねるということも生じるのである」。

③　罪の引き受け

以上に述べたところから、《責任》ある行動の構造には、次に《罪の引き受け》(Schuld-übernahme)にたいする決意がふくまれることがわかります。これは、先に《自己帰責》と呼ばれていた問題です。ボンヘッファーは、一九四二年春以降、陰謀計画のため、いくつかの旅を重ねる中で、《罪の引き受け》の決意という問題に直面していくのです。人種妄想による大量殺戮を前にして、なお《殺すなかれ》という非暴力による服従の倫理は妥当するのか。――ボンヘッファーは、ここでも、一貫して《キリスト論的》に議論を進めていきます。すなわち、《罪なくして罪を負う者》となったイエス・キリストのゆえに、愛のために法規範を破り、《罪の引き受け》の責任を負わなければならないのではないのかという問題です。

「罪の責任をとることから逃れようとする者は、人間存在の究極の現実から離れ、しかしまた、罪なきイエス・キリストが人間の罪を負いたもうという救いの秘義からも離れ、この出来事の上に示されている神の義認にたいして、まったく関わりえないことになるのである。彼は、自分が個人的に罪責をもたないことを、多くの人びとにたいする責任より優先させようとするのであり、そのことによって自分の身に積み重ねた、いっそう救いがたい罪責について気づかなくなるのである」と。

まことに《秘義》という言葉にふさわしい深い信仰の消息に触れた文章だと言えるのではないでしょうか。もっとも、彼は、責任ある行動にともなう罪の引き受けの《程度・範囲》は、その人自身との一致において、すなわち、その人のおかれている位置、その担う力の程度に応じて、その都度、具体的な限界をもっていることも認めています。

ボンヘッファーは、さらに周到にも、罪の引き受けにたいする《良心》の反論にも触れています。自分に罪責のないことを価値ありとする良心は、他の人びとのために罪を負うことを拒むものだからです。ここでは、彼が良心倫理の代表ともいえるカントについてあげている興味深い具体例を一瞥すれば十分でしょう。

真実性という原則から、カントは、「私の家の中に押し入ってきた殺人者が、彼の追跡している私の友人が私の家に逃げこんだかどうかと尋ねたとき、私は正直に《然り》と答えなければならない」という奇怪な結論を引き出しています。しかし、このような場合には、自己正当化する良心は、真に責任を負う行動への道を妨げているのではないでしょうか。この嘘をつくという罪、つまり、真実性の原則に反するという事実を避けようとするすべての試みは、規範倫理的に自己を正当化しようとする良心から出て来るものです。しかし、ボンヘッファーによれば、真の真実性からすれば、そうした態度は否定されなければならないのではないでしょうか。

「責任というものは、神と隣人との要求にたいする、現実に即応した、人間の全体としての応答であるはずである。そうだとすれば、この例は、原則に束縛された良心の応答が、いかに部分的な偏ったものになるかということを鮮やかに示している。もし私が、ここで友人のために強力に嘘をつくことを拒むならば、……つまり、隣人を愛するゆえに罪を負うということを拒むならば、その時には、私の行動は、現実の中に足をすえた私の責任には反することになるのである。ここでも、まさに責任的にわが身に罪を引き受けることにおいて、ただキリストにのみ束縛される良心こそが罪責から解放されうることを、もっともよく示しているのである」。

④ 自由な冒険

こうして、いよいよ最後に責任ある行動の構造は《自由な冒険》(freies Wagnis) にいたりつきます。ここには、抵抗運動に加担した人びとの直面する内面的状況が手にとるように語られている、と言うこともできるでしょう。

「責任を負う者は、人間や環境や原則による背面掩護《えんご》を求めず、しかし、あたえられたすべての人間的・一般的・原則的な諸関係を十分に考慮しつつ、自分自身の自由において行動する。彼の行為と彼自身を除いて、他のいかなるものも彼を支えることも、彼の負担を軽くすることもできないという事実が、彼の自由を証明するものである。彼自身が観察し、判断し、考量し、決断し、行動しなければならない。彼自身が、彼の行動の動機・見通し・価値・意味を吟味しなければならない。しかし、意図している行動の動機の純粋性も、その行動をとりまく諸関係の有利さも、その行動の価値と意味深さも、それを通して彼の罪が免除され、釈放されるような彼の行動の法規範とはなりえないのである」。

全集版『倫理』の監修者イルゼ・テート女史によれば、「自由な冒険」こそ、ボンヘッファーが宗教改革的な信仰義認論に忠実に従っていることを示すものだ、と断定しています。なぜなら、ここでは、「責任を負う行動」という業《わざ》によってさえ正当化されることなく、行動する者に残されているのは、ただ神の御前に立って、罪責の赦しを乞い求めるほかないのだからです(I・テート『良き力あるもの――ボンヘッファーをめぐる断想』二〇〇九年)。

「責任を負う行動において罪責を自分の身に引き受ける者は、この罪責を自分自身に引き受け、けっして他者に転嫁しない。〔むしろ〕この罪責を彼らのためにこそ担い、その責任をとるのである。自分の力を傲慢に誇示するためではなく、この自由〔な冒険〕へと押し出され、この自由において〔神の〕恵みにより頼むことを指し示されていることを認めて行動するのである。この自由な責任を負う人を他者の前で義とするのは〔他者の〕困窮であるが、神の御前では、彼は、ただ神の恵み〔＝罪の赦し〕にのみ望みをおくのである」。

まさに自分の責任において選びとる《自由な冒険》には、いかなる事前の正当化を持ち出すことも許されていないのです。むしろ、そうした要求をまったく放棄して行なわれるゆえに《自由な》行動なのです。

「責任を負う者の行動は、イエス・キリストにおいて私に出会う神と隣人とにたいする解放的な結びつきの中でのみ行なわれる。その行動は、まったく相対的なものの領域の中で、まったく善悪の世界の歴史的状況を覆っている薄明の光の下で行なわれる。それは、またすべての所与のものがその中にあらわれる無数のパースペクティヴの只中で行なわれる。ただたんに正と不正、善と悪とのあいだでだけではなく、また正義と正義、不正と不正とのあいだでも決断しなければならないのである」(傍点、宮田)。

この「薄明の光の中」で行なわれる行動の正当性、すなわち、歴史的状況にたいする的確性＝行動の結果の成否は、まったく人間の手から引き離されて、神の御手に委ねられるのです。

「責任を負うこととしての善は、〔あらかじめ〕善を知ることなしに行なわれ、必然的となりながら、しかも(あるいは〔まさに〕その点において!)自由な行為を……歴史を導かれる神の御手に委ねつつ行なわれるのである」。

こうして歴史を導かれる神にいっさいを委ねるという、すでにウルティマ・ラーティオの議論の際に引き出された結論に再度帰ってきたわけです。しかし、ボンヘッファーは、ここで、《歴史の深い秘義一般》が開示されると言い切っています。

「まさに彼自身の責任の自由において行動する者は、彼の行動が神の導きの中に接合されているのを見る。自由な行為は、究極的には神の行為として、決断は神の導きとして、冒険は神の必然性として、自分自身を認識する。自分自身の善を知ることを自由に放棄することにおいて、そこに神の善なる出来事が生ずるのである」。

この究極的な展望においてはじめて、反ナチ抵抗の行動も信仰にもとづく行動、信仰における服従として生きられることができたのです。

以上のように《代理》《現実即応性》《罪の引き受け》そして《自由な冒険》という概念の下で、「責任を負う生活の構造」について、順次、論じた上で、ボンヘッファーは、議論をさらに具体化させるため、責任ある生活が現実化する「場所」について考察を進めます。この部分は完結しないままに《召命》の節だけで中断されているのです。

しかし、『倫理』の構想を記した『断片ノート』のメモに従えば、別の連関で彼が執筆している神的《委任》(Mandate)論なども、この「責任倫理の場所」に入るもののようです。

この《委任》の問題については、前述の「具体的な戒めと神の委任」を論じた最後の草稿(本書、二〇六頁以下)でも取り上げ、具体的な責任を担う生活領域として「教会、家族、文化」に並べて「政治的権威」の問題にも触れています。そこでは、これらの《委任》が、互いに「共存し、依存し、対向し合う」ことによって、初めて「イエス・キリストにおいて示された神の戒め」が力を持ちうる、とされています。あきらかにナチの《全体主義的秩序》の対極をなすものが志向されていたのです。じっさい、この文脈の中で、「《もろもろの主》の《主》(=神)にたいする信仰」のみが「下から出現してきた悪魔的《デモーニッシュ》な権力〔!〕を追い払うのである」と断定されていたことには注目させられます。

しかし、ボンヘッファーの《委任》理論が未完にとどまっていたことは、あくまでも見逃せないところでしょう。この問題は、『獄中書簡集』の中でも言及されています。しかし、《委任》領域の数が三ないし四(さらには五)とたえず変動していること自体、その議論の中身が十分確定的でなかったこと、修正を必要としていたことを示しています。いずれにせよ、《委任》という概念が自己責任にもとづく自由な決断と創造的な運動性に余地を残すことを志向するものだったのは確実です(宮田光雄『国家と宗教――ローマ書十三章解釈史＝影響史の研究』岩波書店、二〇一〇年、第一部第四節、参照)。

その他にも、「国家と教会」に関する関連した小論(一九四一年頃、執筆?)などもあり、ベートゲ編集の『倫理』には収められていました。しかし、オリジナル・テキストが失われているため、執筆時期や執筆目的について確定的に言うことはできません(現在では、全集版、第一六巻に収録)。

3 抵抗運動と摂理信仰――ヒトラーと対比して

ボンヘッファーが抵抗運動に加わったとき、《ウルティマ・ラーティオ》として暴君殺害の問題を意識していたことは確実です。彼は、ヒトラーやナチ支配体制が、歴史の中にたえず登場せざるをえない《必然性》＝《ウルティマ・ラーティオ》を口実にして侵略戦争と大量殺戮の形で乱用するのを阻止するために、殺害禁止を命ずる神の戒めに反する行動をも非常手段として選択せざるをえなかったのでした。

しかし、ボンヘッファーが自分の責任にもとづく《自由な冒険》を「歴史を導く神の御手」にたいする信頼において選ぶとき、神の戒めの「一時効力停止《サスペンション》」は、すでに述べたように、あくまでも神の戒めを尊び、それを「新しく実現するために仕える」ことを意図するものでした。

ボンヘッファーが神の摂理にたいする信仰に立って《自由な冒険》を試みるとき、それは――《抵抗への責任》であれ、《苦難への決意》であれ――それを口実にして絶対的な価値にまで肥大化させるようなことは許されなかったのです。人間の行動は、ことごとく神の導きの下にあり、その支配にふさわしい相対的な場所しかもちえないものだったからです（W・クレートケ「神の御手と導き」、『バルメン―バルト―ボンヘッファー』二〇〇九年、所収）。

ここで改めて『倫理』を導く基本的なキーワードが想起されます。ボンヘッファーにとって《究極以前のもの》は《究極的なもの》のために保持され、具体的に形成されなければならない重要性をもっていました。しかし、抵抗運動という倫理的行為は、あくまでも《究極以前のもの》の領域で行なわれるのであり、けっして《究極的な》現実を打ち立てることではありませんでした。その行動は、《究極的なもの》に仕えるためであるとはいえ、あくまでも神の赦しと憐れみとを必要としているものなのです。この連関で前述の第五章の初めに取り上げた「阻止しているもの《カテコーン》」という《暗号》についてボンヘッファーが記した次の規定は示唆的です。

「《阻止しているもの》は、歴史の内部にあって神の世界統治を通して活動する力であり、悪にたいしてそれを限界づける。《阻止しているもの》それ自身は神ではなく、罪のないものではないが、世界を崩壊から守るために神が用いたもうものなのである」と。

すなわち、《阻止しているもの》は、《究極以前のもの》の領域の中に限定され、それ自身としては罪を克服するための力をもってはいない。しかし、それは、罪のもたらす帰結に限界をおくこと、すなわち、世界を完全な崩壊から防ぐことに仕えるために神によって用いられることができるというのです。

ヒトラーの《摂理》信仰

こうしたボンヘッファーの解釈とはまさに正反対の角度から、ほぼ同じ時期に、前述のカール・シュミットが同じく《カテコーン》について論じているのは逆説的というより以上に意味深長です。

シュミットは、この概念を一九四〇年代初めに入って初めて歴史哲学的思弁の中で使い始めています。もっとも、当初は彼の場合、この聖書的・終末論的概念の意味は、かならずしも一義的ではありませんでした。ただ注目を引くのは、その内容が《第三帝国》の軍事的・歴史的状況と連動して用いられていたこと、ヒトラーが《カテコーン》の役割を演ずるものと見られていたことでしょう。

一九四一年六月に独ソ不可侵条約を一方的に破棄して破竹の勢いで侵略を進めたドイツ軍は、一二月初め、強い反撃を受けモスクワ攻略を中止せざるをえなくなります。攻勢から守勢に転じた《帝国》の危機の只中で、いまやシュミットの《カテコーン》という概念は、連合国側のさらなる進出を《阻止するもの》として、明確に反動的・現状維持的な意味をもつものとなっていたのです(R・グロス『カール・シュミットとユダヤ人』山本尤訳、法政大学出版局、二〇〇二年、参照)。

よく知られているように、ヒトラー自身、しばしば、その政治的成功を神の「摂理」による出来事のように民衆の前で喧伝してきました。成功を積み重ねるごとに民衆的人気は高まり、やがて《ヒトラー神話》が成立します。いな、ついにはヒトラー自身、その神話の信奉者となり、自分を《摂理》に導かれ神に召し出された《不可謬》の独裁者であると確信するにいたったのです。

じっさい、ドイツ抵抗運動の命運をかけた七月二〇日事件が失敗した後、辛うじて爆死を逃れえたヒトラーは、それによって自己の妄信をいっそう強めたのでした。しかし、ヒトラーの《摂理》は、――「永遠の創造者の意志」を「自然の鉄の意志」と同一視していたことからも明らかなように――その実体は社会ダーウィン主義的な《自然法則》に近い内容のものでした。人類史の発展を人種闘争に彩られるゲルマン民族至上主義を唱え、最大の敵としてユダヤ人による世界支配の陰謀という歴史哲学を描いていたのです（前掲、宮田『ナチ・ドイツと言語』第一章、参照）。

停滞した東部戦線の先行きから、大戦末期にいたって、ユダヤ人問題の《最終的解決》と銘打って《ホロコースト》政策＝ユダヤ人の大量虐殺がすでに押し進められていました。それは、まさにヒトラーが「全能の創造者の精神」を体現して《最後の審判》の執行者として行動することを意味していました。これにたいしてボンヘッファーは、迫害されるユダヤ人たちに連帯して、責任を負う《自由な冒険》として抵抗運動に参加し、歴史における神の導きにたいする信頼の中で反ナチ・クーデタの成否を《摂理》に委ねたのです。それは、ヒトラーによる《狂気》の政治行動とは正反対に、それを阻止する決断にほかならなかったと言えるでしょう。

《神の戒め》による解放

まさにこのような転換点に立って、ボンヘッファーは、ナチ政権の没落を確実に視野に入れながら一九四三年初め頃から、その『倫理』草稿において新しい思索をめぐらし始めていたのです。それは、カール・シュミット的な《例外状況》に類比した非常事態における抵抗行動の倫理ではなく、平和な時代を先取りした「正常な状況《ノルマールファル》における倫理」として日常的な生活世界の中で神の戒めを聞きとる課題について論じようとしたのです（前掲、I・テート『良き力あるもの』参照）。

以下には、未完成に終わった『倫理』草稿のこの最後の章（「具体的な戒めと神の委任」）の中で、論述全体の根底にある《神の戒め》をめぐるきわめて斬新な思考が端的に表現されている箇所から、やや長文ながら引いてみましょう。

「倫理学者は、あたかも人間がその生涯のあらゆる瞬間に究極的な無限の選択をしなければならず、人間のすべての行動の前には神的警察の明確な文字で《許可》あるいは《禁止》という立て札が立っているかのような虚構《フィクション》から出発する」。しかし、それは「まことに愚直な、いっそう正確に言えば――愚劣な」ことである。彼らは、「人間が歴史的存在であり、そこでは、すべてのことがその時を持つということ（コヘレトの言葉第三章）を誤解しているのである。すなわち、食べること・飲むこと・眠ることに時があるように、自覚的に自己決定し・行動することにも時があり、働くのに時があるように休むのにも時があり、目的を遂行するのに時があるように目的なしにあることにも時がある。……そのように人間が被造的存在であることを不遜にも誤解する結果、虚偽に満ちた偽善か狂気に追いやられざるをえない」。

逆に、こう規定されています。

「イエス・キリストにおいて啓示された神の戒めは、生の全体を包む。それは、ただ《倫理的なもの》のように生の踏み越えることのできない限界を監視するだけではない。同時に、生の中心と豊かさとでもある。神の戒めは、当為(Sollen)であるだけではなく、また許可(Erlaubnis)であり、ただ禁ずるだけではなく、真に生きることへと解放し、あれこれ思案するのではなく〔単純に〕行動するように解放する。神の戒めは、踏み誤った生の歩みを押しとどめるだけではなく、その歩みに同伴し、その歩みを導いてくれるのである」。

さらにつづく文脈でも、同じ方向をいっそう強調する言葉がくり返されます。

「神の戒めは、人間が神の御前で人間として生きることを許し、生の流れが自由に流れ行くことを許す。……動機の純粋性にたいする自虐的な・見込みのない問い、疑い深い自己観察、持続的意識のギラギラした・人を疲れさせる光——それらすべては、生きることと行動することへの自由をあたえる神の戒めとは何の関わりもない。光がこのような生に射し込んでくるのは、ただこの神の許しを受け入れることによって、上からである。……神の戒めの前で、人間は、まったく内面的なコンフリクトなしに一つのことを行ない、他のことをしないままに残しておくことを許される。神の戒めそのものは、いまや日常的な・一見したところ小さな・ほとんど重要ではないもろもろの言葉(Worte)、短文(Sätze)、目配せ(Winke)、助力(Hilfe)という形をとって、人間の生に統一的な方向と個人的な導きとをあたえる……」。

ここには、《放下》(Gelassenheit)とでも呼びたいような神への信頼にもとづく深い平静さが伝わってきます。編集者(I・テート)の注釈によれば、この《神の戒め》を「許可」としてとらえる見方は、──先にも指摘しましたが──ボンヘッファーがスイス旅行においてゲラ刷りを読むことができたバルトの『教会教義学』における倫理学の示唆によるものだろうと推定されています。「力強く、落ち着いて、朗らかに」というバルトの声が響いてくるかのようです。

こうしたパースペクティヴの中でボンヘッファーのキリスト教倫理をふり返るなら、彼が激変する状況の中で現実即応的に──しかし、あくまでも神の《言葉》にたいする《応答》としての責任倫理として──《自由な冒険》を生き抜いたことは明らかです。それを《謙譲な決断主義》(demütiger Dezisionismus)と規定する解釈(H・R・ロイター)は、あまり適切ではないでしょう。なぜなら、こうした名づけ方は──《謙譲な》という限定があるにせよ──日常的な例外状況における政治行動を一般ルール化して《敵‐味方》を峻別する、カール・シュミット流の決断主義、すなわち、《能動的ニヒリズム》(K・レーヴィット)に通底しているかのような印象をあたえるからです。

いずれにしても、ボンヘッファーの『倫理』は全体として未完に終わり、政治的抵抗についても、これまで論じてきた以上に具体的に展開されていたわけではありません。その限りでは、ボンヘッファーを《抵抗》倫理の構想を体系的に論じ切った神学者というよりも、むしろ、現実の状況の中で抵抗に生き抜いた神学者と呼ぶ方が、いっそうふさわしいのかもしれません。

ベートゲは、ボンヘッファーの『倫理』草稿を辿って目につくのは、彼がキリストへの関わりと、そこから生まれるこの世への関わりとを十分に根拠づけるために、新しい《切り口》をつけるための努力をくり返し試みていることだ、と記しています(前掲、ベートゲ『ボンヘッファー』小伝)。そこには、まさに完成品を陳列したショーウィンドーを覗き込むのでなく、作業現場に足を踏みこんで見ることのできるような知的刺激がある、と指摘しています。

《究極的なもの》と《究極以前のもの》という章も、そうした重要な切り口の一つでした。ここでは、ボンヘッファーは、二つのものを明確に区別すると同時に、いっそう力強く二つのものの相互的関連性を説いています。そのことによって、ルター主義的な《二王国論》の危険性、すなわち、《固有法則性》の名の下に国家と権力とを手放しに容認する伝統を克服して、新しい神学的な《社会倫理》のための枠組みを基礎づけたのです。そうした前提の下に『倫理』を具体的に展開するにあたって、この《責任倫理》の構想は、ボンヘッファーの問題意識から生み出されるものの基本的な方向と、それに秘められた可能性とを明らかにしているのです。

じっさい、ボンヘッファーの《責任倫理》論こそ、「近代的主観主義を克服したプロテスタント倫理学の最初の試み」だという高い評価の声さえ出ています(H・E・テート)。すなわち、倫理的主体としての個人から出発して現実を対象化してとらえる従来の倫理学とは異なり、そこでは、キリスト教的終末論にもとづいて神の御前での責任という観点から、主体と状況とに即した《社会倫理》が新しく構想されていたのですから。

カール・バルトもまた、同じ問題をめぐって創造論から和解論まで『教会教義学』全体の枠組みの中で、《規範倫理》と《状況倫理》とを越えた倫理学をキリスト論的に基礎づけようと試みています。しかし、ボンヘッファーの『倫理』もまた、バルトの巨大な体系の傍らにあって、なお、その独自性を十分に示すことのできたすぐれた仕事と言ってよいのではないでしょうか。

第7章　《真のこの世性》を問う——『獄中書簡集』を読む

しかし、ボンヘッファーがその没後に得た世界的な反響は、彼の『倫理』草稿に負うものではありませんでした。むしろ、獄中にあって彼が綴った手紙と覚書に見いだされる彼の《新しい神学》思想によるものでした。それは、一九四四年四月三〇日以後、ベートゲ宛の手紙の中で折にふれて記されています。『獄中書簡集』の終わりの方に、全部あわせても五〇頁ばかりのものでしかありません。しかし、その短い分量とは比較にならぬほどの大きな影響をあたえ、第二次大戦後、東西世界、さらにはヨーロッパからアジアにいたるまで、ボンヘッファーの思想をめぐって賛否両論が展開されることになりました(M・E・マーティ『ディートリヒ・ボンヘッファーの「獄中書簡集」——一代記』二〇一一年)。

ようやく一九四三年一一月——逮捕されて半年後——から始まるベートゲとの神学的なやりとりは、すべて《非合法な郵便配達人》(ベートゲ)を介するものでした。「手紙を書くことが、ボンヘッファーのテーゲルにおける生活の強壮剤となった。彼は、手紙のために生き、また手紙によって生きた。そして手紙を通して、彼は圧倒的な影響を及ぼした」とベートゲが記している通りです。『獄中書簡集』は、ボンヘッファーのもっとも固有な体験の受けとめ方や、彼の身近にいる人びととの関わり、総じて彼の内面的な生活感情を生々しく伝えてくれるものでした。

『獄中書簡集』におけるボンヘッファーの《新しい神学》は、しばしば、簡潔な《アフォリズム様式》(H・E・テート)の言語表現を用いています。むろん、それは、独房生活という外的条件による制約と見ることもできなくはないでしょう。大論文を事細かに詳述する余裕はなかったのですから。しかし、そのことは、問題のとらえ方ということと内的な連関があったと見ることもできるのです。

たとえばフリードリヒ・ニーチェは、自分の哲学のために意図的にアフォリズムの形式を用いた哲学者でした。そのことによって、彼は、哲学の形而上学的伝統を打破して、それに対立する自分の構想を、いっそう鮮明に打ち立てようと試みたのでした。アフォリズム的様式は、創造的な思考において、はじめてあらわれると考える彼の基本的な着想に、よく一致するものでした。ボンヘッファーの場合にも、『獄中書簡集』においては、『倫理』草稿のときより、いっそうラディカルに形而上学――ここでは哲学ではなく、内面性と結びついた宗教の伝統が問題なのですが――からの断絶が遂行されていたのでした。

こうして、宗教なき《成人した世界》、キリスト教の《非宗教的解釈》、さらに《真のこの世性》に生きる新しいエートスや教会形成などが問われてくるのです。とはいえ、そこに示された《新しい神学》の定式や発言は、印象的であると同時に、断片的でもあります。それだけに正確にはとらえがたい、論議の余地を残していることも確かです。試論的なスケッチにすぎないものを、最終的な報告のようにとらえることは危険でもあります。それに加えて、さらにボンヘッファーが《非宗教的解釈》のために積極的に構想ないし展開していたと思われる部分の草稿が失われてしまっていることも、いっそう困難さを増すものです。

一九四四年の一〇月、彼はテーゲルの軍用刑務所からプリンツ・アルブレヒト通り八番地のSS保安本部の地下牢に移されます。とくに関心を引かれるのは、この地下牢でも彼が神学的な執筆活動をつづけたらしいことです。家に持ち帰ってもらうために父親に渡されなかった部分には、あるいは《新しい神学》の重要な展開も書きとめられていたかもしれません。しかし、仕事をつづけるためには、それらの草稿は手許にとどめたままにしていたことでしょう。そしてフロッセンビュルクへの旅に携えられたまま、敗戦の混乱の中ですべて失われてしまったのです。

しかし、丹念に読んでいけば、『獄中書簡集』の《新しい神学》におけるほとんどどの発言も、すでに『倫理』の中に準備されており、いわば萌芽的な形で、すでに語られていたことに気づかされます。それらに潜んでいたものが、いまや『獄中書簡集』において、この世における神の無力と苦難という観点から、さらにまた神の苦難にたいする参与の倫理として主題化されたとき、《新しい神学》への突破がなされたのでした。したがって、ここには、ボンヘッファーのキリスト論的問いが基本的テーマとして前提されていることを見逃してはならないでしょう。すなわち、《新しい神学》の議論を始めたベートゲ宛の最初の手紙(一九四四年四月三〇日)には、率直にこう記していたのでした。

「僕をたえず動かしているのは、今日のわれわれにとって、本来的にキリスト教とは何であるか、また、キリストとは誰であるか、という問題なのだ」。

ここには、彼の問題意識が鋭く示されています。キリスト教あるいはキリストそれ自体が問題ではないのです。むしろ、それらが《今日》しかも《われわれ》にとって《本来的》に何を意味するかを問うているのです。激動する時代の只中で生きる者が、それによって立ちも倒れもする根拠そのものへの問いといってよいのです。この基本的テーマを見失うなら、ボンヘッファーの《新しい神学》をめぐる発言は、いずれも真実の重みをもたない、浅薄なものになってしまうのではないでしょうか。

す。

1 《成人した世界》

そこで、いよいよ《成人した世界》(die mündig gewordene Welt)というキーワードから入ることにしましょう。先ほどの引用につづいて、ボンヘッファーは、こう記しています。

「このこと〔つまり、キリストとは誰か〕を――神学的な言葉であれ、敬虔な信仰の言葉であれ、言葉を通して人間に語ることのできる時代は過ぎ去った。同じように、内面性と良心の時代も。ということは、つまり、まさしく宗教の時代はまったく過ぎ去った、ということだ。われわれは、完全に無宗教の(religionslos)時代に向かって歩んでいる。人間は、――ともかく現にそうであるようには――単純に宗教的ではありえないのだ」。

成人性の精神史的分析

この由来するところについて、ボンヘッファーは、『倫理』以来、とくに『獄中書簡集』の中で、くり返し、文化史的分析を試みています。この分析は、むろん、体系的なものではありませんが、その目差す方向は一貫しています。それは、およそ一三世紀に始まる《世俗化》の展開が、神学、道徳、政治、哲学さらに自然科学などの分野で有神論の原理を否定し、自律的な人間によって支配され始めた諸領域から《神》を放逐するにいたったということです。宗教的な後見の下に立つ関係から離脱して、《成人しつつある》人間があらわれる。この発展は、もはや後戻りできないものであり、画期的な転換を意味するものとしてとらえられるのです。

こうした歴史的理解は、彼が一九四四年初夏の頃、獄中で精力的に読んだディルタイ的解釈に一致するものです。むろん、《成人性》という概念そのものについては、ボンヘッファーは、すでにカントおよびベルリン大学の恩師アードルフ・フォン・ハルナックから知っていました。しかし、やはり、ディルタイに大きく負うていることは否定できないでしょう。

もっとも、その際、注意すべき点は、ボンヘッファーが近代世界の自律性という事実を《キリスト論的》観点から受け入れていることです。そればかりか、彼がディルタイ的な内面性に逃避することを明白に拒否していることです。残念ながら、ボンヘッファーは、まとまった歴史的概観をあたえることはしないで、若干の特徴的な事例をあげるにとどまっています。

「歴史的なことについて書けば、この世の自律性へと導いているものは、一つの、大きな発展だ。神学の分野では、まず、チャーベリーのハーバートが宗教的認識のためには理性で十分だと主張した。道徳の分野では、モンテーニュ、ボダンが〔神の〕戒めの代わりに生命法則を置いている。政治の分野では、マキャヴェリが政治を一般道徳から解放し、国家理性の教説を基礎づけた。後になって、内容的には彼とは非常に違っているが、人間社会の自律という方向ではやはり彼と一致しているH・グロティウスが彼の自然法を、《たとえ神がいなくとも》(etsi deus non daretur)妥当性をもつ国際法として提示している。最後に、哲学が終止線を引いた。すなわち、一方ではデカルトの理神論で、世界は神の介入がなくても自分から動いている機械装置であるという。他方では、スピノザの汎神論で、神は自然であるという。カントは根本的には理神論者で、フィヒテとヘーゲルは汎神論者だ。いたるところで、人間とこの世の自律性ということが思想の目標になっている」(一九四四年七月一六日)。

自然科学についても、同じことが妥当しているのです。すなわち、ボンヘッファーによれば、古代や中世においては世界は有限なものとみられていました。ニコラウス・クザーヌスとジョルダーノ・ブルーノとともに、世界を無限なものとみる教説が始まるのです。それは、現代物理学が、ふたたび世界の無限性を疑うにいたったとしても「その有限性についての以前の観念に帰ることはない」のです。こうした発展を総括してボンヘッファーは、つづけて記しています。

「道徳的・政治的・自然科学的な作業仮説としての神は、廃棄され、克服された。だが、哲学的・宗教的な作業仮説としての神も同様だ(フォイエルバッハ!)。これらの作業仮説を倒れるにまかせ、あるいは、とにかく可能な限り広くこれらを排除することは、知的誠実さというものだ」。

ここには、過去一〇〇年における無神論＝フォイエルバッハ――さらにはニーチェ――にいたる発展もふくめられています。《作業仮説としての神》は廃棄されてしまったということは、むろん、個人の生活感情にたいして深い関わりをもっています。人間は、もはや《宗教的》ではありえないということです。この際、注目すべき点は、ボンヘッファーにおいて、《宗教》という概念が《非成人性》とか不自由などのイメージと結びついていることです。たとえば、次のような文章があります。

「宗教的な人間は、人間の認識が……行き詰まるか、人間の諸能力が役立たなくなると、神について語る。――しかし、それは、元来、いつでも急場を救う《機械仕掛けの神》(deus ex machina)なのだ。それを彼らは、解決しえない問題の見せかけの解決のためか、もしくは、人間が失敗した際の力として、したがって、いつでも人間の弱さを食いものにしながら、つまりは人間のもろもろの限界において登場させるのだ」(一九四四年四月三〇日)。

ここには、ボンヘッファーが《啓蒙》の基本的視点に立っていることが示されています。

しかし、ボンヘッファーにおいては、すでにそれを越える批判的契機もふくまれていたことを見逃してはならないでしょう。『啓蒙とは何か』を論じたカントと同じく、ボンヘッファーにとっても、たんに認識者としての知性的要求ではなく、実践者としての《成人性》が問われていたのですから。じっさい、《成人性》の概念そのものも、カントと同じく形成すべきものとしてとらえられていたことも見誤ってはならないでしょう。

ボンヘッファーは、けっして世界を現に成人しているという《静態的》な存在として論じているのではありません。むしろ、《成人してきた世界》あるいは《成人しつつある世界》について《動態的》に語っています。ベートゲが指摘しているように、ボンヘッファーの《成人してきた世界》という概念は、けっして人間進歩の上昇過程についての統計的な《結果》として、万人の人間的成熟を述べたものではないのです。むしろ、あえて言えば、すべての人に《成人性》への冒険を促す呼びかけであり、問いかけなのです。

こうした世界の《成人化》過程に反対して、それを信仰的《堕落》ないし《神からの離反》だと主張してきた伝来的な教会の弁証論を、ボンヘッファーは、無意味なものとみなしています。

「この世の成人性にたいするキリスト教弁証論の攻撃を、僕は、第一に無意味であり、第二に下劣であり、第三に非キリスト教的だと考えている。無意味だというのは――その攻撃が、大人になった人間を思春期に引き戻す試み、すなわち、事実上もはやそれに依存していないような事柄にばかり、いつまでも彼を依存させ、彼にとって事実上もう問題ではなくなっているような問題の中に引きずりこむ試みのように思えるからだ。下劣だというのは――人間にとって無縁で、進んで肯定されたわけではない目的のために、ここでは彼の弱さが利用されているからだ。非キリスト教的だというのは――キリストが人間の宗教性のある一定の段階、すなわち、人間の法規範と混同されているからだ」（一九四四年六月八日）。

この連関において、ボンヘッファーは、くり返し、実存哲学と精神分析とについて批判的ないし懐疑的な問いをつきつけています。人間の罪責や死、弱さや絶望、要するに人間を実存的《限界》に追いこむことによって神への応答を引き出すような議論の立て方を《世俗化されたメソディズム》と呼んでいます。彼の意図するのはこうです。

「だから僕が目差したいのは、どこか一番奥にある内密な場所で神を密輸入することではなくて、この世と人間との成人性を端的に認めることである。また、その世俗性の中にいる人間を《クソミソに言う》のではなく、そのもっとも強いところにおいて神と直面させ、坊主臭い策略を弄することをすべて断念……することだ」（一九四四年七月八日）。

人間の「もっとも強いところ」というのは、自分で悟性を用い、主体的に行動しうるということでしょう。こうして《成人した》非宗教的な世界と神とを対決させなければならない、というのです。いまやボンヘッファーは、彼が問題にしているテーマを、はっきり言ってのけるのです。「成人した世界がイエス・キリストによって要請されているということだ」(一九四四年六月三〇日)。

成人性と十字架の神学

ここにいたって、ボンヘッファーの《成人した世界》のいま一つの重要な視点が登場します。すなわち、《成人性》に向かう発展は、たんに内在的な文化史的分析からだけ説明されるのではありません。それは、いっそう根源的な意味で、聖書の証言からキリスト論的にとらえられるのです。《成人性》への発展全体は、たんに歴史的な運命として受けとめられるのではなく、むしろ、ボンヘッファーにとって、人間と共なる神自身の道としてとらえられるのです。神が成人した世界と成人した人間を要求している、というのです。

こうして《成人性》は、もっとも根源的な局面まで徹底的に考え抜かれなければならないのです。ボンヘッファーは、この関係を彼独特の十字架の神学の助けを借りて根拠づけていきます。

「われわれは――《たとえ神がいなくとも》(etsi deus non daretur)――この世の中で生きなければならない。このことを認識することなしに誠実であることはできない。

そして、まさにこのことを、われわれは――神の御前で認識する！　神ご自身が、われわれを強いて、この認識にいたらせたもう。このように、われわれが成人することは、神の御前における自分たちの状態の真実な認識へとわれわれを導くのだ。神は、われわれが神なき生活と折り合うことのできる者として生きなければならないということを、われわれに知らせたもう。われわれと共にいたもう神とは、われわれをお見捨てになる神なのだ(マルコ一五・三四〔わが神、わが神、なぜわたしをお見捨てになったのですか〕)。神という作業仮説なしに、この世で生きるようにさせたもう神こそ、われわれがたえずその御前に立っているところの神なのだ。神の御前で、神と共に、われわれは神なしに生きる」(一九四四年七月一六日)。

ここでボンヘッファーは、互いに相反する二つの命題を逆説的に統一しています。すなわち、この世を神なきものとみる経験を神にたいする信仰と結合しているのです。ふつう一般には、このようには考えないでしょう。すなわち、神を信ずることによって、同時に神の力ある介入ないしプレゼンスをも信ずるとするか、あるいは逆に、この世における神の介入を経験しないゆえに神をも信じないとするか、どちらかではないでしょうか。

ボンヘッファーにとって、この「マルコによる福音書」第一五章第三四節におけるイエスの叫びは次のことを意味しています。すなわち、イエスの十字架から、この世が神の後見から離れた世界、すなわち、この世以外の何ものでもないことが明らかになるのです。イエスの十字架は、この世の純然たる《この世性》を確証するものです。それとともに、神という作業仮説を用いて、この世を宗教的＝形而上学的に説明する試みは、すべてシャットアウトされます。

しかし、同時に、ボンヘッファーにとっては、イエスの十字架は《神》信仰の逆説性を教えるものです。まさに十字架において神から見捨てられた只中で、イエスは「わが神、わが神」と信頼をもって呼びかけているのですから。この世において神が把握しえないもの、消え失せたもの、無となったとき、祈りは、もはや生まれないように思われます。しかし、このイエスの呼びかけには、逆説的な形で、神への祈りがあるのではないでしょうか。イエスは神に身を向け、彼を見捨てた神を彼と共にいたもう神として経験するのですから。「この叫びにおいて、あらゆる時代の人びとのために、それゆえ経験によっても思考によってももはや神を把握しえない時代の人びとのためにも、神の現実性が確保されている」(E・シュヴァイツァー『マルコによる福音書注解』一九八九年)。

実は、この「マルコによる福音書」の言葉をふくめて、四福音書におけるイエスの十字架の死の理解をめぐっては、今日、聖書学的に多くの議論が分かれています。じっさい、四福音書自身、それについて同一の形での回答をあたえているのではないのです。むしろ、そこで用いられている《贖罪》や《犠牲》など多様なイメージと解釈は、イエスの死を新しく理解し、新しく言いあらわそうとする原始キリスト教のたえざる努力の跡を反映しているものとみることもできるのです(G・バルト『新約聖書におけるイエスの死の理解』一九九二年)。

こうした中で、いっそう現代的な理解にふさわしく、たとえば人間にたいする無条件の《連帯性》(B・ヤノウスキー)という概念を用いることもできるのではないかという意見もあります。イエスの死を私たち自身の立場——すなわち、神から離反し神から遠く離れた場所——に立たれたものとして、イエスの十字架において神御自身が人間の苦難と死の深みにまで連帯されることが示されている、と解釈されるわけです。たしかに、この連帯という言葉そのものは、新約聖書には出てこないものです。しかし、こうした考え方は、福音書の記事に伝えられるように、失われた人びと、社会的に疎外された人びとの側に立つイエスの振舞いにおいて、はっきり示されてもいたのではないでしょうか(J・フライ＝J・シュレーター編『新約聖書におけるイエスの死の解釈』二〇〇五年)。

こうしてみれば、「われわれと共にいたもう神とは、われわれをお見捨てになる神なのだ」という先ほどのボンヘッファーの文章は、逆転させてこう言うことができます。すなわち、われわれをお見捨てになられたかに見える神は、実は深みに立つわれわれに連帯し、われわれを助けてくださる神なのだ、と。この考え方を、ボンヘッファーは、いまや一般化して、神と《成人した世界》との関係にまで拡大するのです。「われわれは

――《たとえ神がいなくとも》――この世の中で生きなければならない。このことを認識することなしに誠実であることはできない。そしてまさにこのことを、われわれは――神の御前で認識する。神ご自身が、われわれを強いて、この認識にいたらせたもう」。

十字架において啓示された神自身が《成人した世界》を要請している――これがボンヘッファーにおける神の思想の逆説です。十字架の前に真実に立つものにとって、この世は、その全領域において、この世以外の何ものでもない。そしてこの認識を彼に贈ってくださるのは神ご自身なのである――この関係は、逆にみれば、こう言うこともできます。この世が純然たるこの世であることが私たちを十字架の神へ導くものである、と。先ほどの文章につづけてあるように、「われわれが成人することは、神の御前における自分たちの状態の真実な認識へとわれわれを導くのだ」。

じっさい、彼は、「成人した世界は、いっそう無神的だが、おそらくそれゆえに成人していない世界よりも、いっそう神に近い」(一九四四年七月一八日)とさえ断言しているのです。ここでボンヘッファーは、初めて《成人した世界》の無神性について語っています。これもまた、まことに逆説的な言葉です。成人していない世界＝《宗教的》な時代は、それだけ多く、いわば疑似宗教的なものにたいして傾斜していく誘惑にさらされているのです。これに反して、成人した世界＝神なき時代は、厳しい現実の中で、かえって真実な自己認識へ、そして真実な神信仰へ通じている、というわけです。人間の成人性は、神の主権性と競合する関係に立つのではないのです。むしろ、自立した人間による主体的な責任にもとづくイエスへの服従が出てくるのです。

「人間の宗教性は、困窮に陥った時に、彼をこの世における神の力に向かわせる。〔そこでは〕神は《機械仕掛けの神》(deus ex machina)なのだ。……その限りにおいて、われわれは、誤った神観念がそれによって一掃されたところの発展、つまり、前に述べたこの世の成人性に向かう発展こそは、聖書の神にたいして目を向けるように解放してくれたと言うことができる」(一九四四年七月一六日)。

こうしてみれば、あきらかに《啓蒙》は、キリスト教信仰が《宗教》から本来の姿に立ち返ることを助けるものです。しかし、そこで「人間を神の無力と苦難とに目を向かわせる」のは、ボンヘッファーにとって、あくまでも「聖書」自身であることを見逃してはならないでしょう。

すなわち、この神は、イエスの十字架において啓示されるものです。この神の概念の助けを借りて、一方では、神にたいする全面的な《然り》と、他方では、神なきこの世にたいする全面的な《然り》とが同時に可能となるのです。これこそボンヘッファーが革新的な問題としてきたところです。この逆説的な神概念こそボンヘッファー的解決の基調音であり、それ以外のものはすべて、この基調音のヴァリエーションにすぎません。この基本思想を把握していさえすれば、『獄中書簡集』の《新しい神学》は、しばしば言われるように《謎めいた》(K・バルト)ものではなくなります。

この逆説的な神信仰は、次の文章によって、いっそうラディカルに徹底化されます。「神は、ご自身を、この世から十字架へと追いやられるままに委せたもう。神は、この世においては無力で弱い。そしてまさにそのようにして、ただそのようにしてのみ、神は、われわれのもとに降り、またわれわれを助けたもう。キリストの助けは、彼の全能によってではなく、彼の弱さに、つまり、彼の苦難による。……ここに、あらゆる宗教にたいする決定的な相違がある。……聖書は、人間を神の無力と苦難とに向かわせる。苦しむ神だけが、助けをあたえたもうことができる」(一九四四年七月一六日)。

この世から押し出された神は、イエスの十字架において、なお、この世の中に現在的であるというのです。ただし、神は《力あるもの》、行動するものとしてではなく、まさに《無力なもの》、苦難するものとして現在するのです。神はけっしてスーパーマンとしての力を振るわれるのではない、この世と苦難を共にすることによって苦難を転換されるのです。それこそ十字架から流れ出る力なのです。ここには、およそ神秘主義的なものからは縁遠いはずのボンヘッファーが、ほとんど《苦難と十字架の神秘主義》(U・ノイエンシュヴァンダー)に触れるばかりに近く立っています。イエスの苦難への結びつきの中に、彼は、自分の苦難を克服することを助けた力強い信仰の源泉を見いだしていたのではないでしょうか。

ボンヘッファーは、先の引用にあるように、「ただそのようにしてのみ」と言い、神の無力を、徹頭徹尾、強調しているようにもみえます。しかし、この発言のみを一面的に絶対化することは、誤解を生ずるでしょう。十字架に示される神の逆説性は、神がこの世において働くことのない神だ、という意味ではありませんでした。じっさい、ボンヘッファーは、こう語っています。

「僕は、限界においてではなく真只中において、弱さにおいてではなく力において、したがって、死や罪責を契機にしてではなく生において、また人間の善において、神について語りたいのだ。……神の《彼岸》は、われわれの認識能力の彼岸ではない！　認識論的超越性は、神の超越性とは無関係だ。神は、われわれの生活の真只中において彼岸的なのだ」(一九四四年四月三〇日)。

私たちの生活は、その全体において神のものであり、神と結ばれているというのです。この世において目に見えない神は、にもかかわらず、この世において秘義に充ちて働く力でありつづけるのです。神がどこでも――われわれの認識にとっては――彼岸的でありつつ、しかし、同時に、この世の只中で働かれるというのは逆説です。神が彼岸的なものとして生の只中において働かれるという命題の深みを認識できるのは、神が無力なものとしてあらわれる絶望の暗黒の中でイエスの十字架の下に逃れる者のみでしょう。

そこでは、無力の背後に神の力が、死の背後に新しい生が隠れていることが啓示されるのですから。

テートの次の文章は、この経験を証しするものでしょう。

「苦難を受ける者は、まずみずからのうちに、健康で活動的な人が見いだすのとはまったく別の、力と意味合いとを発見する。苦しみを克服することが問題なのではない。すなわち、苦しみを自分にとって異質なものとして突き放すのではなく、むしろ、もはや失われることのないものとして、みずからの生に取り込むことが問題なのである。さらに重要なことは、苦難の中で、共に苦しむという連帯感、つまり、他の苦しんでいる者との深い結びつきが芽生えてくる。その結果、自分の苦難は、たんに脅威であったりマイナスであると受け止められるのではなく、苦しむ者たちの交わりの共同体への大きな入口としてとらえられるのである。そのとき、苦難から救い出されることではなく、共に苦しむことの連帯から生じるところのものが前面に出てくるのである」。

テートは、こうした事柄は「伝承されているキリスト教信仰の奥深くに秘められている」ものだが、しかし、それは、「くり返し新しく発見され、痛みをともないつつ身につけなければならないものである」と含蓄深い注釈を加えています。それに続く文章は、あきらかにボンヘッファーに通じるものでしょう。

「ここでは、十字架の神学が問題なのである。つまり、キリストが十字架で受けた苦しみに与《あずか》ることが重要なのである。十字架の苦しみのゆえに、キリストは、彼に従う者すべての兄弟になられた。外見的には、苦しみは弱さに見える。しかし、けっしてそれだけではないのである。自分の苦難を見つめることを止めて、共に苦しむという積極的な連帯感に目を向けるなら、そのとき苦難は、大いなる《私》の強さを証明するように変えられるのである」(H・E・テート『ヒトラー政権の共犯者、犠牲者、反対者』宮田光雄・佐藤司郎・山崎和明訳、創文社、二〇〇四年)。

こうしてみれば、「神はわれわれの生活の真只中において彼岸的なのだ」という命題は、ボンヘッファーにおいては、十字架の神学の果実にほかならなかったことが理解されます。

ボンヘッファーは、「聖書の神は、その無力さによって、この世における力と場所とを獲得したもう神なのだ。《この世的解釈》は、おそらく、ここで始まらなければならないだろう」(一九四四年七月一六日)と記しています。してみれば、《この世的》解釈を取り上げようとする場合、その背後にある逆説的な神信仰を見失ってはならないでしょう。《この世的解釈》は、つねに、十字架の神学に立つ成人性の認識を前提するものなのですから(W・ドレス『福音主義的遺産とこの世への開放性』一九八〇年)。

そこで《聖書的概念の非宗教的解釈》の問題に移ることにしましょう。

2 《非宗教的キリスト教》とは何か

現代の《非宗教性》というボンヘッファーのテーゼは、一九五〇年代から六〇年代にかけて《世俗化》の論議の盛んな時代に、多くの反響を見いだしました。やがて七〇年代から八〇年代において、そうした熱狂的なムードが退潮するとともに、このテーゼは誤った時代診断とみられるようになりました。いわゆる《新宗教》の流行は、ボンヘッファーの錯誤を証明するものとされたのです。しかし、ボンヘッファー自身は、けっして宗教がしだいに消滅するという宗教社会学的な主張をしていたわけではありませんでした。

そもそもボンヘッファーは、その著書や書簡の中で、どこにも《宗教》についての明確な定義をあたえていません。その宗教批判が宗教学ないし宗教史から引き出される《宗教一般》のイメージを前提するものではなかったことに、まず、注意すべきでしょう。

たしかに、彼が、「宗教の時代」は過ぎ去り「完全に無宗教な時代」に向かって進んでいるという予測を記したとき、この一括的な言い回しには、多様な宗教現象についてのきめ細かな評価が欠けていました。初期の弁証法神学において《宗教》は否定的な概念として登場しましたが、ボンヘッファーの場合も、あきらかにバルトの『ローマ書』(第二版、一九二二年)における宗教批判から刺激を受けていました。同時に、ボンヘッファーの批判的な宗教分析は、むしろ、ヨーロッパ的に刻印された特定の《宗教》としての衣をつけたキリスト教を念頭におくものだったことを見誤ってはならないでしょう。

非宗教的解釈と非神話化

その特徴として彼は、とくに宗教を《形而上学的》さらに《個人主義的》にとらえる宗教理解を指摘しています。《形而上学》は、神の超越性を空間的な《彼岸性》においてとらえ、二つの領域を静態的に固定化しがちです。そこからまた、この世を無視して、もっぱら目を個人の魂の救いに向ける《個人主義》とも連動することになるのです。宗教の領域として《内面性》を分離させること、また《機械仕掛けの神》を人間生活の《埋め草》のようにとらえる宗教の《部分性》などの特徴づけも、同じ連関から生まれるものでしょう。

ボンヘッファーにとって、こうした伝統的な宗教性は、端的に言って、誤った《この世》理解、ないしは《この世》にたいする関わりの喪失を意味するものでした。ここでは、《宗教》は、人間生活の一部の機能にのみ関わり、いわば生活の《上部構造》を形づくっているにすぎません。そこでは、人間生活の全局面に関わり、それを根底から支え動かす信仰の働きは現われてこないでしょう。ともかく《宗教》は、特殊領域を形づくるものではあっても、この世の只中にある生きた力ではありません。それは、一言でいえば、抽象化された人間のための、抽象化された神の、抽象化された宗教にすぎないのです。これにたいして、ボンヘッファーのいう聖書的概念の《非宗教的解釈》(nichtreligiöse Interpretation)は、問いかけます。

「キリストは、どのようにして無宗教者にとっても主となりうるのか。無宗教的な(religionslos)キリスト者は存在するのか。宗教がキリスト教の一つの衣服にすぎないとすれば、——そしてこの衣服も、さまざまな時代に非常に多様な外見を示してきたのだが——その場合、無宗教的キリスト教とは何であろうか。……

答えられなければならない問いは、じっさい、次のようなことであろう。すなわち、無宗教の世界において教会・教会的交わり・説教・礼典・キリスト教的生活といったことが何を意味するのか。われわれは、どのようにして神について語るのか。——宗教なしに、すなわち、まさに形而上学や内面性等々という時代に制約された諸前提なしに、どのようにして、われわれは《この世的に》《神》について語るのか」(一九四四年四月三〇日)。

ここでも、また先ほどの引用でも、ボンヘッファーは《非宗教的解釈》という用語ではなく、《この世的解釈》という概念を用いています。しかし、内容的な違いはありません。この概念は、別のテキストでは、次のように説明されています。

「僕は、いま、悔改め・信仰・義認・再生・聖化といった諸概念がこの世的に——旧約聖書的な意味で、またヨハネ一・一四〔言は肉となって、私たちのあいだに宿った〕

の意味で――どのように解釈し直されうるかについて熟考している」(一九四四年五月五日)。

獄中においてボンヘッファーは、新約聖書より旧約聖書をいっそう多く読むようになり、旧約聖書的な考え方をすることが多くなった、と感じていました(一九四三年一二月五日)。この連関で、当時、ゲールハルト・フォン・ラートに代表されるように、教会闘争の中で、旧約聖書がキリスト教会の書として新しく発見されていたことにも注目すべきでしょう。旧約聖書を《ユダヤ的文書》とみなすナチ党側からの攻撃から防衛し、キリスト教の《脱ユダヤ化》の試みに対抗する中で、旧約聖書の研究と認識とがいっそう深められていったのです。「詩編」を活用することをはじめ、厳しい現実の状況にたいして旧約の証言を直接的に適用することもためらわれませんでした。

ボンヘッファーは、先ほどの手紙では、「旧約聖書的な意味」ということについて、一歩踏みこんで、「そもそも旧約聖書には、魂の救いへの問いがあるだろうか。地上における神の義と神の国こそが、いっさいの中心点ではないだろうか」と問いかけています。ボンヘッファーにとっても、旧約聖書の重要性は、この世にたいする責任、地上の生命にたいする愛と関わっていたのでした。たとえば祭司宗教にたいする旧約預言者たちの批判的発言や彼らの象徴的な振舞い方には、《非宗教的キリスト教》につながる契機が認められるところでもあります。

さらに、「ヨハネ一・一四の意味」というのは、イエス・キリストがこの世に到来し、この此岸性における人間のために生き、受難し、復活したことを強調するものでしょう。したがって、《この世的解釈》というのは、《成人した世界》にたいする積極的な関わりと同時に、そのキリスト論的根拠づけと正確に対応するものであることがわかります。

しかし、この古い概念を「解釈し直す」ということは、複雑な翻訳技術以上の事柄を意味しています。《非宗教的解釈》は、聖書的信仰を現代の非宗教的人間にたいして宗教を前提しない形で近づきうるものとすることを目差しています。その限りでは、ブルトマンの《非神話化》テーゼに近い側面をもっていることは確かです。この非神話化のテーゼもまた、古代の神話論的世界像なしに現代の人間にたいして福音に近づく道を開こうとするものでしたから。これまでも、しばしば、ボンヘッファーの聖書的概念の《非宗教的解釈》とブルトマンの《非神話化》とは同じ神学的プログラムを別の仕方で言いあらわしたものだ、と言われてきました。

しかし、ボンヘッファーは《非宗教的解釈》の考察にあたって、ブルトマンをくり返し批判しています。ブルトマンは「自由主義神学的な還元法に陥っている」(一九四四年六月八日)と。これにたいして、ブルトマン学派の人びとからは、それをボンヘッファーの誤解であるという反論がされてきました。ブルトマンにとって問題だったのは、福音の《還元》ではなく解釈だった、というのです(たとえばG・エーベリング)。

しかし、ボンヘッファーによれば、そこでは、「キリスト教の《神話論的》諸要素は取り除かれ、キリスト教は、その本質に還元されている」というのです。すなわち、ブルトマンにおいては、福音は古代的に制約された神話論的衣裳と普遍的・無時間的な真理という二つの部分に分けられています。そしてこの無時間的な福音の《中核》のみが現代の人間に関わるとされているわけです。

ボンヘッファーの考えでは、「《神話論的》諸概念を含めて、全内容がそのまま存続しなければならないのであり、むしろ、この神話論(復活など)が事柄《ザッヘ》自体なのだ！　しかし、これらの諸概念は、いまや信仰の条件として宗教を前提としないようなやり方で、解釈されなければならない」のです。人間は福音の《本質》にたいしてだけでなく、むしろ、分かたれない福音全体にたいする関わりを求められている、というのです。ボンヘッファーによれば、ブルトマンは《行き過ぎ》ているどころか、むしろ十分ラディカルに徹底化していないのです。それは、ブルトマンが基本的には個人的実存にのみ関わり、現実全体を神の支配の下においてみることをしていないということに関わっていたのではないでしょうか。

啓示実証主義

《非宗教的解釈》に関連して、ブルトマンに並んでバルトについても、ボンヘッファーが折にふれて批判的に言及していることも見逃せない点です。《新しい神学》について、ベートゲに報告した最初の手紙の中で、ボンヘッファーは、バルトを《無宗教的キリスト教》の方向について考え始めた先駆者として、その「偉大な功績」をはっきり評価しています。じっさい、バルトは、すでに『ローマ書』以来、《この世的な即事性》について論じ、此岸性の傍らに並び立つ《彼岸の神》を否定してもいたのですから。しかし、ボンヘッファーは、バルトが「その後、徹底して考え抜くことをせず、結局のところ、本質的には復古にとどまった啓示実証主義(Offenbarungspositivismus)のようなものになった」と批判しているのです。

この啓示実証主義という言葉は、これまで、よく《啓示積極主義》というように訳されてきたものです。しかし、この言葉をボンヘッファーがおいている批判的コンテキストからしても、能動的・肯定的な響きのする積極主義と訳すのは適当ではありません。たとえば、これと似た法律学上の概念として《法実証主義》という概念があります。それは、目の前にある所与の事実として実定法のみを取り上げ、実定法を越える自然法的な考え方が入るのを排除する立場です。基本的には保守的な考え方に通じるものです。

ボンヘッファーのいう《啓示実証主義》も、同じく所与の事実としての啓示内容の自明性から出発するものとみられているようです。そこでは、処女降誕や三位一体など何であれ、その一つ一つを、そのまま全体として飲み込むことが求められ、けっして聖書的とはいえないというわけです。啓示実証主義は、つまるところ「信仰の律法を立てることにより、われわれのための贈り物となったもの――キリストの受肉によって！――を破壊することによって」、《非宗教的解釈》の問題をあまりにも簡単に片付けてしまうところに問題がある、というのです。

はたして、バルトを啓示実証主義と呼ぶことが適切かどうか。バルトの立場を「鳥よ、食え、さもなければ死ね」式のことだ、断定するのは、どうみても「不当《アンフェア》」（A・パングリッツ）でしょう。むろん、バルト自身は、これに異議をさしはさんでいます。たとえば処女降誕についても、――おそらくボンヘッファーによる批判を仄めかしながら――柔らかい異議をとなえています。「私は、信じなければならないなどと言ったことはありません。それにたいして《然り》という自由をもっているのだと言う〔だけ〕でしょう」と（「対話　一九五九―一九六二年」、『バルト全集』第二五巻、一九九五年）。

バルトにたいする批判は別として、ボンヘッファーが、この連関で「告白教会の啓示実証主義」という言い方をしていることにも注目すべきでしょう。「告白教会は、バルト〔による宗教批判〕の口火を忘れてしまい、〔啓示〕実証主義から、さらに保守主義的な復古に陥ってしまった。告白教会の意味は、それがキリスト教神学の偉大な諸概念を保持しつづけていることにあるのだが、しだいに告白教会は、その点にほとんど全力を使い尽くしてしまったように見える」（一九四四年六月八日）。

教会闘争の中に認められる自己保存的傾向が批判されているのです。「告白教会の中で一般的にみられること。すなわち、教会の《事柄》などのためには一生懸命になるが、人格を賭したキリスト教信仰には乏しい。《イエス》は視野から消えている。社会学的には、広範な大衆への何らの影響力がない。……決定的なのは、自己防衛を事とする教会だということ。他者のための冒険を少しもしようとしない」(「ある書物の草案」)。

いずれにせよ、ボンヘッファーのいう《非宗教的解釈》というのは、なかなか難解です。彼自身、「僕には、すでに解決できたというよりも、課題の方がずっと多く見えている」(一九四四年七月一六日)とも語っている通り、満足いくように十分に展開されているとは言えないものです。しかし、ボンヘッファーがその断片的な文章の中でくり返しているところを辿ると、《非宗教的解釈》において示した基本的関心はあきらかに読みとることができます。それは、神が生の只中で現実的に見いだされねばならないということ、真に《この世的に》神を経験しなければならないということでした。

逆にいえば、ボンヘッファーにとって、《宗教》は、いわば現実性と《この世》への関わりを失ったキリスト教の倒錯形態にほかならなかったのです。そこに示されるのは、いっさいの社会的対立の上に超然として、むしろ、いっさいの現実を正当化し安定化させる《宗教》の姿です。それは、マルクス以来の宗教批判によって鋭く摘出されてきた虚偽意識としての《上部構造》の役割を果たすものと言うこともできたでしょう。

その意味では、ボンヘッファーの批判には、あきらかに歴史的・社会的性格もふくまれていたのでした。ボンヘッファーの宗教批判は、たんに神学的な――ブルトマン学派的な――解釈学とのみ関わるとみるのではなく、いわば政治的・社会的な解釈学との連関を問うべきものでしょう。ベートゲの表現を用いれば、それは、《解釈学的なカテゴリー》であるよりも、むしろ、《倫理的なカテゴリー》であり、したがって「教会とその既存の形に向けられた悔改めの呼びかけ」だったと言うべきでしょう。

ボンヘッファーは、聖書的概念を《非宗教的》に解釈するとは個別的にはどういうことか、正確に示すことはできませんでした。しかし、《非宗教的》に解釈するために、イエスの福音全体がどのように歩まれるべきかという道筋については、はっきり教えています。それは、目に見える服従という形において神の言葉を具体化するということでした。その限りでは、彼の発言は、きわめて重要な示唆に富んでいます。

ボンヘッファーは、一九四四年五月に、ベートゲの幼児(ディートリヒ・W・R・ベートゲ)の受洗日を記念して寄せた文章で、こう記しています。

「われわれは、〔まさに幼児のように〕理解し始めたばかりの初歩の段階に立ち戻らされているのだ。……これまでの年月の間、ただ自己保存のためにだけ戦ってきたわれわれの教会は、人びとのため、またこの世のための和解と救いの言葉の担い手である力をなくしてしまった。だから、これまでの言葉は無力になり、口がきけないような状態にならざるをえない。そして、われわれがキリスト者であるということは、今日では、ただ二つのことにおいてのみ成り立つだろう。すなわち、祈ることと人びとのあいだで正義を行なうことだ。キリスト教の事柄におけるすべての思考や言辞・組織は、この祈ることと正義を行なうことから新しく生まれてこなければならない」と。

こうして新しく革新された教会の生き方から、この世の現実に関わる新しい宣教の言葉も生まれてくるのです。ボンヘッファーは、さらにこうつづけています。

「その日を予告することは、われわれの役目ではない——だが、その日は来るだろう——。そして、その日には、人びとは、ふたたび神の御言葉を——それに打たれて世界が変わり・新しくされるような仕方で——語るように召されるだろう。それは新しい言葉になるだろう。おそらく、まったく非宗教的な(unreligiös)、しかし、解放的で人を救う言葉になるだろう。ちょうどイエスの言葉のように。そうして人びとは、その言葉に驚愕し、しかもその力によって圧倒されるだろう。神と人との平和を、神の国の接近を告げ知らせる言葉に」。

ボンヘッファーにおいては、《非宗教的な言葉》ということにはあきらかに希望が結びついています。解放と変革とそして救いの希望と。彼は、もう一度、この新しい言葉の生まれる前提として信仰による服従を強調しています。

「その時まで、キリスト者の事柄は、静かなこと、また隠された事柄であるだろう。しかし、祈り、正義を行ない、そして神の時を待ち望む人びとは、存在するだろう」。

3　《真のこの世性》を生きる

人間であること

ボンヘッファーは、陰謀計画を通して、自己をキリスト者とはみなしていない他の人びとと共に働く中で、彼らの人格と倫理的態度から強い印象をあたえられました。この出会いが、彼に、《成人した世界》という見方に刺激をあたえたことは確実です。彼らの多くは、これまで教会の外に立っていた人びとでしたが、既成教会の多数の人びとより以上に、この世を真剣に受けとることを知っていたのでした。

彼がナチ体制にたいする同調と妥協を認めるところには《宗教》があり、ヒトラーにたいする抵抗に加わったところで《非宗教性》に生きる人びとに出会ったのです。ボンヘッファーが『獄中書簡集』において《非宗教的》な言語で将来に対話することを望んでいたのは、こうした人びとではなかったでしょうか。

に多く引きつけるのは何故か。しかも、まったく伝道的な意図をもってではなく、むしろ《兄弟として》と言いたいくらいなのだ！　僕は、宗教的な人間に向かっては神の名を口にすることをしばしば恥ずかしく思う。――なぜなら、僕には、この場合、神の名が何となく偽りの響きをもつように思われるし、自分自身がわれながら何か不誠実に思われるからだ(とくにひどいのは、他の人たちが宗教的用語で話し始めるときで、そのとき僕は、ほとんど完全に口をつぐむ。何だかもやもやした感じになり、不快になるのだ)。――それに反して、僕は、無宗教的な人にたいしては、時折、まったく安んじて自明なことのように神の名を口にすることがある」(一九四四年四月三〇日)。

ヒトラーにたいする反乱計画が失敗に終わった翌日の七月二一日、その失敗の引き起こす苛酷な結果を予期しながら、ボンヘッファーは、彼自身の信仰の歩みをふり返る、きわめて個人的な手紙を書いています。その中で、彼は、自分が「聖《きよ》い生活」を送ろうと試み、その終わりとして書いたのが『服従』だったこと、しかし、後になって、「人は生のまったき此岸性の中で、はじめて信じることを学ぶのだ」ということを経験するにいたった、と記しています。《此岸性》を神学的にも個人的にも真剣に受けとめ、積極的に評価していく気持ちになっていったのでした。この手紙は、さらに以下のようにつづけられます。

「自己自身を何かに仕立て上げるなどということを――それが聖人であれ、回心した罪人であれ、あるいは教会人(いわゆる祭司的人物!)であれ、または義人であれ悪人であれ、病人であれ健康な人間であれ――まったく断念した時に、――そしてこれを僕は此岸性と名づけるのだが、つまり、いろいろな課題や問題、成功や失敗、経験や行きづまりが満ちている中で生きていくことなのだが――、その時こそ、人は、みずからをまったく神の御腕の中に投げかけているのであり、その時にこそ、人はもはや自分の苦しみではなく、この世における神の苦しみを真剣に受けとめているのであり、キリストと共にゲッセマネで目覚めているのだ。

そして僕が思うのに、それこそが信仰であり、それこそが悔改め(metanoia)なのだ。そしてこのようにして、人は、一人の人間に、一人のキリスト者になるのだ(エレミヤ第四五章を参照せよ!)」。

ボンヘッファーのこの個人的な告白の中では、《此岸性》は、「いろいろな課題や問題、成功や失敗、経験や行きづまりが満ちている中で生きていくこと」と規定されています。とくに《人間であること》が《キリスト者であること》と等置されているのは、まことに示唆的です。キリスト者であることは、人間であることからまったく別個の特別の在り方ではけっしてないというのです。《此岸性》とは、真に人間であることがキリスト者であることの内容を実現することを意味するというのです。同じ手紙の前の方にも、こう記されていました。

「僕は、最近数年間、いよいよ多くキリスト教の深い此岸性を知るようになり、また理解することを学んできた。キリスト者とは《宗教的人間》(homo religiosus)ではなく、単純に人間なのだ。ちょうどイエスが、——バプテスマのヨハネとは違って——人間であったように」。

イエスがそしてキリスト者が、「人間」であり、しかも「単純に人間」であることが強調されています。ここには、ボンヘッファーが彼の決断を通して経験した大きな転換のほどが感じとられるといってもよいでしょう。じっさい、彼は、この告白をくり返し記しています。

「キリスト者であるとは、人間であることだ。それは、一つの人間類型ではなく、キリストがわれわれの中に創造したもう人間のことだ。キリスト者を作るのは、宗教的な行為ではなく、この世の生活の中で神の苦難に参与することなのだ」(一九四四年七月一八日)。

《彼岸的なもの》が無限に遠いところにあるのではなく、具体的な人間としての——しかもゲッセマネの(!)——イエスとの出会いから経験されることを語っています。

こうしてキリスト教倫理は、信仰の《まったき此岸性》を修練することで、そこにおいて生の只中で神の祝福が経験され、またこの世における神の苦難をともに引き受けるものとなるのです。このようにして《この世》は、――内面性や誤った彼岸性ではなく――キリストを現実化する場となり、それに参与することがキリスト者の生の内容となるのです。このボンヘッファーの《まったき此岸性》への転換は、すでに『倫理』における《この世性》への志向の延長線上に立つものです。しかし、ここでは、苦難の意義がいっそう強調され、いっそう鮮明なものとなっています。

此岸性の深さと豊かさ

ボンヘッファーにおける《真のこの世性》を正しくとらえるためには、何よりもまず、その《深さ》を確認しておくことが必要でしょう。先ほど引いた一九四四年七月二一日の同じ手紙によれば、《此岸性》について、こういった表現もあります。

「僕が言うのは、〔世間的に〕開けた人びと・忙しく立ち働く人びと・無精な人びと・卑猥な人びとなどの、平板で月並みな此岸性のことではない。そうではなく、きちんとした節度をもち、死と復活との認識がつねにそこにあるような深い此岸性のことだ。ルターは、このような此岸性の中で生きていたと僕は思う」。

ボンヘッファーが、ここで「単純に人間である」ことについて語りつつ、同時に「きちんとした節度」＝訓練をともなう此岸性を強調していることが注目されます。《此岸性》あるいは《この世性》と言われているものは、ボンヘッファーにおいて、けっして自明のものではないのです。それは、いわば終末論的な次元をもっており、信仰を通してはじめて、その深い尊厳性が認められるのです。逆に、《平板な此岸性》は、既成事実の前に身を屈するだけで、「所与のものを越えて考える」自由（D・ゼレ）をもちえないものなのです。

《真のこの世性》は、第二に、此岸的生の《豊かさ》ということ、彼自身の言葉でいえば、《生の多声性《ポリフォニー》》という形であらわれます。ボンヘッファーは、この音楽の概念を用いて人間の神への関わりとこの世への関わりとが共鳴するという事実を説明しています。

彼は、《生のポリフォニー》ということを、たとえば婚約者マリーアとの関連でエロース的な愛と神への愛との関係をめぐって、詳細に説明しているのです。ボンヘッファーによれば、神を全心から愛することは、けっして人間に宗教的隷属性をもたらすものとは考えないのです。むしろ、神への関わりが人間を自立性へと解放するのであり、ここで人間の演ずるパートはたんに受動的な《反響》としてではなく、可能なかぎり強力に響く能動的な《対旋律》を形づくるものとされていることも注目に値するところです。

別の連関では、彼は、同じ事態を生の《多次元性》とも呼んで取り上げています。

「僕は、ここで、多くのことを同時に心に宿らせることのできる人は、つねに少ないということを、くり返し観察した。〔敵の〕飛行機が来れば、彼らは、ただ恐れるだけだ。おいしい食べ物があれば、ただ食欲だけだ。もし自分の望みがかなえられないと、彼らは、ただ絶望するだけだ。何かがうまく行けば、それ以外のものは、もう何も見えない。彼らは、生の豊かさや自己自身の存在の全体性の傍らを通り過ぎてしまう。彼らにとっては、すべての客観的なものや主観的なものは、解体して、ばらばらになっている。

これに反して、キリスト教は、われわれを同時に多くの異なった生の次元の中に置く。われわれは、いわば神と全世界とを自分の中に宿している。われわれは、泣く者と共に泣くと同時に、喜ぶ者と共に喜ぶ。われわれは……自分の生命のことを心配するが、同時に、われわれの生命よりも、はるかに重要な思想のことを考えなければならない。……考えることができるということ、そして考えることの中で多次元性を保持できるということは、何という解放だろう」。

同様にまた《真のこの世性》ということには、第三に、愚かさへの結ぼれからの解放ということも入っています。この問題については、すでに前掲の「一〇年後に」のエッセーの中で、愚かさこそがナチ支配体制を支える重要な基盤であることを指摘していました。しかも、愚かさが知的な欠陥というよりも、人間的な欠陥であり、歴史的・社会的な構造連関の産物であることも明らかにされていました。

《成人した世界》というキーワードによって、ボンヘッファーがナイーヴな《近代賛美》

に陥っていたかのように解釈するのは間違いです。彼もまた《啓蒙の弁証法》(ホルクハイマー＝アドルノ)の問題性、すなわち、理性があまりにも容易にさまざまのイデオロギーの奴隷となりうることを知っていたのです。

ボンヘッファーもまた、ルターと同じく、この世の事柄にたいして理性が大きな役割をもつことを認めています。しかし同時に、理性が神を避けて《自己への屈曲》(cor incurvatum in se)によって毒されうることも自覚していました。すなわち、理性は、それを虜囚の状態におく誤った《神々の支配》から、またイデオロギーの支配から解放されなければならないのです。理性にたいして、その本来の機能を回復させるためには、信仰による解放が必要なのです。ボンヘッファーが次のように記すとき、彼を《成人性》の楽観主義者とみなすことは不可能でしょう。

「人間は、すべてを解決した。ただ自分自身だけは解決できずにいる。あらゆることにたいして自分を安全に確保することができるのに、ただ人間にたいしてはそれができなかった。最後は、やはり人間が問題になる」。「教会は、あらゆる職業の人びとにたいして、キリストと共に生きる生活とは何であり、《他者のために存在する》ということが何を意味するかを告げなければならない」(「ある書物の草案」)。

しかし、逆にみれば、苦難の主にたいする信仰のないところでは、この世は、《作業仮説》としての神へ、疑似《宗教》へ逃げこもうとする誘惑にさらされています。この世は、みずからの《まったきこの世性》に踏みとどまることに耐えられないのです。なぜなら、人間は、神が存在しないかのように、まったく完全に孤独なままに生きることができにくいからです。自分の存在を支えるために、特定の地上的な価値を絶対視する幻想や偶像をつくり出すことになりがちなのです。それは、マモンであったり、カリスマ的権威であったりします。

この世を冷静に即事的《ザッハリヒ》に眺め、この世を冷静にザッハリヒに形成する責任をとることを可能にするのは、ボンヘッファーにとって、キリストの苦難にもとづく信仰です。このような意味で、キリスト信仰こそは究極的に真の《啓蒙》を可能にする根拠となるものだ、と彼は考えていたと言うべきでしょう。

その限りでは、ボンヘッファーによる《この世性》や《非宗教性》という概念は、基本的に《論争的《ポレーミッシュ》》なものなのです。それは、「平板で月並みな此岸性」に立つボンヘッファー解釈を逆転させます。なぜなら、この世のいわゆる《無神論》と言われるものの中に隠されたた《宗教性》を暴露してみせるものだからです。こうしてみれば、《非宗教的解釈》は、たとえば一九六〇年代に唱えられた《神の死の神学》とは、明確に区別されねばならないことがわかります。

今日では、彼らがボンヘッファーを誤って引き合いに出していたことは周知のところでしょう。ボンヘッファーは、「神の苦難」について語りましたが、「神の死」を主張したのではありません。彼の《非宗教的解釈》は、《神の御前で》《神と共に》生きる責任を負う行動を否定してはいないのです。神の存在は、彼にとって、懐疑の対象となったことはありませんでした。ボンヘッファーは、けっしてヨブではありませんでした。神は、彼にとって、いつでも生の根拠であり、彼の信仰と希望と愛を支える根拠でありつづけたのです。

秘義保持の規律

この連関で、ボンヘッファーにおける一つの重要な概念に触れておかなければならないでしょう。それは《秘義保持の規律》(Arkandisziplin)という言葉です。『獄中書簡集』の索引によれば、二カ所に出てくるとされています。

この言葉は、すでにベルリン大学およびフィンケンヴァルデの講義でも、それぞれ一度用いられています。彼の関心の深さを思わせます。この用語は、ボンヘッファーの断片的文章にあらわれる思想を理解する上で《非宗教的解釈》よりも以上に、いっそう難解なものです。それゆえ研究者の中には、この概念を用いることをまったく放棄する人もいるほどです。しかし、ボンヘッファーの神学全体をとらえる上で、この概念こそ中心にすえられねばならない、と説く人もあらわれています。

《秘義保持の規律》という言葉は、古代教会の生活で、礼拝の中心部分、聖餐式や使徒信条の斉唱などを未受洗者に参加させないで、閉じられた扉の中で行なったという背景にもとづくものです。こうしてキリスト教信仰の《秘義》を世俗化から守ろうとしたわけでしょう。たとえばフィンケンヴァルデの場合には、国家の全体主義的な要求から教会の領域を区別して、その自律性を守るために警告する言葉として用いられています。

しかし、『獄中書簡集』では、その概念には少し違ったアクセントがおかれているようです。危険は教会の外側からというよりも、むしろ内部から、教会自身がさらされている《世俗化》の誘惑にたいして《信仰の秘義》を守るためです。先にみたような、《啓示実証主義》にたいするボンヘッファーの批判も、信仰告白を安易に喧伝する宗教的なプロパガンダに類した手段となる危険性と関わっていたのでした。

《非宗教的解釈》についてみた項の最後で引いたボンヘッファーの文章(本書、三〇九頁、参照)に、これと関連する言葉がありました。《新しい言葉》の語られる「その時まで、キリスト者の事柄は、静かなこと、また隠された事柄であるだろう」というのです。すなわち、教会は、《成人した世界》にたいして福音を《非宗教的》に宣教しえないかぎり、——主にたいするその不服従のゆえに——むしろ、沈黙しているべきだ、というのです。適格性を欠いた未熟なままの発言よりは、むしろ、時を待ちつつ沈黙することが優っているのです。キリストを正しく語ることを学ぶということは、キリストをまったく新しく経験するために、今日、キリストについて沈黙することから始まるというのです。

《非宗教的解釈》は、けっして教会のこの固有の規律を否定し去ることを意味するものではありませんでした。じっさい、《秘義保持の規律》は、信仰のアイデンティティを守っていくために必要であると同時に、そのアイデンティティをこの世にたいして証ししていく力の源泉でもありつづけるのではないでしょうか。

「成人した世界における非宗教的解釈は、秘義保持の規律と結びつけて保持されなければならず、またその逆についても言える。もしこの両者が互いに強め合わなければ、それらは、ともに無意味で陳腐なものになってしまうであろう。この世性なき秘義保持の規律はゲットーであり、秘義保持の規律なきこの世性は、たんなる遊歩道《プールヴァール》である」(E・ベートゲ『ボンヘッファー伝』一九六七年)。

《秘義保持の規律》には、ボンヘッファーの育った家庭の教育環境も関わっていたことも見逃せません。そこでは万事について控えめに振る舞うこと、感じたことをすべてあからさまに口にしない寡黙さが重んじられたようです。こうした沈黙の修練なしには、彼が抵抗運動に関わることはありえなかっただろうと推測されてもいます。それは、いわば政治的な《秘義保持の規律》と関わっているからです(R・ベートゲ『ボンヘッファーの家庭と彼の神学にたいするその重要性』一九八七年)。

ゲシュタポによる逮捕・拘禁後の尋問に際して巧妙に立ち回りうる必要性という問題ばかりではありません。それは、自由や正義、義務や連帯、国民や祖国など、それまでボンヘッファー家の中で理解されていた政治的な諸価値が「悪の一大仮装」の下に政治的プロパガンダとして乱用される事実に反対することを促す動機ともなりえたでしょう。政治的抵抗運動へ加わったことは、彼が獄中において《秘義保持の規律》について再度、新しい角度から神学的省察のため取り上げる「一種の触媒」的効果をもっていたのかもしれません(A・パングリッツ「ボンヘッファーの《秘義保持の規律》を理解するために」二〇一四年)。

他者のための生

ボンヘッファーにとって、《真のこの世性》に生きる信仰とは、つまるところ何だったのでしょうか。信仰とは、イエス・キリストとの出会いにおいて「人間の全存在の転換」が生ずる経験です。「しかも、それは、イエスがただ《他者のために存在する》ということにおいてのみあたえられる」経験だというのです。これは「ある書物の草案」という、獄中からの手紙の終わりの方にある《新しい神学》の構想を記したメモの中の文章です。

「イエスの《他者のために存在すること》が超越経験なのだ！　自分自身に囚われない自由、死にいたるまで《他者のために存在する》ということ、ここから初めて全能・全知・遍在も出てくるのである。信仰とは、このイエスの存在に参与することだ。……神にたいするわれわれの関係は、考えうる限り最高・最強・最善の実在というようなもの――これは真の超越ではない――にたいする《宗教的な》関係ではない」。

この引用文の前の文章には、こう記しています。「神とは誰か？　第一に神の全能等々にたいする一般的な神信仰というのではない」と。そのようなとき、神は「延長された世界の一部」にすぎなくなる。そのようなときには、《宗教的》人間の《機械仕掛けの神》が出てくるにすぎない。ボンヘッファーによれば、むしろ、逆に、イエスの《他者のために存在すること》との出会いの中から、はじめて神の全能性にたいする信仰が成立するのです。キリストは真に愛する方、他者への愛に生きられた方であり、この他者を救う愛こそ全能なのだ、というわけです。ここには、いわば《下からの視点によるキリスト論》(P・ツィンマーリング)が展開されていると言うことができるかもしれません。

それでは、このイエスとの出会いから、どのようにして真の超越経験が生み出されるのでしょうか。ボンヘッファー自身は、その点について細かい説明はしていません。しかし、ボンヘッファーは、先の文章につづけて、さらにこう記しています。

「神にたいするわれわれの関係は、《他者のための存在》における新しい生、つまり、イエスの存在に参与することにおける新しい生なのである。数限りない、到達不可能な、もろもろの課題というのではなくて、その都度あたえられる、手の届く隣人が超越的なものなのだ」。

超越ということは、手の届かない遠い存在への関わりのことではなく、「その都度あたえられる、手の届く隣人」への関わりの中にある、というのです。じっさい、他者への愛における「隣人」と連帯して生きることは、自己自身からの超越を意味しています。イエス・キリストは、人びとを《宗教》、つまり、内面性や未成人性あるいは生の《限界》の中へ入れるのではなしに、《この世》において《他者のために》仕える《成人》した生へと呼び出すものである、というわけです。

「自分が他者のために何か意味のある存在でありうると感じることほど、ひとを幸福にする感情はほとんどあるまい。その際、数ということは、まったく問題にならない。むしろ、その内的な強さが問題なのだ。結局のところ、まさに人間関係こそ、端的に言って、人生において、もっとも重要なことなのだ」(一九四四年八月一四日)。

《他者のための存在》ということが《主》イエスの決定的なメルクマールであるように、《他者のための存在》ということこそ真のキリスト者の生活を特徴づけるものとなるのです。ここでは、すべては主イエスにたいする《服従》ということにかかっています。ボンヘッファーにとって、この服従は、ナチ支配下のドイツの状況では、ヒトラーにたいする抵抗運動に参加することを意味していました。《他者のために》仕える生と苦難と死とは、《他者のため》に苦難を負われたイエスの十字架のもとにとどまることを意味していました。この道を歩み、みずからの苦難を担い通すことこそ、キリスト教的実存の内容をなすものなのでした。イエスに服従することは、もはや教会内部における特定の宗教的行為をすることには尽きないのです。

こうしてみれば、ボンヘッファーにとって、《真のこの世性》に生きるということは、既成教会にたいする問いかけとならざるをえなかったのでした。これまでの教会形態を革新し、この世においてこの世のために生きるキリスト教の新しい在り方を問いかけているのです。すなわち、告白教会の闘争さえ、これまで組織としての教会を維持するという自己保身的なものになり下がりがちだったのですから。

こうした在り方から《他者のための存在》へと踏み出すことをボンヘッファーは求めているのです。「ある書物の草案」第三章の冒頭で「教会は、他者のために存在するときにのみ教会である」と規定しています。こうして宗教批判は、ドイツの伝統的な《国民教会》の在り方そのものにたいする批判へつながっていきます。彼は、同じ「草案」の中で、新しい教会と牧師の《模範的》な生活スタイルを素描してみせています。

「新しく出発するためには、教会は全財産を窮乏している人びとに贈与しなければならない。牧師は、ただ教会員の自由意志による献金によってのみ生活し、場合によっては、この世の職業につかなければならない。教会は、人間の社会生活のこの世的な課題に、支配しつつではなく、助けつつ、そして仕えつつ、参与しなければならない。教会は、あらゆる職業の人びとに、キリストと共に生きる生活とは何であり、《他者のために存在する》とは何を意味するかを、語らなければならない」。いずれにせよ、《成人した世界》を肯定することと、その世界の中でキリストに服従ることとを、ボンヘッファーは一つのものとして考えていたのでした。《此岸性》とそれが求める課題を肯定することは、《他者のために》生きかつ献身することを求めるものです。そのことによって、はじめてこの生は、《真のこの世性》としての深さと豊かさとを獲得するのです。

フーガの技法になぞらえて

ボンヘッファーは、この神学的な獄中書簡をベートゲにたいして、いわば「下書き」のつもりで書いたのだと記しています（一九四四年七月八日）。「君が僕の神学書簡を捨てずにいてくれれば、とてもいいと思っている。僕は、多分、それを後からもう一度、自分の研究のために読みたいのだ」と。この《獄中》書簡は、文字通り個人的にもまた歴史的にも、きわめて特異な限界状況から生まれたものでした。しかし、そのことは、それに盛られた神学思想の価値や影響力を小さくするものではありません。むしろ、その逆です。この書簡には、それが成立した《生活の座》（S・ダム）とそれを書き記した人物とを無視することのできるような、いかなる文章も含まれていないと言ってよいほどです。

ボンヘッファーの生涯と思想、その模索と問いかけとは、彼の死によって、突如、中断されました。それは、断片にとどまりました。しかし、それは、けっして無意味なままに、とどまったのではありません。彼の生涯と思想とは、今なお、その預言者的な意味を失ってはいないからです。最後に、ボンヘッファー自身が、この断片としての人生について、記している文章を引いて「生涯」と「思想」の分析を閉じることにしましょう。

「今日では、精神的な《ライフワーク》などというものが、どこにあるだろうか。そのようなものが成り立つための収集、研鑽、展開がどこにあるだろうか。……だが、われわれの精神的実存は、つねに一つの未完成《トルソ》品でありつづける。おそらく問題なのは、ただ人びとがわれわれの人生のこの断片から、全体は本来どのように構想され考えられていたのか、そしてそれがどのような素材からできているのかということを、見てとるかどうかにかかっているのだろう。結局のところ、がらくたの山に投げ込まれるほかない断片もあるし、またその完成はただ神の事柄でしかありえないゆえに、何世紀にもわたって意味をもつような断片もある。つまり、断片でなければならないような断片だ」。

こう記しながら、ボンヘッファーは、ふたたび音楽の用語によって、その生の断片性の秘義を説明しています。

「僕が考えているのは、たとえばフーガの技法のことだ。もしわれわれの人生が、そのような断片のかすかな反映であるとしても、その中で少なくとも短時間のあいだ、いよいよ強く重なって響き合う多様なテーマが調和しつつ、しかも、その中で大きな対位法が始めから終わりまで保たれるならば……そのとき、われわれは、自分たちの断片的な人生を嘆こうとは思わない。むしろ、そのことを喜びさえするだろう」(一九四四年二月二三日)。

III

遺産

フロッセンビュルクの村の教会堂の壁にとりつけられているボンヘッファー記念額.「ディートリヒ・ボンヘッファー　兄弟の中なるイエス・キリストの一証人　1906 年ブレスラウに生まれ，1945 年 4 月 9 日フロッセンビュルクに死す」

第8章　ボンヘッファーと日本

以下においては、ボンヘッファーの反ナチ抵抗にみられる《政治宗教》批判の視点を、政治宗教としての天皇制ファシズムとの関連において取り上げようとするものです。実は、ボンヘッファー自身が彼の論文の中で天皇制の問題にも言及しているのです。この驚かされる事実は、日本の読者にとって、まことに興味深いところではないでしょうか。

1　ボンヘッファーの天皇制批判

ナチ政治宗教批判

まず、ボンヘッファーによる《政治宗教》としてのナチ批判から始めましょう。ナチズムは、疑似宗教としての大衆的デマゴギーを武器とする二〇世紀最大の反動思想でした。ナチズムの場合、その《政治宗教》の構成要素としては、具体的な政治的《祭儀《リトゥルギー》》と並ぶ《教義《ドグマ》》として《支配民族》という人種神話や《指導者崇拝》という疑似救済論などに注目しなければなりません(前掲、宮田『ナチ・ドイツの精神構造』、第Ⅱ部「政治的言語と政治的祭儀」参照)。

たとえば、ナチ治下にあって子どもたちが《食前の感謝》のために唱える言葉は、ヒトラーへの祈りに近いものです。

「総統よ、神から私に与えられた私の総統よ!
私の生活を長く保ち守ってください。
あなたはドイツを深い苦難から救い出してくださいました。
私は、今日も、あなたに私の日ごとのパンを感謝します。
どうか私のそばにいつまでもとどまり、私を去りませんように。
総統! 私の総統! 私の信仰、私の光! 私の総統、万歳」。

これは、ドイツの敬虔な家庭で食前に唱えられる神にたいする感謝の祈りのヴァリエーションでした。

ボンヘッファーのナチ批判は、すでにナチ体制初期から鮮明にあらわれていました。すでに見たように、一九三三年一月のヒトラーによる権力掌握直後、ボンヘッファーが行なったラジオ講演の一節を引いてみましょう。

彼は、「本来、非陶酔的なものであるはずの政治的権威の理念」が、今日では、「政治的・メシア的な指導者理念」に変わっている事実を指摘しているのです。

「その権威の中には、彼の帰依者たちの教祖を仰ぎ見るような、まったく宗教的な考え方もいっしょに入っている。民族精神が、神的・形而上的なものであるところでは、彼らの精神を体現している指導者は、もっとも固有の意味において宗教的な機能をもっているのであり、そこで指導者はメシアなのである」

と断じ、さらに、

「もし彼がいつも追随者たちがそれを期待するように自分を仕立て上げようとする傾向に屈してしまったなら、――その時、指導者(Führer)の姿は誘惑者(Verführer)のそれにすりかわっていくのである」

とつづくのです。

これは、明確な《政治宗教》批判だと言ってよいものでしょう。その後も政治宗教批判の射程内において、ボンヘッファーの発言は、さまざまの形で跡づけることができます。一九三三年の指導者像批判につながる独裁者批判について、先の章で取り上げた遺稿『倫理』の中から代表的な一例を引いてみましょう。むろん、それは、ナチの思想統制下の状況からすれば、当然、直接的な表現ではなく、きわめて慎重な言い回しが用いられています。

「神が人となりたもうという使信は、悪人においても善人においても、人間を軽蔑し、あるいは人間を偶像化することが、知恵の究極的な帰結であると考えられているような時代にあって、その時代の核心に迫る神の攻撃である。平穏な時代の静かな流れにおけるよりも、むしろ、嵐の時代において、人間性の弱さは、よりいっそうはっきりと示される。予期しない脅威やチャンスに直面して、不安・欲望・依存心・獣性といったものが、圧倒的多数者の行動の動機として示される。このような時に独裁的な人間軽蔑者があらわれて、人間の心の低俗な部分を養い育て、これにほかの名前をあたえることによって、これを利用することは、まことにたやすいことである。低俗な人間が低俗になればなるほど、彼は独裁者の手の中での御しやすい道具となる。……独裁的な人間軽蔑者が、深く人間を軽蔑しながら、しかも彼が軽蔑している当の人たちからの人気を求めれば求めるほど、いよいよ確実に、彼は、自分の人格が群衆によって神格化されるのを経験する。人間の軽蔑と人間の神格化とは、深く関連している」。

ここには、「独裁的な人間軽蔑者」というだけで、具体的に名指されてはいませんが、あきらかに《ヒトラーのポートレート》(E・ベートゲ)が示されています。しかし、その関心は、ヒトラー像そのものの規定というよりも、むしろ、その犠牲となった人びとに向けられています。しかも、ここでは、権力によって身体的に弾圧・追及されている人びとではなく、一連のデマゴギーによって自立性を奪われ、人権や権力分立などについての判断力を奪われ、いわば《未成人化》されて体制の同調者・協力者となっていった民衆の姿に目が向けられています。視点を変えて言えば、これは、嵐の時代の中で、「イエス・キリストの受肉」という福音のメッセージが狂信的な指導者崇拝を《非神話化》することができる逆説を鮮やかに示すものでしょう。

こうした言葉は、ヒトラー支配下における《政治宗教》の機能にたいする痛烈な告発となっているのです。ボンヘッファーのナチズム批判の射程が、さらに日本の政治宗教にまで及ぶ点について次に取り上げてみましょう。

ボンヘッファーと天皇崇拝

ボンヘッファーの遺稿の中に、日本の天皇制について言及したところが二カ所あります。

その一つは、遺稿となった『倫理』の中で一九四〇年秋頃に執筆されたものです。それは、西洋的「遺産と没落」を論じた冒頭の箇所で、それと対比してアジアにおける歴史的遺産について、こう記しています。

「なるほど、アジア領域にも伝承されたもの(Überlieferungen)は存在しているし、しかも、それらは、われわれのもとにあるものよりはるかに古い。しかし、それにはアジア的な生き方にある無時間性ということがまとわりついている。西洋的な生き方ともっとも密接に結びついているところでも、つまり、日本においても、歴史そのものは神話的性格を帯びている。現在の日本の憲法第一条は、太陽神に由来する皇帝、〔つまり〕天皇にたいする信仰を義務づけている」。

全集版に添えられた手書きの草稿コピーを見れば、きわめて興味深いのは、「皇帝」という言葉――この用語そのものは抹消されてはいません――の上部に「天皇」(Tenno)という言葉がローマ字表記の原語で書き加えられていることです！

「時間性の意識と関係し、いっさいの神話化と矛盾する歴史的遺産(geschichtliches Erbe)という概念は、ただ、ある特定の場所と時間とにおいて神が歴史の中に入り来たりたもうたということ、すなわち、イエス・キリストにおける神の受肉という出来事が、われわれの思考を――自覚的にであれ無自覚的にであれ――規定しているところでのみ、成立可能な概念である。ここでは、歴史は、神聖なものとされることなしに、真剣な関心の対象となる。歴史にたいする神の《然り》と《否》とは――それは、イエス・キリストの受肉と十字架とにおいて聞きとることができるのだが――歴史の各瞬間に、限りない、廃棄しえない緊張をもたらす」。

いま一つの日本に関する言及は、一九四四年にテーゲルの獄中で執筆された論文「十戒の第一の板」において、いっそう尖鋭な形をとっています。それは、日本のキリスト者の国家的祭儀＝神社参拝(?)の可否をめぐって述べられているからです。

この点について私からの問い合わせにたいして、ベートゲ教授の手紙(一九八七年一二月)によれば、ボンヘッファーが言及している「国家の皇帝礼拝」というのは、「神社参拝」そのものよりも、むしろ「キリスト教会の礼拝における皇帝〔礼拝〕的儀式」を指しているのではなかろうかということでした。もしそうであれば、一九四二年末に行政指導に従って教会の礼拝や会合の一部に採り入れられた《国民儀礼》を意味しています。それは、当時、《宮城遥拝》《勅語(詔書)朗読》《英霊への祈念》などの政治的儀礼をふくんでいたものです。

「国家が命ずる行為に参加することが偶像礼拝となる境界線を定めることは、かならずしも容易ではない。……日本のキリスト者の大部分は、最近、国家の皇帝礼拝に参加することが許されていると宣言した。すべてこの種の決定においては、次のことが考えられねばならない。すなわち、第一に、要求されているこの種の国家的行為への参加において問題になっているのは、誤解の余地なく、他の神々を礼拝することなのかどうかということである。そうである場合には、拒否することがキリスト者の明白な義務である。第二に、問題になっているのが宗教的行為なのか、それとも政治的行為なのかについて疑問があるときには、右の決定は、次の点にかかっているであろう。すなわち、その行為に参加することによってキリストの教会と

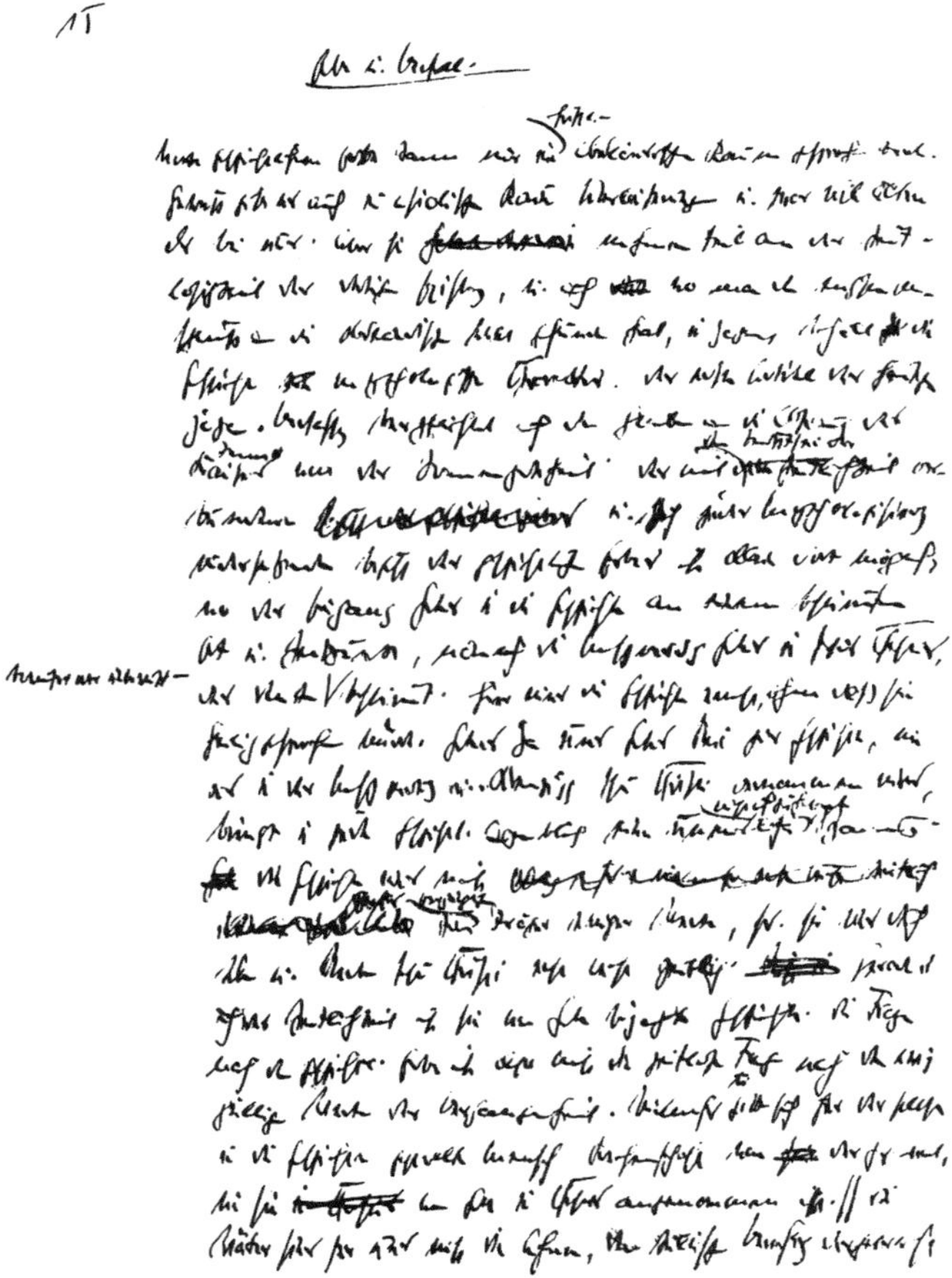

『倫理』の草稿．タイトルの下，本文の上から８行目左端に，Tenno と加筆されている

この世とにたいして躓《つまず》きをあたえ、それゆえ少なくとも外見的にはイエス・キリストを否認したかのように思わせることにならないかどうか、ということである。キリスト者たちの共同の判断にしたがって、もしもそうでないのなら、参加をさまたげるものは何もない。しかし、もしそういうことになるのなら、そのときには、ここでも参加は拒否されなければならない」（『選集9　聖書研究』生原優他訳、新教出版社、一九六五年、所収）。

ボンヘッファーは、それについて一義的な判断を示してはいません。しかし、神格化された天皇制支配と国家神道の《政治宗教的》結びつきを考えれば、彼の議論から引き出されうる結論は明らかです。

2　ナチ・ドイツにおける日本認識

日本帝国の憲法体制

ボンヘッファーのこうした日本像が、具体的にどうした情報にもとづくものか、いまでは確定的に言うことはできないようです。このことを問い合わせたとき、ボンヘッファーのすぐれた伝記を著わしたベートゲ教授からも、推定的な回答しか得られませんでした。しかし、個別の情報源如何という問題を越えて、当時、一九三〇年代から四〇年代にかけて、ナチ・ドイツ社会で一般的にどんな日本認識が抱かれていたかをふり返っておくことは、後論との関わりで、いっそう有益なように思われます。

まず、日本の憲法＝政治構造については、オットー・ケルロイター（当時、ミュンヘン大学教授）の文章を取り上げてみましょう。彼は、日独文化交流のプログラムに従って、ナチ国法学の代表的な学者として来日し、一九三八年末から一年間、日本各地でナチ体制の憲法構造について啓蒙的な紹介講演を行ないました。そのかたわら、同時に、日本における同じ問題について情報を集め、帰国後、ドイツ当局および学界にたいする報告を行なっています。その報告の一つには、日本の憲法構造について、こんな文章が記されているのです（ケルロイター『新国家論』大串兎代夫訳、日光書院、一九四二年）。

「〔憲法の〕章の中で天皇の御地位を取扱ふ第一章が最も重要であり、またこの章の中でも第一条から第四条までが特別に重要である。何故なればこの四ケ条に純粋に日本的な、天皇政の憲法的表現が圧縮された形で試みられてゐるからである。

天皇の御地位は最高の政治的権威であらせられるばかりでなく、「現人神《あらひとがみ》」〔lebendiger Gott〕として宗教的なるものにまで高められた日本の政治的世界観の実体であらせられ、特に日本的思考をもつて理解せらるべきであるのである。こゝに於て日本神話は憲法法規の中に有機的に生かされてゐるのである。日本神話によれば皇室の御先祖であられる天照大神は皇孫瓊瓊杵尊《ににぎのみこと》に神勅を下された。

「豊葦原ノ千五百秋《ちいおあき》ノ瑞穂ノ国ハ、是レ吾《あ》カ子孫《うみのこ》ノ王《きみ》タルヘキ地《くに》ナリ。宜シク爾皇孫《いましすめみま》就《ゆ》キテ治《しら》セ、行矣《さきくませ》。宝祚《あまつひつぎ》ノ隆《さか》エマサムコト、当《まさ》ニ天壌《あめつち》ト窮リナカルヘシ」。

既にこれによつて　天皇の御地位の憲法的説明も、従つてまた憲法第一条乃至第四条の解釈も日本的伝説に基いてのみ、これをなすべきであり決して西洋国家主義的観念をもつてなすべきではなかつたことを確定し得るであらう」。

当時、わが国の思想界をゆるがした天皇機関説についても言及されています。

「美濃部教授の根本の誤謬はドイツ国家学説に於て、就中《なかんずく》ゲオルク・エリネック及びラバンドによつて代表せられた自由的実定法主義の思想を採用した点にある。就中美濃部教授はこれ等の学者から自由主義の根本の誤りである法から政治を区別する考へを採用してゐる。これによつて教授は　天皇の御地位を憲法的に国家機関として説明出来るものと信じ、これによつて法を政治から分離することが典形的に日本的な憲法の基礎を全体的に破壊するものであることを見逃してゐる」。

軍部からの圧力によって、日本政府は、《国体明徴》のための声明を公表せざるをえなくなりました。美濃部の著作は発禁となり、彼の学説は公権力的に弾圧されるにいたったのです。こうした過程は、日本における《天皇制ファシズム》の成立にとって画期をなすものでした。じっさい、当時、すでに一九三〇年代末には、天皇機関説をめぐる若手ドイツ人研究者による博士論文さえ公刊されていたのは注目に値するでしょう。クリストフ・ケンプ『現代日本における国家思想の転換――とくに天皇の地位を中心として』と題するものです。ケンプは、この中で、たとえば大日本帝国憲法第三条「天皇ハ神聖ニシテ侵スヘカラス」を説明して、こう記しています。

「それゆえ天皇には、他の国王たちにも認められる国王大権が当然に帰属するばかりではない。また彼は、たんに《神の恩寵にもとづく皇帝》であるのではなく、みずから神なのである」と。

この第三条は、第一条の「大日本帝国ハ万世一系ノ天皇之ヲ統治ス」という規定とあわせて、立憲君主制という「受容されたヨーロッパ的制度にたいして〔日本〕民族固有の神道主義的な天皇制観」を示すものだ、と記し、「日本憲法の最高原則」をなしていると明言しています。この論文では、機関説問題を契機とする《国体明徴》運動についても紹介されていますが、そうした政治の動向を「人種的に異質な(artfremd)〔西欧〕思想の克服」(傍点、宮田)といった題名のもとに論じているのは、いかにもナチ・ドイツの公法学者らしいところでもあります。

この若手研究者は、その後、日本に留学し、その研究成果としてドイツの公法雑誌に「日本の憲法学の展開」について詳細な報告を行なっています(一九四〇年)。そこでは、とくに《日本中心的学派》として神がかり的な天皇論をくわしく紹介し、『国体の本義』の解説で締めくくっています。これは、日中戦争の始まる一九三七年の春、文部省教学局の手で編纂頒布されたものです。

そこでは、「現人神」としての天皇はこう規定していました。「皇祖皇宗がその神裔であらせられる天皇に現れまし、天皇は皇祖皇宗と御一体であらせられ、永久に臣民・国土の生成発展の本源にましまし、限りなく尊く畏き御方である」と。国民は皇室を《宗家》として仰ぎ「君民一体の一大家族国家」を形成するものとされたのです。当時、東京に在住していたフランクフルト新聞の通信員リヒャルト・ゾルゲは、こうした政治体制を正当にも《全体主義的君主制》と呼んでいます（「日本の政治的指導」一九三九年）。

日本とナチ・ドイツの同盟関係が緊密化する中で、一方において、こうしたドイツ側からの文化交流が進められていたばかりではありません。他方では、日本側からも研究者やジャーナリストによってドイツ語で書かれた日本に関する論文の寄稿や著作の刊行なども盛んに行なわれました。しかし、当然のことながら、神がかり的な天皇制の議論が少なくありません。

代表的な一例として日本の世界政策を論じた政治学者の一人藤沢親雄（元九州帝国大学教授。当時、日独同志会思想部長）の著書を取り上げてみましょう（独文『日本の世界政策における宇宙論的方向性』一九三九年）。彼は、元来、オトマール・シュパンやカール・シュミットなどによる西欧近代リベラリズム批判を援用した上で、《皇道》の優越性を説く手法をとる思想家でした。いわばナチ支配初期の理論による権威づけを必用としている限りでは、独一性を誇る日本主義者としての理論的脆弱さを示しているとも言えます。

藤沢は、前掲の独文著作において、日本神話を当時の日本の実際の外交政策と結びつけて議論しています。「大日本は神国なり」という北畠親房の引用から始め、「日本を世界の他の諸国から区別するところのものは、疑いもなく、神話の時代と現代とのあいだに事実上絶えることのない連続性がある、その歴史である」と論じています。彼は、さらに日本の国政の特徴として「宇宙的原理と国政的原理との同一性」を強調してこういうのです。

「宇宙の循環において成長を促す春が硬化した生命を滅ぼす秋と交替するように、戦争と平和とは宿命的にかつ不可避的に継起せざるをえない。……すなわち、天皇は、その宇宙的な根源的生命法則の生きた具現者としての性質にもとづいて、共同体の生活が妨げられることなく発展するように社会的・軍事的な勢力を一致させることができる。これらの勢力が調和しながら共通の目的を追求するために補完し合う根拠は、まさに両勢力が天皇の聖なる人格の中にある同じ根源的な原則から流出するものだからである」。

天孫の後裔である天皇は、「無秩序と闘争との中にある世界を一つの家族共同体――その懐ろの中にすべての民族がそれぞれの素質と生命力とにしたがって、各々そのところを得しめられ、それぞれの文化を完成することができる――に転換する」世界的使命の前に立っているのである、と。

こうした神がかり的な議論は、ケルロイターにとっても、さすがについていけなかったようです。藤沢論文を引きながら、彼は、最近の日独の公法学者の仕事が「天皇制の固有の神話的要因をいささか強調しすぎる」「危険な傾向」について指摘しているからです。それは、イデオロギー一辺倒になることによって、国家の問題や国際関係を論ずるときに所与の政治的状況や具体的な利害状況との結びつきを見失う誤りを犯しやすいということです(ケルロイター『日本の政治的相貌』一九四〇年。第二版、一九四三年)。

ナチ公法学者によってさえ批判されるイデオロギー過剰の狂信ぶりは、前述したボンヘッファーの批判、すなわち、神話の無時間性との関わりにおいて注意してよい点ではないでしょうか。

日本の国家的祭儀

第二に、国家的祭儀の問題については、どのようにみられているのでしょうか。

ケルロイターは、国家神道が「固有の意味では宗教とみなされていない」と記し、それが「いっさいのナショナルなものの神化」に仕え、「絶対化された政治的世界観」を培う本来的手段となっていると指摘しています。こうした「ナショナルな精神の崇敬は、神にまで高められた最高権威である天皇の人格を中心として捧げられるものである」。

しかし、このような「神格化」は「すべての国民的な偉人」、とくに「祖国のために倒れた人びと」にも妥当し、彼らは東京の靖国神社に「祭られて」いる、と（前掲、ケルロイター『日本の政治的相貌』）。

国家的祭儀に関連して、「国家的祝日には、学校の生徒たちは集団的に国家の神社に連れていかれ、そこでナショナルな崇敬をあらわさなければならない。一九三一年に出された文部省の通達によれば、この生徒たちによる公式の神社参拝は、純粋に愛国的行動であって宗教的な行動ではない、と解釈されている。それによってキリスト教主義学校の教師や生徒たちの参加にともなう困難がとり除かれるためである。それは〔じっさい〕少数の例外を除けば成功している」。こうしてみれば、ケルロイターが、かなり正確に当時の状況を把握していることが分かります。

ケルロイターと同じ頃、来日したドイツの東アジア宣教会の神学者ゲールハルト・ローゼンクランツ（戦後、テュービンゲン大学宣教学教授）は、一九三〇年代末から四〇年代初めにかけて、『現代日本の宗教状況』（一九三九年）など、いくつかの著書を公刊していま す。その中で、彼は、日中戦争の勃発以来、「日本ナショナリズムの宗教的要求」が全体主義的な圧力を高め、日本のキリスト者が直面するにいたった困難な状況を、かなり正確に描いています。

「いまや一方には国家神道は宗教にあらずとする政府命令があり、他方には国家神道は本質的に宗教だという宗教史的事実が対立している。一方では帝国憲法は信教の自由を保障しているが、他方では公権力はキリスト者もまた国家神道に参加することを強制している。一方では文部省は信教の自由にたいする下級機関の侵害を非難しているが、他方では天皇にたいしてのみ責任を負う軍部の監視機関である憲兵隊は、くりかえし、キリスト者が侵害とみなさざるをえない状況をつくり出している。一方には《人間となった神》(＝現人神)としての天皇崇拝をもつナショナルな宗教があり、他方にはイエス・キリストにのみ神の啓示を認める世界宗教がある」(ローゼンクランツ『極東の行方』一九四〇年)。

この本には、当時、陸軍省によって編集されたドイツ文の宣伝文書『皇軍の敢闘精神の涵養』からの引用もあります。中国大陸への侵略が宗教的に正当化されているのです。「天皇の神的課題にたいして基盤を拡げるため、その神性を崇めない人びとは、神性を崇めるように回心させられなければならない。……すなわち、同じ神を崇敬しないものにたいして、彼らのために正義を樹立し、全世界を光被するための軍事行動は、神的勇武の根本原則である。悪が力を振るう神なき世界において、この神的勇武の剣を用いて正しい道が切り開かれなければならない」。

ローゼンクランツは、こうした国家的圧力を前にして日本のキリスト者が直面していたディレンマを伝えています。彼らは、中国戦線における日本軍のための慰問活動を行ない、また公的儀式の際に掲げられた天皇の肖像写真――当時、《御真影》と呼ばれた――を前にして「一同で拝礼している」と。こうして「外面的には」日本のキリスト教界は、戦争によってつくり出された状況に共同歩調をとっているように見えるけれども、「内側をみると」それほど一致しているというわけではない、ということも指摘しています。

一方では、国家神道＝非宗教という政府見解の有効性に無条件でしがみつこうとするキリスト者のグループをあげています。彼らは、政府のとる行政措置に無条件の信頼をあたえている人びとで、とくに官職についているプロテスタントやカトリック教会だという。じじつ、一九三六年には、ヴァティカン当局は、神社参拝を愛国的な国家的儀礼と認定して、それに参加することを許可していたのでした。

ローゼンクランツは、さらにナショナリズムとの一体化をはかる別のグループについても触れています。彼らの中には、天皇がその「不可侵」の人格をもつ神の受肉だと説く者もいる。神性には四つの位格があり、キリスト教の神の三つの位格のほか、天皇としての位格ももつ、という意見もある。さらに、キリストは霊魂の救い主であり、天皇は諸国民の救い主だという者もいる。さらに、旧約聖書に代えて神道の聖典をとり入れよという声があるかと思えば、ヤハウェとアマテラスとは同一であり、旧約聖書と日本の伝統とを結合せよという声もある。しかし、こうした解決策は、日本の民族主義者からすればアマテラスの地位を制限するものとして疑いの目でみられている……。

こうしてみれば、当時、ドイツにおいて、すでに日本の宗教＝教会状況についても、かなり豊富な情報が伝えられていたことが分かります。ローゼンクランツは、彼の報告を次のように締めくくっています。

「日本のキリスト教の現在の状況が示すのは暗いイメージである。彼らは、自分たちにとって生死にかかわる状況の中に立たされている。彼らは、努力してその決断を下さなければならない。この闘いにおいては、天皇信仰との対決が問われているのである」。

ローゼンクランツは、最後に、当時、帝国議会で立法化の迫っていた宗教団体法についても言及しています。この法律は「キリスト教にたいして仏教や教派神道と並んで公的に平等な権利をあたえることになるであろう。疑いもなく、そのことは、キリスト教が日本におけるその社会的＝教育的な活動によってなしとげてきたこと、さらにまた現在において中国北部で平和をもたらすために果たした彼らの忠誠と協力とを国家が承認したことを意味している」。

しかし他方において、彼は、この宗教団体法のもつ危険性にも目を閉ざしていません。この法律は「政府にたいして、その保護に入らない宗教運動や新しい結社に対抗する法的措置をとることを可能にさせるばかりでなく、また国家が承認した宗教をも監視する法的な手段をあたえるものである。というのは、この法律によれば、日本精神に反するいかなる教義も持ってはならないことになっているのだから」。

先のケルロイターも、この宗教団体法に関する論文で、この法律が「日本における特殊な宗教的発展を考慮するとともに、国家の重大な利害関心を守るための明確な規定をふくんでいる」と、ローゼンクランツとは逆の立場から肯定的に結論していたのでした。

その後、一九四一年六月には、この宗教団体法にもとづいて、プロテスタント各派が合同して日本基督教団が結成されました。このとき、神道的国家主義のドグマに矛盾するようにみえる信仰箇条の表現、たとえば「天と地の創造者」としての神といった表現を用いることは許可されませんでした。讃美歌の歌詞からは、「審き主キリスト」といった終末論的告白も削除されねばならなかったのです。

ボンヘッファーの天皇制批判

それでは、ボンヘッファーの前掲(『倫理』)の文章に、もう一度返ってみましょう。

大日本帝国憲法第一条に言及しつつ、彼は、その「神話的性格」を指摘しています。神話的思考というのは、彼が、つづく文章で記すように、「永遠に妥当する過去の諸価値を求める無時間的な問い」と関わるものでしょう。それは、永遠の継続を、すなわち、無時間性を志向しています。アジア＝日本においても、キリスト教的ヨーロッパより

「古い」伝承を語りうるとしても、それは、原理的に「無時間性」と関わるものであり、いっさいの時代を通じて同一の仕方で継承されていくものが問題とされるにすぎないのです。先にみた藤沢の議論が天皇制支配の特徴を宇宙的生命の循環過程に比定した論理を想起することもできるでしょう。

これにたいして、ボンヘッファーによれば、「神話化と矛盾する歴史的遺産」という概念は、「ある特定の場所と時間とにおいて神が歴史の中に入り来たりたもうた」ことによって、時間にたいする新しい関わり方、新しい時間性の意識があたえられるところに成立するのだ、というのです。イエス・キリストの受肉と十字架とにおいて聞きとられる「歴史にたいする神の《然り》と《否》とは、歴史の各瞬間に、限りない、廃棄しえない緊張をもたらす」と。

ユダヤ＝キリスト教的な世界像においては、この世界は、神の創造とともに始まり、――イエスの受肉とともに歴史的時間の計算（＝西暦）が始まり――キリストの再臨を望みみることによって、この世界といっさいの時の終わりが来るということを知っている。この終末論的意識は、歴史の各瞬間において下される決断に真剣さをあたえる。「歴史は、神聖なるものとされることなしに、真剣な関心の対象となる」。ここには、まったく新しい時間性の意識が成立するのだ、というのです。

ボンヘッファーがつづけて記しているように、「むしろ、ここでは、歴史の中におかれている人間自身が現在についての責任をとる」ことを問われる。すなわち、特定の《時》と《場所》とにおいて、たえず変わりうる《状況》にたいして、人間は真剣に決断を下しつつ歴史を形成する主体となる。そこから、はじめて、次代にたいして継承される歴史的遺産について語りうるであろう。——ボンヘッファーの言わんとするところを、一応、このように理解することができるでしょう。しかし、これが彼の言おうとしたことのすべてだったと言い切ってよいのでしょうか。

この天皇制批判の文章は、たとえばハインツ・E・テート教授(ハイデルベルク大学)によれば、『倫理』草稿における《暗号化》の一つとして解釈されています。私の問い合わせにたいして再度にわたり詳細な回答が送られてきました(一九八七年五月)。

「ボンヘッファーは、ここで、むろん、——偽装して——アルフレート・ローゼンベルク『二〇世紀の神話』、すなわち、ナチ党の規範的な訓育書に反対しているのです。その本では、《北欧的》=《アーリア的》(ゲルマン的)神話を《千年帝国》の神話に高め、したがってキリスト教的西洋の歴史的遺産から脱出しようと試みています。ボンヘッファーは、ナチスによって《著作禁止》処分をうけていましたし、抵抗運動参加者として自分にたいする告発の材料となるものを何一つ、つくってはならなかったのです。それゆえ、彼は、ナチ歴史の神話的性格について論ずるのではなく、日本において歴史が神話的性格を帯びていることについて記しているのであります」。

ボンヘッファーの天皇制批判は、ナチ批判の含意をこめた一つの《暗号》である、と。そうであるとすれば、おそらく、一九四四年の彼の文章(「十戒の第一の板」)における日本のキリスト者の政治的儀礼への参加の問題は、――テート教授の手紙に直接触れられてはいませんでしたが――同じようにナチ・ドイツにおけるヒトラー崇拝をはじめとする政治的祭儀＝政治宗教への批判をこめていると見ることができるのではないか、と考えられます。

じっさい、先に紹介したナチ公法学者の日本憲法論そのものに、天皇の権威と総統ヒトラーの権威との類比が明言されているのは、この連関において、まことに興味深いところです。天皇機関説批判の学位論文で、ケンプは、大日本帝国憲法第一条および第三条に示されるように、天皇こそ「日本の究極の原理」であると結論していました。そしてこの「天皇の地位は、ドイツの指導者国家の概念構成によって容易に理解することができる」というのです。そのような類比的説明のために――先の藤沢親雄の示唆によるとして――《第三帝国の桂冠法学者》視されたエルンスト・R・フーバーの《指導者》概念を長文にわたって注記しています。

「指導者は民族の代表者である。利益代表という意味ではなしに、真の意味において、すなわち、彼が民族の統一性を目に見える形で具現しているゆえに。指導者は、みずから民族の政治的意志の担い手である。それゆえ、彼は、たえず変動する民意とか、たえず交替する多数派に縛られるのではない。自分の直接的な洞察から行動する。彼は民族の客観的な理念のために闘うのであり、場合によっては、たんなる民意の主観的な恣意に抗しても行動するのである。彼の支配は、民族の理念と存在とにもとづくものであるゆえに、たんなる権力にも、たんなる合法性にももとづくものではない。その支配は正当性と権威とをもつものである……」（フーバー『憲法』一九三七年）。

こうした事実は、いよいよテート教授のいう《暗号》説の正しさを裏書きするものと思わせます。しかし、だからといって、このボンヘッファーの天皇制批判を、実際には日本のことではなかったとして無視するだけではすまされないでしょう。

彼は「遺産と没落」の章を「歴史的遺産については、ただキリスト教的・西洋的領域においてのみ語りうる」という文章で始めていました。はたしてその通りか。日本においては「歴史的遺産」は成立することはないのか。そこには、宗教的＝政治的＝歴史的な構造の上で、どんな固有の事情が存在してきたのか。ボンヘッファーの神話と歴史への問いにたいして、天皇制支配下の歴史にたいして応答する責任があるのではないか。以下に述べるところは、比較宗教＝比較文化の中で試みたボンヘッファーの《暗号》について日本の視点から試みた一つの注釈です。

3 《暗号》解読の一つの試み——日本の視点から

帝国憲法第一条の問題

一八八八年六月、枢密院における帝国憲法草案審議の冒頭に、議長の伊藤博文が憲法制定の根本精神について述べた次の言葉は、よく知られています。

「今憲法ノ制定セラル、ニ方《あたっ》テハ先ツ我国ノ機軸ヲ求メ、我国ノ機軸ハ何ナリヤト云フ事ヲ確定セサルヘカラス。機軸ナクシテ政治ヲ人民ノ妄議ニ任ス時ハ、政其統紀ヲ失ヒ、国家亦《ま》タ随《したがっ》テ廃亡ス。……抑《そもそも》、欧州ニ於テハ憲法政治ノ萌セル事千余年、独リ人民ノ此制度ニ習熟セルノミナラス、又宗教ナル者アリテ之カ機軸ヲ為シ、深ク人心ニ浸潤シテ、人心此ニ帰一セリ。然ルニ我国ニ在テハ宗教ナル者其力微弱ニシテ、一モ国家ノ機軸タルヘキモノナシ」(丸山真男『日本の思想』岩波新書、一九六一年より再引用)。

そして彼は、こう結論するのです。

「我国ニ在テ機軸トスヘキハ、独リ皇室アルノミ。是ヲ以テ此憲法草案ニ於テハ専《もっぱ》ラ意ヲ此点ニ用ヒ君権ヲ尊重シテ成ルヘク之ヲ束縛セサラン事ヲ勉メリ。……乃《すなわ》チ此草案ニ於テハ君権ヲ機軸トシ、偏《ひとえ》ニ之ヲ毀損セサランコトヲ期シ、敢《あえ》テ彼ノ欧州ノ主権分割ノ精神ニ拠ラス」。

彼は、この結論を日本の憲法政治の絶対的な前提条件として提出したのでした。丸山真男の鋭い注釈によれば、そこには、明治憲法体制は君主主権を不易のものとする「政治的保障」に加えて、ヨーロッパ文化の《機軸》であった「キリスト教の精神的代用品」をも兼ねるという「巨大な使命」が託されていたことになります。伊藤がヨーロッパ憲法政治の《機軸》をなすキリスト教に着目するとき、おそらくプロイセン憲法にいう《神の恩寵にもとづく君主制》といった宗教の政治的＝社会的統合機能に、より多く関心をもっていたのかもしれません。じっさい、伊藤自身の『帝国憲法義解』(一八八九年)には、キリスト教的国家論に立つプロイセン保守主義の代表者フリードリヒ・J・シュタールの名前も引かれていました。

いずれにせよ、近代日本の国家的確立過程で、宗教的権威との何らの相剋も存在しなかった特異性に注目しなければならないでしょう。エーミール・レーデラーも指摘するように、「国家と宗教(教会ではない。このことが、たとえばロシアとの相違である)の一体性こそ、日本における近代国家思想をはじめて可能にしたのである。国家は、宗教的権威において形象化され、じっさい、それは、神々の系譜に立つ王朝の中に可視的な形で具現されている」(E・レーデラー『日本‐ヨーロッパ――極東における転換』一九二九年)。

こうした《神々の系譜》の連続性を成り立たせるものとして、とくに注目されるのは天皇の即位にあたって一度かぎり行なわれる大嘗祭でしょう。大嘗祭の実体については秘密の部分が多く、歴史学者や民俗学者によっても、なお、さまざまの解釈が行なわれてきました。いずれにせよ、天皇みずから執行するこの密儀的な祭儀によって、天皇は皇祖の神(＝天照大神)と一体化する。これによって、はじめて天皇の身体に天皇霊が宿り、天皇が《現人神》＝天皇になる、とされるのです。

じっさい、戦国乱世の時代に、経済的理由、その他の理由のため大嘗祭をあげえなかった天皇は《半帝》とさえ呼ばれたと言われています。こうして歴史学者や民俗学者の指摘するように、《祭司王》としての天皇は神を祭るものでありつつ、祭られる神でもある。その人格において、天皇は、聖と俗とを兼ね合わせているのです。

この《現人神》としての天皇のもつ古代宗教的な魅力こそ、日本の古代国家の確立期に、社会集団の対立を越えた一個の政治的統合力として機能してきた秘密なのでした。それ以後、天皇は、政治上の機能から疎外された時期においても、貴族層や武士団の尊敬の念を逆用することによって、支配の正当性を認証する地位を一貫して保ちつづけることができました。それが皇祖皇宗以来、《万世一系》の伝統的＝宗教的権威として賛美されてきたわけです。大日本帝国憲法第一条の背景には、こうした神話＝《神々》の系譜が立っています。

たしかに、帝国憲法第一条にうたう《万世一系》という概念そのものに、本来的な宗教的含意がこめられていたわけではないかもしれません。しかし、たとえば宗教学者の山折哲雄の指摘するように、伊藤が《皇室の機軸》というとき、次の事実を見逃すことはできないでしょう。

「その機軸ということばのなかに神道や仏教を止揚するかのごとき一種の宗教的有効性の観念をすべりこませようとしていたことも、同様に真実であったのではないかとわたしは思う。かれは皇室の機軸という、いわば脱色された抽象的表現のうちに、《祖宗の霊》という超政治的な有効性の政治的転用を意図したのではないかと思うのである。こうして天皇統治の万世一系性は、その暗喩的文脈においては、皇室の祖先祭祀に支えられてはじめてその固有の政治的意味を発揮することができる仕掛けになっていた」(山折哲雄『天皇の宗教的権威とは何か』三一書房、一九七八年)。

《万世一系》の背後にあるのは、神道的ナショナリズムと結びついた《政治宗教》としての天皇制なのです。その正当性は、ウェーバーのいう伝統的支配に加えて、《皇祖皇宗》以来の天皇霊の無限の転生・再生による《相続カリスマ》の継承と言えるでしょう。ともかく、明治維新における《王政復古》後、《祭政一致》が近代日本を導く疑似神学的原則として採用されたことに注目すべきでしょう。

一九三〇年代に日本のファシズム化の進行する中で、建国以来の天皇統治の本質として、《祭政一致》の伝統がくり返しうたわれたのも、ここに由来しています。しかし、こうした疑似神学的な原則から、どのような政治学的結論が引き出されることになるのか、典型的な例として前掲の藤沢の主張を引いてみましょう。

「世界の他の諸国家が孰《いず》れも「人為国家」で興亡恒《つね》なき有様であるのに反し、我国は唯一の「神為国家」として、宇宙さながらに悠久絶対であり、宇宙の生命原理が最も純粋に発現してゐるのである。……されば日本は悠久なる宇宙生命と直接に交感し得る祭政一致の神国である」(藤沢親雄『日本国家学原理』三省堂出版、一九四四年)。

しかも、こうした主張の背景には、あきらかにユダヤ＝キリスト教的な世界像にたいする批判が横たわっていたのです。藤沢によれば、こうしたユダヤ＝キリスト教的世界像では、神と被造物とのあいだには明確な断絶がある。「神は「造れるもの」であり、人は「造られたもの」であつて、従つて二者は全く別個の生命的なつながりのない存在である。故に神的なものは直ちに人的なものにつながり、普遍的なるものが特殊具体的なるものと溶融してゐると云ふ神道的宇宙真理に反するのである」。

しかし、日本国憲法下の現在でも、なお神道神学においては、同様の議論が跡を絶っていないようにみえます(葦津珍彦『神道的日本民族論』神社新報政教研究室、一九六九年)。しかも、ここでも、「天皇国日本」は「高天原」と「祭りを通じて常に相往来する一系列の関係にある」と言われているのは、まことに暗示的です。こうした神道的世界像こそ、ボンヘッファーの指摘する歴史的遺産の欠落と深いつながりをもっているのではないでしょうか。すなわち、ここでは、歴史形成のための責任主体の析出が困難になっていくのではないでしょうか。

こうした事実関係を、いま少し詳しく追求してみましょう。この神道的世界像においては、「神道は、高天原にしても、幽世《かくりよ》にしても、これを他の宗教のやうに現世の地上の国と断絶した存在とは信じないで、現世の地上の国との連続的関係にあるものと信じてゐる。……実は、ここに神道と国家との《分離》の行はれがたい根本的な理由がある」と説かれています。

このことは、一面からみれば、神々の発生と人間の出生とを神統記的連続性においてとらえる宗教意識の表現であると言えるでしょう。しかし、それゆえにまた、ここでは、神と人間、創造者と被造物とを分かつ質的断絶が長い歴史にわたって意識されることが乏しかったのです。そしてこの事実こそ、まさに国家を人間の《制作品》(J・ブルクハルト)としてとらえる近代的な政治観の成立を妨げてきた重大な要因の一つでしょう。

つまり、ヨーロッパの近代国家は、世界の支配者としての神の主権が世俗化され、絶対君主が国家の主権者として登場するにいたって成立しました。それまでの封建社会における分散した権力と地域とを統合して斉一的な社会と市場とをつくり出すためには、強力な絶対主義権力を不可欠としていたからです。しかし、この君主主権は、市民社会の成熟とともに、ついには人民主権の原理に転換されます。すなわち、近代的市民は、いまや人権と社会契約の担い手として歴史の舞台に登場し、みずからが政治生活の主動者となるのです。社会契約による国家の基礎づけ＝正当化にまさって、《作為》の原理を明らかに示すものはありません。よく格言的に口にされるように、契約よりも以上に神秘的でないものはないのです。しかし、《天孫降臨》による神勅主権に立って《祭り》と《政治》とを一体化させた疑似宗教国家においては、それは、まったく不可能なことだったのです。

このことを別の側面からみれば、現世と連続し《地》からの断絶性をもたない《天》は、超越的普遍性はおろか、すでに儒教的な《天》のもちうる普遍的規範性をも失うことにならざるをえないのです。たしかに、中国の伝統の中にも、天子独行の《祭天》と《政治》との密接な関わりが認められていました。その形式は、先にみた古代日本の《祭政一致》と似ているようにもみえます。しかし、そこでは、天子は《天》を祭り、《天》の命を受けてはじめて政治を行なうとされていたのです。

つまり、古代中国の皇帝は、民衆の福祉を全うすることによって、みずからを正当化しました。皇帝は、たえず自分が正当な支配者であることを立証しなければなりませんでした。敗戦であれ天災であれ、彼が《天》の恵みの下にないことが明らかになれば、もはや帝位にとどまることはできなかったのです。こうして儒教においては、王朝は交代し、それは、原則的に永遠に存続するものではありえなかったのです(M・ウェーバー『儒教と道教』木全徳雄訳、創文社、一九七一年)。これに反して、神道的世界では、《天》に訴える《易姓革命》の代わりに、神統記的連続性としての正当性が優越しています。ここでは、天皇は、事実上、《神々の子》として妥当し、それゆえ原理的に、いっさいの批判を越えるものとされるのです。

このように宗教的《カリスマ》をもつ天皇の権威の存続は、政治権力の交代を不徹底にし、政治を合理的に形成することを不可能にしたのでした。そこから生まれたのは、一方において権力行使の自己規律を曖昧にしたこと、すなわち、権力者が外的世界のみでなく内的世界もふくめて人間を全体としてとらえ、支配しようとする誘惑にかかりやすいということです。他方においては、それは、超越的ないしは真に宗教的な価値による規範意識や責任意識が目覚めることを妨げる要因ともなってきました。

このように神々と人間とが連続し、宗教と政治とのあいだの緊張意識を生まなかった伝統こそは、人間が歴史の形成主体となり《歴史的遺産》を生み出すことを阻む遠因となったと言えるのではないでしょうか。

日本の政治的祭儀の問題

第二に、国家的祭儀の問題についても短くふれておかなければなりません(D・C・ホルトム『近代日本と神道ナショナリズム』改訂版、一九六三年)。

大日本帝国憲法の下においては、《信教の自由》の保障は、きわめて脆弱たるを免れませんでした。それを規定した第二八条の背後にあったのは、信教の自由を近代国家の基本原理とみなす西欧諸国における国際世論の強い圧力でした。こうした外交政策的考慮から、明治政府は、いわば《必要悪》として信教の自由を認めざるをえなかったのです。しかし、けっして普遍的な人権として保障されていたわけではありません。すでに「安寧秩序ヲ妨ケス及臣民タルノ義務ニ背カサル限ニ於テ」(第二八条)という規定の示すように、限定的にあたえられた「日本臣民」としての権利にとどまったのです。

とくに前述のように国家統合の精神的機軸に天皇崇拝を据え、しかも宗教的に根拠づけるため国家神道に国教的地位をあたえたことによって、信教の自由の空洞化は、いっそう促進されました。この点において、憲法の条項のなかに政教分離の原則がまったく登場しないのは、きわめて症候的です。なぜなら、両者は車の両輪のような相補的関係にあり、政教分離の機構的保障を欠くとき、信教の自由は、それ自体として実質的に存立しがたいものだからです。

こうして、明治以来、神社は国家の営造物として租税によって維持され、神官・神職は国家の官吏としてその地位を保護されてきました。神道は日本の国民的道徳とされ、国家的公事における神社参拝も国民的慣習として位置づけられたのです。政府は、公的には、つねに「神社は宗教にあらず」とする解釈に立ち、そうした論拠から信教自由の原則に違反しないものと強弁してきました。しかし、すでにこうした論理において、神社に《超宗教》的性格をあたえ特権的存在として認める解釈そのものが、つまるところ、神社に《国教》的地位を帰することにほかならなかったのです。

じじつ、日本ファシズムの台頭とともに、国家神道は、まさに超国家主義的な思想統制の手段として利用されるにいたります。代表的な神道学者の一人によれば、神社参拝を拒否すること自体が、憲法第二八条のいう《安寧秩序》の違反として、信教の自由を剥奪されるべき罪過とみなされたのです。

「国家的神道は、日本の国体そのもの、換言すれば、単なる人間に在《いま》すのでは無く、人に現はれ給ふた神即神皇を拝戴して、この日本国家が出来てをり、神人同格系に立って、神皇を奉戴して、そこに我が国体の精華が存してをる以上、斯《かか》る国体神道即国家的神道が日本国家の宗教、日本国民の宗教であることは論を待たない。……故に日本人にして、若《も》し其の先入主の宗教の為めに、我は国体神道、広く云へば国家的神道を信奉せずと云ふ人があるとすれば、それは安寧秩序を妨げ、臣民たるの義務に背くものの標本と云はなければならぬ」(加藤玄智『神道の再認識』章華社、一九三五年)。

こうした国家神道の中で、靖国神社は特別の位置を占めてきました。なぜなら、明治維新以来、日本近代史を通ずる全戦死者が――ただし佐幕派や官軍に抗した反体制側の人びとを除き――ここで神として祭られてきたからです。これは、元来、長州藩で行なわれた招魂祭の形式を踏襲して始められたものでした。それは、民俗学的には、非業の最期を遂げたものの霊を慰め、そのたたりを鎮めるという、根強い民間信仰の一種である御霊信仰にもとづいていると言われています。

しかし、靖国神社問題を考える上に、こうした合祀における明治政権の元来のモティーフをふり返ってみる必要があります。それは、たんに国家的祭典によって戦死者を記念し、その霊に正しく報いるというだけではなかったのです。むしろ、その顕彰と合祀とを約束することによって、現に生存している国民にたいして天皇制への関心を高めることを意図していたのです。「靖国神社は皇上御仁徳の余沢と、国民尽忠の精神との結晶にして……忠魂を慰むる為に神社を建てて永く祭祀せむ、益々忠節を抽《ぬきん》でよ、との最《もっとも》忝《かたじけな》き叡慮によりて創建」されたものとされています(靖国神社編『靖国神社誌』一九一一年)。

こうして日清・日露の戦争から太平洋戦争にいたるまで、国民は天皇の名によって行なわれる戦争において斃《たお》れた場合、「護国の鬼」として靖国神社に祭られてきました。日本の庶民のあいだにある伝統的な宗教観念を巧みに吸収しながら、靖国神社は日本軍国主義の精神的支柱として、その命運をともにしてきたのです。じっさい、それは設立当初から陸軍省(のちに海軍省も加わる)の管轄下に運営され、宗教と軍隊との奇妙な結合関係がみられる稀有の例と言わなければならないものでした。

近代日本にデモクラシーの定着をみなかった根本的な阻害要因には、こうした天皇崇拝と結合した国家神道の存在をあげなければならないでしょう。天皇と神社とが国民の思想と生活とにおける政治的タブーとされ、それに触れるものは司法的弾圧と社会的迫害とを予期しなければならなかったのです。それによって、驚くほど濃密なコンフォーミズムが社会全体を支配したのは当然でしょう。

ナチ・ドイツの政治的祭儀

こうした国家神道をめぐる国家的祭儀に関連して、もう一度、ナチ・ドイツの問題に返ってみましょう。

ナチ・ドイツでは、ヒトラーにたいする忠誠とか国民的な統合を生み出すために、さまざまの政治的宣伝が行なわれ、さらに、さまざまの政治的祭儀が新しくつくり出されました。ニュルンベルクで行なわれたナチ党大会に代表されるように大規模な国家的祭典から始まり、民衆の個人生活＝日常生活に密着した季節ごとの祭りとか、あるいは誕生祝い、結婚祝い、さらには葬式というような人生儀礼にいたるまで、ナチ式の新しい祭儀が演出されたのです。

この中でとくに興味深いのは、祖国と民族のための死を賛美するナチ・ドイツ版の《ヤスクニ》の祭りでしょう。それは、なかんずく一一月九日の《ナチ運動の殉教者》の祭儀に、もっともよく表われていました。

この祭儀は、ヒトラーと第一次大戦の英雄エーリヒ・ルーデンドルフ将軍が一九二三年一一月八日の夜、ミュンヘンで起こした反革命のクーデタに由来するものです。その目標としては、第一次大戦後、ヴェルサイユ条約を受け入れざるをえなかったヴァイマル政権——当時、《一一月犯罪者》たちと誹謗されていました——の打倒が掲げられていました。翌九日早朝、二人を先頭にした街頭デモが将軍廟にさしかかったとき、軍と警察隊によって前進を阻まれます。銃撃によって隊列にいたナチ党員たちが撃ち倒され、一揆は完全に失敗に終わりました。

しかし、ヒトラーの権力掌握後、この《将軍廟への行進》は伝説化され、このとき死んだ一六名の党員たちは、ナチ運動の《血の証人》として宗教的に崇敬されることになったのです。一九三五年には、ミュンヘンのケーニヒ広場には《栄誉殿堂》が建設され、その中にはナチ運動の一六名の《殉教者》たちが《ドイツ国民のための警告のしるし》として《永遠に》休らうことになりました。街頭では、毎年のように、一九二三年の《血染めの党旗》を先頭に掲げた記念行進が行なわれました。《古参党員》たちは、胸に《血の勲章》を着用して、その行進に参加する栄誉を担ったのです（前掲、宮田『ナチ・ドイツの精神構造』参照)。

こうしたナチ的祭儀によって、ナチ・イデオロギー以外の思想や宗教を根絶しようと試みられたわけです。しかし、キリスト教的伝統をもつドイツ社会では、なお抵抗が強く残っていたようです。ナチのリーダーたちが未来に思い描いた国家宗教のモデルは何であったか。それは、国家神道と結びついた日本の天皇制にほかならなかったのです。たとえば一九四二年初め、東部戦線の総統大本営において、ヒトラーは、『卓上語録』の中で、天皇制について絶賛の言葉を語っています。

「二〇〇〇年にわたってケーザルは最高の指導者をあらわす概念だった。日本人は、彼ら独自の概念をもっている。天皇は彼らの宗教全体の支配者でもある。それゆえ、わが国でも国家権力と党権力とは、けっして引き離してはならないのだ。民族の指導と国政の指導とは、一個の人格のうちに一体化されていなければならない。日本人は一六〇〇年以前に、つまり、教会がまだ介入してくる以前に、わが国に存在していたままの古来の状況を保持しているのだ」と。

しかし、同じ一九四二年の末に、ドイツ軍がスターリングラードで死闘をくり返していた頃、ゲッベルスは、彼の編集する週刊紙『帝国』の巻頭論文「その生を完成した人びと」の一節で、日本賛美を慨嘆しつつ記さねばなりませんでした。

「われわれが国民意識と宗教心とを完全に一致させるエネルギーを生み出さなかっ

たことが、われわれの国民的不幸である。われわれの望むものが現実にどんなものかは、日本国民にみることができる。そこでは、宗教的であることと日本的であることとは一致する。この国民的および宗教的な思考と感情との一体性から、巨大なダイナミズムをもった愛国のエネルギーが湧き上がってくる」。

しかし、さらにこう続きます。

「戦死した英雄たちのヒロイズムを国民的な神話に拡大するような、戦死者にたいする宗教的義務というものを、われわれドイツ人は残念ながらまだ持ってはいない」。

ゲッベルスは、日本の伝統と比較して、ドイツにおける愛国心の稀薄さを嘆いているのです。彼がここで希求していたのは、あきらかに日本における《ヤスクニ》の祭りだったと言ってよいでしょう。そして国家神道と結びついた天皇崇拝こそ、ナチ・ドイツが羨望してやまない政治宗教のモデルにほかならなかったのです。

一九四二年末にゲッベルスが週刊紙『帝国』に載せた先の文章は、もしかすればボンヘッファーの目にふれるか、あるいは耳にふれる機会があったのではないか、といった《知的想像》にかられます。

しかも、このナチ版《ヤスクニ》祭儀である一一月九日の祭儀について、ボンヘッファーがつとに批判的注視を怠らなかったという事実も、この連関で見逃しえないところです。彼は、この「国家的式典が明白な祭儀的形態をとり、……聖書的用語を用いて行なわれ」ていることについて、告白教会指導部にたいして批判的な態度表明を促す警告を発していたのです。

　してみれば、一九四四年に獄中にあってボンヘッファーが「十戒の第一の板」についてつづった文章には、まさにナチ的政治宗教への批判的な問いが仮託されていたと考えることには十分理由があると言えるのではないでしょうか。じっさい、ベートゲ自身も、当時をふり返りつつ次のように指摘しています。

　「ナチ時代に、たとえば将軍廟における一一月九日の祭儀によって当時の〔政治〕宗教的要求がさし迫った脅威となったとき、第一戒は、ふたたび有効な気象観測気球《ゾンデ》として体験しうるものとなったのだと確信されたのである」(『第一戒と同時代史』一九九一年)と。

　いずれにしても、日本ファシズムは、さまざまの点で、ナチズムの後塵を拝してきました。軍事技術の面における後進性から政治指導者の矮小性にいたるまで、ナチズムに較べて、いっそう劣悪だったのです。しかし、この政治的祭儀＝国家的祭祀による思想統制という一点においては、日本ファシズムが圧倒的な優位に立っていたことがわかります。ナチのイデオローグや政治的祭儀の演出家たちさえ、日本のそれを模倣しようと努めたのですから。天皇神格化の論理と心理＝《国体の精華》は、実に《世界に冠たるドイツ》をも超えていたのです！

4　ボンヘッファーの問いかけるもの

日本国憲法下の精神状況

天皇制ファシズムとしての政治宗教は、日本帝国の敗戦とともに瓦解しました。新しく制定された日本国憲法は神格天皇制から象徴天皇制に転換しました。すなわち、天皇は「国政に関する権能」をもたない「国民統合の象徴」であり、その地位は「主権の存する国民の総意」にもとづくと規定されたのです。それとともに、日本史上はじめて政教分離に担保された信教の自由が普遍的人権として保障されるにいたりました。神道から国教としての地位を失わせ、一九四六年年頭に天皇みずから「人間宣言」により神性を否認しました。それは、あきらかに政治宗教の《世俗化》と呼びうる現象を生み出すことになったのです。

一般に社会の世俗化が進行し始めると、宗教は、一方では民衆の私的心情へと収斂するか、それともまた他方では、《儀式》ないし儀礼として外形的硬化に向かいがちです。政治宗教としての天皇制の場合、前者は、しだいに民衆心理における《あこがれの中心》として拡散されていきました。一頃、《皇室ブーム》の現象をめぐって天皇の正統性の根拠が《皇祖皇宗》から大衆的《合意》に変化したという《大衆天皇制》(松下圭一)の論議も盛んになりました。しかし、スターとしての《聖家族》が伝統と血統の権威にたいする敬愛に由来するかぎり、そうした《大衆化》には一定の限界があることも明らかです。じっさい、天皇の人間宣言にもかかわらず、民衆の感性的レベルでは天皇は非日常的環境においてとらえられがちで、民俗学者によれば《生き神》的存在として機能しているのではないかと言われてきました。

そのことは、昭和天皇が死の床にあったとき、日本国中に生まれた一種の大衆的パニック状態で実証されたかのようでした。そのとき社会生活のさまざまの場面で、一斉に《自粛》(＝集団的禁欲)ムードが支配的になり、海外ジャーナリストを驚かせたのです。天皇が亡くなったとき、日本のマスメディアからは、まったく一面的な天皇報道が流れました。天皇は侵略戦争の開始には何ら関与していなかったし、彼の《聖断》によって《終戦》、すなわち、降伏による連合諸国との平和回復がもたらされたなどなど。こうして天皇の生涯におけるすべての行為は美化され、天皇なしでは日本の平和も繁栄も不可能であるかのようなイメージが民衆意識に広がったのです。今日でも、天皇制像に批判的と見られる意見にたいして、それを封じようとする脅迫的な言動が報じられることも少なくありません。

こうした中で、他方では、天皇制の問題性は《儀式》化の側面にも出現してきました。これまでくり返されてきた靖国神社《公式参拝》をめぐる論議では、天皇が公的な資格において参拝することができるか否かということが大きな争点でした。最高祭司としての天皇の役割期待には、依然として祭司性の伝統にたいする固執が示されています。批判的な宗教学者によれば、天皇は、今日でも皇室祭祀において《祭司王》として行動していることは疑いないと見られています(村上重良『天皇の祭祀』岩波新書、一九七七年)。

この点に関連して注目されるのは、明仁天皇の即位に際して一九九〇年秋に行なわれた大嘗祭です。これは、前述したように天皇が新穀の《神人供食》さらには《神人同床》の秘儀によって皇祖(天照大神)と一体化するという伝統的な祭儀です。この神道的祭儀を宗教的行事以外のものとして理解することは不可能です。こうした皇位の世襲儀礼を保守政権は、当時も現在も、天皇代替わりに際して踏襲するため「《公的性格》を持つ皇室行事」と強弁して国費支出をつづけようと努めています。

明仁天皇夫妻は、しばしば被災地や戦跡地に足を運び、「お見舞い」や「慰霊」の行動を通して、天皇の名において行なわれた戦争責任の一端を担っていることを自覚し、平和を願う姿勢を一貫して示してきました。それは、保守勢力による天皇元首化をもふくむ改憲志向や軍拡政策を危惧する人びとのあいだで、《保守独裁》への《歯止め》の代替として期待を抱かせ、象徴天皇制の理解者と支持者の輪を広げてきたことは確かでしょう。

とはいえ、《象徴》としての天皇は、国旗や王冠のように《事物》ではありません。あくまでも生きた《人格》であり、語りかけ行動しうる存在です。それによって現実に政治的な影響をあたえうることも否定できない事実です。

たとえば占領体制終結後の段階で、昭和天皇が日本人記者との那須会見において「神格《否定》は二の次」と発言したことは、「人間宣言」を台なしにするかのような響きがあり、当時、国際的にも注目を浴びました。《象徴》にとどまることに努めてきた明仁天皇がビデオ・メッセージの「おことば」で退位の意志をほのめかせ、「国政に関する権能」について心ある人びとを慄然とさせたのも最近のことです。それは、異なった状況の中では、改憲勢力による別の方向を目差す天皇利用の危険性に通じうるものだからです。

天皇代替わりの際の皇室行事にひそむ《皇祖皇宗》とのつながりが「国民の総意」にもとづくという日本国憲法の国民主権の原理にたいして少なくない緊張と矛盾の関係をはらんだものであることは否定できないでしょう。代替わりをめぐる最近の世論の動向にたいして上げられた警鐘の声に注目させられます。「国民が選出したわけではない天皇の権威に依存し、代行してもらおうという心情こそ、主権者国民の責任を曖昧にし、民主主義の精神を掘り崩すものです」(渡辺治「平成流の象徴天皇」、『朝日新聞』二〇一九年三月七日付)。

閉塞した政治状況を打破して平和な社会をつくり出すために政治を変えるには、国民が真の意味で自立的になり、現実に政治参加を通して、みずから市民的責任を果たす行動が必要です。——批判的な新聞投書やSNSの有効利用から、署名活動や街頭の抗議行動での意思表明、少なくとも主権者として一票を投ずる行為にいたるまで。

政治の《成人性》のために

このような事実を前にして世界史的パースペクティヴの中で批判的基準となるのは、次のような視点ではないでしょうか。

「根本的にいって、今日、なお一七世紀および一八世紀におけると同じく、国家と教会(＝宗教)の分離にたいする問い、それとともに徹底的な世界観の自由にたいする問いこそ、われわれが密かになお神話的国家観に依存しているかいないかが、そこにおいて露呈される地点にほかならない」(W・シュヴァイツァー『非神話化された国家』一九六八年)。

こうした角度から、最後に、ボンヘッファーの《暗号》に触発されて、彼の思想遺産に即して二、三の教訓をふり返って結びとしましょう。

彼の問いかけから学ぶべき第一点は、政治の《成人性》についての思想的視点です。近代国家の本質的メルクマールは、国家が宗教的に中立的であることです。政治の《世俗化》が認識され承認される場合にのみ、政治の世界においても真に責任感をもった政治的主体も育ってくるのではないでしょうか。国家と宗教が分離されたとき、はじめて市民的自由も基本的人権も確実に保障されうるのです。自由に思考し信仰することのできるシステムなしには、何らの市民的イニシアティヴも生まれてこないでしょう。

ボンヘッファーは、すでに一九三二年の論文の中で、端的にこう述べていました。

「教会は政治の限界であり、それゆえ、すぐれた意味で政治的であると同時に非政治的である。……教会の発する第一の政治的言葉は、固有の限界を認識すること、非陶酔的たることへの呼びかけである。……有限性としての政治、これこそ教会の発する最初のすぐれて政治的な言葉である」（「教会とは何か」、『選集7　キリスト論』村上伸訳、新教出版社、一九六七年、所収）。

ここには、後年のボンヘッファーの《成人性》＝真の《この世性》につながる視点が認められます。政治と宗教との分離のための基本的前提は、たんに制度・機構としての国家と教会の相互の不干渉・不関与といった二元論ではありません。むしろ、政治の世俗性の保障と、市民の成人性の承認という基本的認識でなければならないのです。『獄中書簡集』の言葉を用いれば、この世が成人化するということは、この世が「自己自身」に目覚めるようになり、こうして彼岸に訴えることなしに「あらゆる重要な問題において《神という作業仮説》の助けを借りることなしに自分の身を処理する」ことができるようになる、ということを意味しています。

政治と宗教との分離、さらには信教＝良心の自由は、古代国家以来、国家的後見のもとに立たされてきた人間が、いわば宗教的に《成人化》したことのメルクマールにほかなりません。そして個人の宗教的な成人化は、社会と政治の成人化と対応するはずでしょう。宗教の同一性が国民的統合のきずなとなり、国家宗教の権威が臣民の服従を正当化するという考え方は、もはや完全な時代錯誤にすぎません。

国家は市民生活の外的条件を整備し保障することを課題とするのであり、それは、ただ世俗的手段をもってのみ遂行されるべきものです。そしてこの国家の《世俗性》の自覚こそ、はじめて政治に本来固有な自律性と責任性をもたらしうるのではないでしょうか。

すなわち、政治は純粋に相対的な事柄にのみ関わり、徹底的にこの世的に志向するものです。それによって、地上的な状況と時間との中で、現実の与件を用い、あたえられたチャンスを生かして勝負していかなければならないのです。政治的現実への冷静な対応、誤った政策決定から学習する能力、真の二者択一《オルターナティヴ》的政策の提示——つまるところ、政治的課題の解決を即事的《ザッハリヒ》に取り上げる合理的態度は、この世を真にこの世たらしめる成人した人間と成人した政治とによって、はじめて可能となるものでしょう。

政治宗教としての天皇制下の状況は、まさにその正反対のものでした。《神聖》天皇をめぐって設けられたタブーや慣習は、政治体制の安定化に寄与したかに見えるにせよ、一般民衆の個性や主体性を発達させることを決定的に阻害してきました。儀式尊重や神話の信仰が強制された結果、宗教上・思想上の偽善が生まれ、全体としての国民性の上に歪みを生じました。とくに天皇の統治権にたいする国民の絶対的服従が強調されたため、有効な世論や健全な政治批判の余地が失われていきました。

してみれば、戦後、神道から国教の地位がなくなり、天皇が自己の神性を否認したことによって生じた最大の効果は、《国家の世俗化》(D・C・ホルトム)と呼んでよいものでしょう。ボンヘッファーの《成人性》と宗教批判の政治的射程が、日本において生産的な結びつきをもちうることは否定できないところです。

政治の《成人性》という要求は、他方において、たとえば政教分離の原則の不法な侵害や制限にたいして断固として反対する責任をも国民すべてに課しています。宗教＝良心の自由を保障するために闘うことは、同時に、長期的には射程の広い人権の自由を保障することに貢献するでしょう。

精神的自由というのは、一見したところ、隠微で目立たない私的な関心事にすぎないように見えるかもしれません。しかし、それは、国家が絶対化することを原理的に拒否し、《全体主義》化することを阻止する契機となりうるでしょう。そこから生まれる市民的自発性こそは、政治参加の精神を支え、デモクラシーを不断に活性化していくエネルギー源ともなるものだからです(前掲、宮田『国家と宗教』)。

《抑止の論理》を越えて

ボンヘッファーから学ぶ第二点は、平和主義＝反ナショナリズムという観点です。たとえば、すでに取り上げた《ヤスクニ》論議の根底にあるのは、戦死者を神々に祭り上げることによって軍事的理想を高揚させることにありました。《未来的志向》という名目の下にかつての植民地支配や侵略戦争にたいする反省を意図的に回避したり、逆にそれを自虐的な行為でもあるかのように誹謗する声も強くなってきました。とくに最近の東アジアでは、《新しい冷戦》的動向の中で、日本国憲法の平和主義を生かす新しい国際関係を目差す努力の代わりに、自衛の名の下に《積極的》な軍事攻撃も可能となるような軍備拡大の政策が次々と打ち出されています。

こうした現状の中で、先に紹介したボンヘッファーのファーネー講演(一九三四年八月)を、再考してみましょう(本書、一四頁以下、参照)。これは、世界教会会議の青年協議会における発題講演であり、当時、迫り来る世界平和の危機にたいする情熱的な警告の声として、聴衆に深い感銘をあたえたものでした。軍拡＝戦争の政策を支えるものとして、ボンヘッファーが注目したのは、一つにはナショナリズムの亢進であり、いま一つは、それと結びつく《安全保障》という軍事思想です。

この講演の終わりに近く、ナショナリズム批判が明確に打ち出されています。

「平和は存在すべきである。なぜならキリストがこの世界にいましたもうのである

第8章　ボンヘッファーと日本

から。……そしてキリストの教会は、同時に、すべての民族の中に、しかも、すべての民族的・政治的・社会的・人種的なものの境界を超えて生きるのである」。

ボンヘッファーによれば、民族とは「共通の歴史や血や言語」によって結ばれたもの、したがって、それは「世界内的なもの」です。たしかに、それは、どうでもよいものではないかもしれない。しかし、キリストの御前における「究極の結びつき」を意味するものではけっしてない。自分の属する民族にたいする結びつきが《究極的》な事柄とされるなら、世界平和の使命にたいするキリスト者の責任を疑わしいものにするだろう。そればけっして認めることは許されない。「彼らは互いに武器を向けることはできない」というのです。

それでは、彼の平和主義はどのように提起されていたのでしょうか。政治的な条約の体系によるのか。あるいは、平和の保障という目的のためにいずれの側でも平和的な再軍備をすることによってか。けっしてそうではない。これらすべてによっては平和は来ない。その理由は、これらすべてを通して平和(Friede)と安全(Sicherheit)とが混同され、取り違えられているからである。平和は安全保障の反対である」。

安全を求めるということは、相手に不信を抱き自分自身を守りたいということである。平和が安全保障と取り違えられると、この相互不信感こそ戦争を引き起こす機縁となる。

き、それは、いつも破れざるをえない。平和と生存とを脅かしているのは、けっして敵側だけの責任ではない。むしろ、相手側にたいして軍事的・心理的脅威をあたえることが自分の側の安全保障になると互いに考え合っていること、そこから生まれる敵対関係そのものに責任がある、とされるのです。

このボンヘッファーの認識の正しさは、核兵器による《抑止の論理》による軍拡競争や今日の《対テロ戦争》による恐怖と殺戮の応酬によって証明されているのではないでしょうか。互いに相手に投影した敵対関係のイメージが政策決定や民衆行動のモティーフとして再生産される限り、軍事力による《抑止の論理》は生きつづけます。こうして操作される不安と脅威こそ、民衆動員のため不可欠な支配手段として現在もなお国際関係を規定している《核の迷信》なのです。

ボンヘッファーは、こう考えていました。平和は敵に対抗することによって保障されるものではなく、相手と共に生きる《平和への冒険》の中から生まれてくる、と。彼は、ファーネー会議で平和のための公会議(Friedenskonzil)を提案しました。世界の教会が一致して全世界のキリスト者に向かって良心的兵役拒否を行動の指針として提案するときにのみ、世界中の人びとが教会の声に耳を傾けるようになるだろう、と。それは、従来の公会議の歴史やエキュメニズムの歴史に照らしても、先例のない画期的な発想でした。それだけに、ボンヘッファーの提案そのものは、当時、まったくかえりみられませんでした。

彼の非現実的な夢想とも見える国際的な兵役拒否の呼びかけは——対象がキリスト者に限られたものだったとはいえ——いまふり返ると、日本国憲法の平和主義の原理に通ずるところがあるのではないでしょうか。「平和を愛する諸国民」への信頼を掲げる憲法前文と「いっさいの戦力」放棄を規定した第九条の精神は、個人として戦闘のために武器を手にしない良心的兵役拒否の原理を国家的規模に拡大する先駆的意味をもつものとして理解することもできるからです。

じっさい、ファーネー講演の中には、こんな言葉も語られていたのです。

「もしある国民が、武器を手に取ることに代えて、祈りつつ、かつ非武装で、それゆえまさに唯ひとつ善なる闘いの装備を携えて侵略者を迎えるなら、それが世界にとってどんな意味をもちうるのかを知っている、と私たちの中の誰が言えるだろうか」。

ファーネー以後ようやく半世紀にして、彼の意図したものが《公会議にまで熟した》(W・フーバー)ものとして注目されるにいたったのは偶然ではありません。ヴァンクーヴァーでの世界キリスト教協議会(一九八三年)において、この平和構想が彼の名前と結びつけられて公的に取り上げられたのです。それ以来、ヨーロッパ各国の教会を中心に、「正義、平和および被造物保全に関する世界会議」の開催を目差す運動が進められ、のちにソウルにおいて実現をみたのでした。そこでは、戦争のない平和な世界だけではなく、南北格差や環境破壊、資源収奪などを越える公正な国際的秩序とともに、被造物すべての生命を《自然的権利》として守る宇宙的な平和の倫理が望まれているのです。

《責任倫理》のエートス

ボンヘッファーの平和思想を取り上げるとき、しばしば、彼が一九三〇年代末から反ナチ抵抗運動に加わった事実が問題にされてきました。ボンヘッファーにおける平和主義と暴力的抵抗とのあいだに矛盾があると考えるからです。しかし、この矛盾とみえる事実は、ボンヘッファーの《責任倫理》がけっして原則主義的な《規範倫理》ではなかったことを思い起こせば、おのずから解消するのではないでしょうか。

原則的倫理は、人間を彼が生きている歴史的状況から引き離す抽象的な倫理です。ボンヘッファーが原則主義的な平和主義者であったなら、暴力行使をともなう反ナチ抵抗に参加することは不可能だったかもしれません。これに反して、《責任倫理》のコンテキストにおいてとらえられた平和主義は、別の可能性をもっています。それは、理想や原理＝規範に固執するだけの心情倫理から出てくるのではなく、特定の歴史的状況における信仰的服従として平和の実現に仕えようとするものだからです。

ボンヘッファーの《平和主義》の頂点とされるファーネーにおいて問われていたのは、

ナチ・ドイツの軍拡とドイツ社会の軍事化とによるヨーロッパ戦争の脅威、さらにそれに触発された国際的な軍拡競争の危機にたいして平和の証しをすることでした。こうした歴史的事実に照らせば、ボンヘッファーの平和思想については、さまざまの時期と段階とにおいて異なった形で働く《ダイナミックな平和概念》という視点を入れて考えるべきかもしれません(M・ハイムブッハー『キリストの平和――世界の平和』一九九七年)。

すなわち、彼が抵抗運動に加わって以後の時期には、ナチ・ドイツによる侵略戦争は既成事実となっていました。すでに平和は破壊され、戦争の惨禍がいっそう拡大するのを阻止することこそ緊急に問われていたのです。それにたいしては、もはや全世界の教会による《平和主義的》な信仰告白を表明するだけでは不十分でした。想像を絶する残虐な大量殺戮まで進行し始めていた非常事態に直面して、伝来的な規範倫理では事足りぬ《自由な冒険》が求められたのです。

すでに見たように、ボンヘッファーは、抵抗運動を《責任倫理》的に反省しながら《罪の引き受け》という深い自覚にもとづいて行動したのでした。ハンス・J・シュルツによれば、それは、ナチズムにたいする「長期にわたる、非暴力の、民衆多数に担われた闘い」がなおざりにされ、それに代わって反ナチ抵抗のため「使ってはならない代用品」(＝実力行使による体制転覆)を手にせざるをえなくなった罪責も意味されていただろう、と指摘しています(シュルツ『暴力なき政治』一九八一年)。

ボンヘッファーにとって、非暴力＝平和主義の思想が基本的に否定されていたわけでは、けっしてなかったのではないでしょうか。先に引用したファーネー講演の最後にはガンディへの言及もふくまれていたのは示唆的です。暴力の放棄ということについて、「われわれは、東の異教徒〔＝ガンディ〕から恥を受けなければならないのであろうか」と。あきらかにボンヘッファーは、《非暴力抵抗》の有効性についても知っていたのです！

ヒンドゥ教徒マハトマ・ガンディは、英領南アフリカで法律家として働く中で、イエスの《山上の説教》に出会い、イギリス帝国の植民地法に抗して非暴力によって闘う《市民的不服従》の民衆運動という破天荒の道を開いたのです。それは、ついには第二次大戦後、一九四七年にインド独立という《世界史的》な出来事を生み出したのでした。

現代のデモクラシーにおいては、反対と変革の可能性が制度化されています。これに反して、ヒトラーの全体主義独裁下においては、イデオロギー的にも法制度的にも、さらには権力技術的にも、そうした可能性が完全に否定されていました。むしろ、権力者自身、さらには体制全体がテロリズムによって特徴づけられていたのです。ボンヘッファーの名前を援用して、およそ無軌道にテロリズム一般を正当化することは許されないでしょう。

反ナチ抵抗者ボンヘッファーの《生涯と思想》全体から学びうる教訓は多大です。《未完のデモクラシー》、すなわち、終わりなき自由と平和のための闘いを持続的に担うにあたって、ボンヘッファーの歴史的反省から生まれた《市民的勇気》(Zivilcourage)を身につけなければならないでしょう。《市民的勇気》とは、ボンヘッファーの場合、神の御前において責任ある行動を引き受ける自由な信仰の冒険を意味していました。

《市民的》とは、武器を手にして自己を防衛する戦闘者の行動の仕方とは異なります。人間の自由や基本的人権、さらに世界的な平和が脅かされる非常事態に直面したとき、実定法に抗しても非暴力による異議申立てをする抵抗のエートスをもつことを問われています。じっさい、第二次大戦後、世界各地に広がった人権闘争や核兵器反対運動によって実践されてきた《市民的不服従》(Civil disobedience)の原理は、ボンヘッファーが《法規範《おきて》》を再建するために、その《一時的効力停止《サスペンション》》をあえてしながら行動した抵抗運動に通じるところがあるのではないでしょうか。

《市民的不服従》とは、それは「既存の統治権力によって強制された法律を公的に無視する行為」であり、行為者自身その行動の《合法性》が争われうることを認識しながら、なお「特定の公共的目的のために、周到に選択され限定された手段を用いて実行される」不服従の行動として規定されます(C・ベイ)。

立憲的デモクラシーにおいては、本来、実定的な憲法秩序そのものの根底にある価値規範が前提され、市民は、それに引照することによって憲法を理解し、政治過程に参加することが期待されます。市民的不服従は、この価値規範によって正当化されると信ずる社会的行動であり、まさにそれゆえに問題視する当の法令や行政措置の再検討をうながし、警告するために、国民多数の共通する規範意識に訴えようとするものです。

　このシナリオに従えば、非暴力的な不服従の行動によって、それまで自明視され、タブー化されてきたルールが破られる。このとき、このルール違反の《象徴的》行動は、その《活劇的効果》のゆえに増幅されて報道され、それまで多数の民衆が無視してきた問いかけに目を向け、政府が虚言と遁辞《とんじ》とで国民全体を誤った道へ引き入れようとしているのではないかという考えを抱かざるをえなくなるようにされる。こうして市民的不服従が世論を動かすことに成功すれば、意識調査における安定した政権支持率をくつがえし、来たるべき選挙において新しい多数派を形成することができるだろう……。

《市民的不服従》は、極限的な場合における正当な抗議方法であり、デモクラシーの否定ではなく、むしろ、それを補完するものとも言うべきものでしょう。むろん、市民的不服従を実行することは、その定義上、違法でありつづけるだろうし、不服従の対象となった法律によって逮捕され裁判されることになるかもしれません。しかし、市民的不服従を組織することは、権利として承認されねばならないでしょう。

「市民的不服従を進んで承認する覚悟をもっていることこそ成熟したデモクラシーの標識とならなければならない」(W・フーバー『正義と法――キリスト教的倫理の基本線』第三版、二〇〇六年)。

付論　祈ることと正義を行なうこと

――ボンヘッファーの生誕一〇〇年の記念に

現代世界においてもっともよく知られたキリスト教神学者として、まず、ディートリヒ・ボンヘッファーの右に出るものはいないのではなかろうか。カール・バルトが二〇世紀を代表する神学者だったとすれば、ボンヘッファーは、なお二一世紀においても影響力を失わない代表的人物と言ってよいであろう。

二〇〇五年はボンヘッファーの没後六〇年記念に当たっていたが、今年(二〇〇六年)二月には、その生誕一〇〇年を迎える。ナチ政権崩壊の迫った一九四五年四月に、チェコ国境に近い南ドイツのフロッセンビュルク強制収容所において、彼は、ヒトラーの命令によって絞首刑に処せられた。このとき、まだ三九歳になったばかりの若さだった。これは、同じく三九歳の年齢で逝ったアメリカ公民権運動の指導者マーティン・ルーサー・キングの殉教の死を思い出させるであろう。しかし、この二人の生涯と思想とは、教会史の枠を越えて、普遍的な人類の歴史に開かれた人間精神の光芒を放っている。

ボンヘッファーは、すぐれた精神医学者カール・ボンヘッファーの第六番目の子としてブレスラウ(現在、ポーランドのブロツワフ)に生まれた。すぐれた資質に恵まれ、典型的な教養知識人の家庭的環境の中で成長した。父カールは、のちにベルリン大学教授となり、ナチ政権成立直後の有名な国会議事堂炎上事件の際には、犯人ファン・デア・ルッベの精神鑑定人に指名された。彼は、ルッベにたいして、供述拒否をしないで個人的動機の犯行である事実を告白するように説得したのだという。こうした事実が最近になって発掘された資料から明らかになっている。ルッベの真実の証言は、炎上事件を共産党指導部による革命行動としてデッチ上げようと策動していたナチ党にとっては、大きな打撃を意味するものだったであろう。

この間、ベルリン大学神学部講師になっていたボンヘッファー自身、密かに「われわれは、いまやみんながファン・デア・ルッベのような小さな放火犯にならなければならない」と語ってもいた。ボンヘッファー家の人びとが、その当初から、ナチ政権にたいする反対で一致していたことは、当然だった。ボンヘッファーの周辺には、双生の妹ザビーネの夫ライプホルツ(ゲッティンゲン大学教授・政治学者)や義兄ドナーニー(帝国《ライヒ》司法相付き法務担当官)など豊かな情報源と判断力をもつ人びとがいたのだから。

じっさい、戦後に公刊されたSS保安本部長官カルテンブルンナーの秘密報告書によれば、抵抗運動メンバーの訊問を通して、「ボンヘッファーの名前と結びつくサークル全員」が反ナチ陰謀計画に加担していたことが記されていた。秘密国家警察は、ボンヘッファーの「家族全員」の反体制的姿勢をはっきり確認していたのである。

ベルリン大学で講義を始めるに先立って、ボンヘッファーは、正式に牧師資格を取得するまでの期間、一年足らずアメリカに留学した。そこでは、黒人教会とも出会い、人種問題に目覚めさせられた。またガンディの思想と行動に共鳴して、平和主義的志向を深めていった。こうした中で、ナチ政権の反ユダヤ主義政策をドイツの将来にとって致命的な教会的・政治的問題として、いち早く認識した一人となった。

ボンヘッファーは、ナチ宗教政策に反対して告白教会が公にしたバルメン宣言(一九三四年)のもっとも忠実な支持者だった。「告白教会から意識的に離れる者は、〔神の〕救いから離れる者だ」という彼の言葉は、よく知られている。それは、たんに体制べったりの国民教会にたいして自由教会を賛美した組織論的な提言ではなかった。むしろ、教会の本来的課題にたいして、いかに関わるべきかという明確な決断を求めるものであった。

しかし、やがて受動的抵抗という枠を踏み越えて、彼は、積極的な抵抗運動のメンバーとなった。その際、一九三〇年代初め以来、世界教会運動に関わってきたことが大きな重要性をもつにいたった。彼は、その国際的な結びつきを通して、カナーリス提督を長とする国防軍諜報部の抵抗グループの存在と意図とを連合国側に通報し、ヒトラー打倒後の講和条件について交渉する接点に立たされたのだから。

抵抗運動に参加することは、必然的にヒトラー暗殺の可能性を内包していた。キリスト教の牧師が暴君殺害の行動に加担することは、戦後の今日においてもなお大きな問題でありつづけた。しかし、ボンヘッファーにとっては、それは、キリストにたいする服従の行為にほかならなかった。彼が『獄中書簡集』に記した表現を用いれば、「われわれがキリスト者であるということは、今日では、ただ一つのことにおいてのみ成り立つだろう。すなわち、祈ることと人びとのあいだで正義を行なうことだ」。《祈る》こととは、日常的現実を越え出て、神の世界の現実に固く立つことにほかならない。それは、自己自身にたいするとらわれから解放されて、この世において《正義を行なう》責任と結びつく。ボンヘッファーにおいては、この二つのものは、けっして切り離されることがなかった。信仰は、他者のために生きる行動において具体化され、けっして内面への自己逃避に終わることはない。逆に、祈りは、正義を行なうことを現実追随的な機会主義やイデオロギー的な自己絶対化の誘惑から守ってくれるであろう。

ボンヘッファーにとって、キリスト者となり、聖書の神を信じ、イエスに従うことは、けっしてこの世における生から離れるものではありえなかった。むしろ、逆に、いっそう強く、いっそう明確に、身近な他者の生のために、さらには、いっそう大きな生活連関にある他者のために、献身することを意味していた。すなわち、社会や国家、政治や経済、さらに文化の只中で、人間にふさわしく生きるために不可欠な正義を実現することであった。

ナチズムにたいする妥協を知らないボンヘッファーの闘いは、同じく妥協を知らない彼の神学的思考の徹底性に通じていた。彼は、神について《非宗教的》に信じ、《この世的》に語るというプログラムを考え抜く。神を信ずることは、生のまったき《此岸性》においてのみ可能である。なぜなら、神は星の彼方の世界にいるのではなく、まさにこの世の只中において、その根拠であり中心であるのだから。「神は、われわれの生の只中において彼岸的なのである」。彼岸にある神というのは、ボンヘッファーの目には、これまで《宗教》とされてきたものを本質的に構成する要素にほかならなかった。

一九四四年七月二〇日の夜、ヒトラー暗殺が失敗した悲報を受けとった彼は、驚くべき冷静さで、こうした思索の跡を書き綴っている。そこでは、キリスト者であることを、あたかも人間であることと同義のもののように論じている。神が生の《限界》においてではなく《只中》で、生の《弱さ》においてではなく《強さ》において経験されるということ、神を人間の《後見者》としてではなく《解放者》として経験するということ、そこには、キリスト者であることを《成人性》に生きる人間としてとらえるモデルネのすぐれた遺産がこだましている。

聖書的基本概念の《非宗教的解釈》というボンヘッファーの提言は、避けがたい《宗教の死滅》という近代的テーゼ――それが唯物史観的無神論であれ、社会学的な世俗化論の変種としてであれ――とは何の関わりもない。したがって、最近の《脱世俗化》（P・L・バーガー）ないし宗教ブームといった新動向に照らして、ボンヘッファーの時代診断の誤りを口にするのは正しくはないであろう。

むしろ、最近の新しい宗教復興が、しばしば、成人性を犠牲にすることと手をとり合っていることを見逃してはならないだろう。それは、たとえば学校教育の現場で、進化論を否定して「創世記」の天地創造神話を強制するファンダメンタルな《宗教》として出現している。それだけではない。同じ《宗教》的敬虔は、いまや《神の国》アメリカの市民宗教的神話と結びついて、巨大な暴力を用いて第三世界の人びとの生命を破滅させることをいとわないまでになっている。

ボンヘッファーの《非宗教的解釈》の視点は、こうした右寄りの宗教的＝政治的路線とキリスト教が一体化することにたいして明確に反対する批判的な方向性をあたえうるのではなかろうか。それは、現在の宗教復興ブームも、けっして人間の成人性の要求を無視するものであってはならないことを教えてくれるだろう。じっさい、《祈ること》と《正義を行なうこと》との結びつきは、今日、ラテンアメリカをはじめ、抑圧の状況下にあって人権と公正とを求める第三世界の人びとにとって、強く訴えかける響きをもっている。

先に引いた『獄中書簡集』の中で、ボンヘッファーは、この二つの言葉を三度引いたあとで、さらに《神の時を待ち望む》希望についても言及している。これは、けっしてたんなる付け足しではない。人間の行動によって形づくられる《現在》を神の未来の光のもとにみるということである。それは、人間を行動する者としてみるだけでなく、待つ者、希望する者としてみるということである。この終末論的希望は、どんなに暗く映る世界の現実に直面しても、けっして究極的なもの＝神の真実の支配を視野から見失ってはならないことを教えている。そこでは、受けることと行動すること、受動性と能動性とは新しい関わりの中におかれ、《未来》に開かれたものとなる。

ボンヘッファーは、逮捕に先立って、少数の親しい仲間のために、抵抗運動をめぐる厳しい状況分析を総括した短い『覚書』(「一〇年後に」)を書き残していた。

「われわれに残っているのは、きわめて狭い、時には、ほとんど見いだすことのできない道、すなわち、毎日をそれがあたかも最後の日であるかのように受けとり、しかも信仰と責任とにおいて、あたかもまだ大いなる将来があるかのように生きる道だけである」と。彼は、混沌、無秩序、カタストローフを動かしえない現実そのものと信じて、諦めや敬虔な世界に逃避して生き延びようとすることに反対である。むしろ、「来たるべき世代にたいして責任を負うべきである」と訴えている。

この『覚書』の中で、彼は、それまでの「われわれ」という一人称複数形による分析的文章を中断して、「私」という一人称単数形を用いて「歴史における神の支配」について、いわば彼自身の信仰告白を定式化している。「神はすべてのものから、最悪のものからさえも、善きものを生まれさせることができ、またそれを望まれるということを、私は信じる。そのために神は、すべてのことをみずからにとって益となるように役立たせる人間を必要とされる。……私は、神がけっして無時間的な運命ではないこと、むしろ、誠実な祈りと責任ある行為とを期待し、そしてそれらに答えてくださるということを信じる」と。

祈りが正義の行動をうながし、正義がそこに生ずるとき、われわれの待望する《神の時》のしるしが打ち立てられるだろう。ボンヘッファーは、抵抗運動の中で、いわば《希望のパイオニア》(S・ドラム)であることによって、かけがえのない位置を占めていたと指摘されている。この告白的文章には、絶望とみえるギリギリの限界状況においても、なお《大いなる未来》への信頼のゆえに、幻想にも懐疑にも陥ることなく、落ち着きと即事性とのうちに生き抜こうとする基本的姿勢が鮮明である。

ボンヘッファーは、イスラエルの民をエジプトの桎梏から解放した預言者モーセの姿に強く引かれていた。モーセは、民を率いて荒野の只中を旅しながら、ついに約束の土地にみずから入ることなく、ただピスガの山頂から遥かにそれを望みつつ死んだ。一九四四年秋、すなわち、七月二〇日事件が失敗したことがはっきりした時点で、彼は、テーゲルの獄中にあって「モーセの死」と題する長篇の詩を書き残している。その末尾には、こう記されていた。

「神よ、あなたの永遠の中に沈みながら
私は、私の民が自由の中へと歩み進めているのをみます。
罪を罰し、しかも喜んで赦される神よ、
私は、この民を愛しました。私は、この民の恥辱と重荷とを負い、
また、その救いをみました――これで十分です。
私を支え、私をつかんでください。杖が私の手から離れます。
真実な神よ、私の墓を備えてください」。

ボンヘッファーは、フロッセンビュルクにおいて、SSの即決裁判によって国家反逆罪のかどで処刑された。それから、ようやく半世紀後に、ベルリンの刑事法廷は、この判決を破棄し、彼の名誉を復権した(一九九六年八月一日)。その判決理由には、こう記されている。

「ボンヘッファーとカナーリスとをめぐる抵抗グループの努力は、事実上、可及的速やかに戦争を終結すること、ヒトラーを罷免すること、ナチ国家を排除することであった。彼らの行動は国家を危険におとしいれることを意図したものではなく、

——まったく正反対に——ナチ政権によって国土と民衆との上に引き起こされる害悪を防止するためのものであった。彼らの動機は破壊ではなく、祖国愛であり、人類のために身を捧げることであった」。

彼の直筆の遺稿は、いまベルリンの国立図書館に収蔵されている。そのオリジナル原稿から発する《アウラ》について、ドイツ抵抗運動の碩学ペーター・シュタインバッハ教授は、驚くべき賛嘆のことばを述べている。すなわち、もし自分がカトリック教徒だったなら、「これらの原稿の上にカテードラルを建てることだろう」と。じっさい彼は、ベルリンの国立図書館と協力して、これらの遺稿をユネスコの世界文化遺産のリストに登録するように働きかけているのだという。いな、一部には、——これまでプロテスタントの伝統にはなかったことだが——ボンヘッファーを《福音主義的聖人》と呼ぶ声もある。

しかし、生誕一〇〇年にあたってボンヘッファーを反ナチ抵抗の模範＝殉教者として偶像化することは無意味であろう。むしろ、彼の思想と生涯の歩みが二一世紀に生きる人類に投げかける問いかけについて新しく注意を向けることをうながされているのではなかろうか。すなわち、眼前に押し迫ってくる暗く絶望的に見える既成事実に打ち倒され、埋没させられるのではなく、《未来の世代にたいして責任を負う》ために時代の流れに抗して確固と立ち向かっていく決意を新たにすることこそ、ボンヘッファーを改めて《想起》する意味であろう。

主要な参考文献

I　ボンヘッファーの生涯

Bethge, E., *Dietrich Bonhoeffer. Theologe – Christ – Zeitgenosse. Eine Biographie*, 1967 (9. Aufl., 2005) (『ボンヘッファー伝』全四巻、村上伸・雨宮栄一・森野善右衛門訳、新教出版社、二〇〇五年。もっとも詳細な決定版)。

Marsh, C., *Strange Glory. A Life of Dietrich Bonhoeffer*, 2014.

Schlingensiepen, F., *Dietrich Bonhoeffer 1906–1945. Eine Biographie*, 2005(ベートゲの大著を簡約し、その後の伝記資料も加えて基本線を示した最新の伝記)。

Bethge, E. u. R., *Dietrich Bonhoeffer in Selbstzeugnissen und Bilddokumenten*, 1976(『ディートリヒ・ボンヘッファー』宮田光雄・山崎和明訳、新教出版社、一九九二年。ロロロ写真版シリーズの一冊で、簡潔ながら、いっそう明快な小伝)。

ボンヘッファーの身近の人びとによる一家をとりまく時代と環境とについては、S. Leibholz-Bonhoeffer, *Vergangen, Erlebt, Überwunden. Schicksale der Familie Bonhoeffer*, 1976(『ボンヘッファー家の運命』初宿正典訳、新教出版社、一九八五年); Dieselbe, *Weihnachten im Hause Bonhoeffer*, 1991(『ボンヘッファー家のクリスマス』ロコバント・靖子訳、新教出版社、一九九三年)。

Bethge, Renate, *Dietrich Bonhoeffer. Eine Skizze seines Lebens*, 2004.

Wedemeyer, Ruth von, *In des Teufels Gasthaus. Eine preußische Familie 1918-1945*, hrsg. v. P. von Wedemeyer/P. Zimmerling, 2. Aufl., 1994(マリーアの母による一家の回想記)。

その他、写真集として、*Dietrich Bonhoeffer. Bilder aus seinem Leben*, 1986(『ボンヘッファーの生涯』高橋祐次郎訳、新教出版社、一九九二年)。

II　ボンヘッファーの著作

Dietrich Bonhoeffer Werke, hrsg. v. E. Bethge/E. Feil/Chr. Gremmels/W. Huber/H. Pfeifer/A. Schönherr/H. E. Tödt/I. Tödt, 17 Bde., 1986-1999, Neuausgabe 2015.

邦訳では、『ボンヘッファー選集』(全九巻、新教出版社、一九六二―六八年)に主要なものが収録されています。『ボンヘッファー説教全集』(全三巻、新教出版社、二〇〇四年)、『ボンヘッファー聖書研究』全二巻(新教出版社、二〇〇五―〇六年)は、いずれも新しい全集版による編集・新訳。

Brautbriefe Zelle 92. Dietrich Bonhoeffer/Maria von Wedemeyer 1943-1945, hrsg. v. R.-A. von Bismarck/U. Kabitz, 1992(『ボンヘファー/マリーア　婚約者との往復書簡　一九四三―一九四五』高橋祐次郎・三浦安子訳、新教出版社、一九九六年)。

＊ただし、本書で用いたテキストの訳文は、既刊の邦訳を参考にしながら引用の文脈に応じて訳し変えてあることをお断りしておきます。

Ⅲ ボンヘッファー研究書

最新の国際的な研究文献案内としては、E. Feil/B. E. Fink (hrsg.), *Internationale Bibliographie zu Dietrich Bonhoeffer*, 1998が、もっとも網羅的です。

前掲のロロロ写真版『ディートリヒ・ボンヘッファー』(一九九二年)の巻末にも、その時点での内外の関係文献が系統的に載せられています(E／R・ベートゲによる原著の文献表に山崎和明氏が補訂)。

それ以後に出版された単行本研究書の中から、本書の扱ったテーマにとくに関連のある文献のみをあげておきます。

Biewald, R. (hrsg.), *Dietrich Bonhoeffer lesen und verstehen*, 2005.

Brakelmann, G./T. Jähnichen (hrsg.), *Dietrich Bonhoeffer – Stationen und Motive auf dem Weg in den politischen Widerstand*, 2005.

DeJonge, M. P., *Bonhoeffer on Resistance. The Word against the Wheel*, 2018.

Dietz, T. (hrsg. u. komment.), *Dietrich Bonhoeffer. Theologische Briefe aus "Widerstand und Ergebung"*, 2017.

Dinger, J., Auslegung, *Aktualisierung und Vereinnahmung. Das Spektrum der deutschsprachigen Bonhoeffer-Interpretation in den 50er Jahren*, 1998.

Dramm, D., *V-Mann Gottes und der Abwehr? Dietrich Bonhoeffer und der Widerstand*, 2005.

Endraß, E., *Bonhoeffer und seine Richter. Ein Prozess und sein Nachspiel*, 2006.

Feil, E., *Die Theologie Dietrich Bonhoeffers. Hermeneutik – Christologie – Weltverständnis*, 1971, 4. Aufl. 2014(『ボンヘッファーの神学』日本ボンヘッファー研究会訳、新教出版社、二〇〇一年)。

Derselbe, *Dietrich Bonhoeffer. Leben, Werk und Wirken*, hrsg. v. M. Feil, 2018.

Gosda, P., *"Du sollst keine anderen Götter haben neben mir". Gott und die Götzen in den Schriften Dietrich Bonhoeffers*, 1999.

Green, C. J./G. C. Carter (ed.), *Interpreting Bonhoeffer. Historical Perspectives, Emerging Issues*, 2013.

Gremmels, Chr./H. W. Grosse, *Dietrich Bonhoeffer. Der Weg in den Widerstand*, 2. Aufl. 2004.

Henkys, J., *Geheimnis der Freiheit. Die Gedichte Dietrich Bonhoeffers aus der Haft. Biographie. Poesie. Theologie*, 2005(なお、同じ著者による『ボンヘッファー獄中詩篇――詩と註解』内藤道雄訳、新教出版社、一九八九年)。

Huber, W. (hrsg.), *Schuld und Versöhnung in politischer Perspektive. Dietrich-Bonhoeffer-Vorlesunger in Berlin*, 1996.

Derselbe, *Dietrich Bonhoeffer. Auf dem Weg zur Freiheit*, 2019.

Klein, A./M. Geist (hrsg.), *"Bonhoeffer weiterdenken ..."*, 2. Aufl. 2007.

Mayer, R./P. Zimmerling (hrsg.), *Dietrich Bonhoeffer heute. Die Aktualität seines Lebens und Werkes*, 1992.

Dieselben, *Dietrich Bonhoeffer. Beten und Tun des Gerechten*, 1997.

Nielsen, K. B./R. K. Wüstenberg/J. Zimmermann (hrsg.), *Dem Rad in die Speichen fallen. Das Politische in der Theologie Dietrich Bonhoeffers*, 2013.
Reuter, H.-R., *Recht und Frieden. Beiträge zur politischen Ethik*, 2013.
Schnübbe, O., *Christus und die mündig gewordene Welt*, 1990.
Sifton, E./F. Stern, *Keine gewöhnlichen Männer. Dietrich Bonhoeffer und Hans von Dohnanyi im Widerstand gegen Hitler*, 2013.
Tietz, Chr., *Dietrich Bonhoeffer. Theologe im Widerstand*, 2013.
Tödt, H. E., *Theologische Perspektiven nach Dietrich Bonhoeffer*, hrsg. v. E.-A. Scharffenorth, 1993(一部『平和の神学』日本ボンヘッファー研究会訳、新教出版社、一九八四年、収録)。
Tödt, Ilse, *"Gute Mächte". Bonhoeffer-Darstellungen*, 2009.
Wannenwetsch, B. (ed.), *Who am I? Bonhoeffer's Theology through his Poetry*, 2009.
Wind, R., *Dem Rad in die Speichen fallen. Die Lebensgeschichte des Dietrich Bonhoeffer*, 1990.

邦語文献の中で、本書に関連の深いものを年代順に若干あげておきます。


森平太『服従と抵抗への道』新教出版社(初版、一九六四年。邦語による開拓的業績)新版、二〇〇四年。

村上伸『ボンヘッファー』清水書院、一九九一年。

山崎和明『D・ボンヘッファーの政治思想』新教出版社、二〇〇三年。

村上伸・森岡巌・森野善右衛門編『ボンヘッファーと日本　ベートゲ八〇歳 祝賀論文集』新教

出版社、二〇〇四年。

森野善右衛門『告白と抵抗――ボンヘッファーの十字架の神学』新教出版社、二〇〇五年。

鈴木正三『キリストの現実に生きて』新教出版社、二〇〇六年。

宮田光雄『ボンヘッファーとその時代』新教出版社、二〇〇七年。


最近の共同研究として。

日本ボンヘッファー研究会編『東アジアでボンヘッファーを読む』(新教コイノーニア)二〇一四年。

『福音と世界』「特集・ボンヘッファー没後七〇年」(二〇一五年一〇月号)。


時代史的背景を踏まえてボンヘッファーを理解するための邦語文献として。

H・E・テート『ヒトラー政権の共犯者、犠牲者、反対者』佐藤司郎・宮田光雄・山崎和明訳、創文社、二〇〇四年(H. E. Tödt, *Komplizen, Opfer und Gegner des Hitlerregimes. Zur "inneren Geschichte" von protestantischer Theologie und Kirche im "Dritten Reich"*, hrsg. v. J. Dinger/D. Schulz, 1997)は必読の文献でしょう。

宮田光雄『十字架とハーケンクロイツ』新教出版社、二〇〇〇年。

柳父圀近・宮田光雄編『ナチ・ドイツの政治思想』創文社、二〇〇二年。

河島幸夫『ナチスと教会――ドイツ・プロテスタントの教会闘争』創文社、二〇〇六年。

岩波現代文庫版あとがき

本書の元になったのは、ボンヘッファーの没後五〇周年にあたり、岩波セミナーブックスの一冊として出版した『ボンヘッファーを読む――反ナチ抵抗者の生涯と思想』(一九九五年)です。すでに二〇年以上も前に岩波市民セミナーで四回の連続講義をした記録にもとづくものです。

しかし、現在、私たちの周辺をとり囲む時代状況――ノーマ・フィールドさんの指摘する《逆さまの全体主義》(『いま、〈平和〉を本気で語るには』岩波ブックレット、二〇一八年)――を見れば、ボンヘッファーの問いかけのもつアクチュアリティは、いっこうに失われていないことに気づかされます。改めて文庫版の形で、いっそう多くの読者の目に触れうることを願わざるをえないところです。

私自身のボンヘッファーにたいする基本的な立ち位置には変わりありませんので、まず、セミナーブックスの「あとがき」から一部を再録しておきましょう。

「今年、一九九五年の夏は、敗戦の日からちょうど五〇年目に当たります。半世紀という歳月は、個人にとっても国民にとっても、重要な意味をもつ時間の長さです。

そのことは、戦争責任や不戦決議などの過去との対決とそこから生まれる未来への責任とが改めて問い直されていることにも示されています。五〇年前を想起すること――忘却しないようにそれを《心に刻む》こと――は、この五〇年のあいだに失われ、忘れられ、押しやられ、解決されなかった事柄を、いま一度、現在へと引き戻し、自分自身につきつけてみることを意味しています。それによって《想起する》ということは、新しい意味と新しい力とを獲得するにいたるのです。いままで自明とされていたものに疑問を投げかけ、いわば挑戦し挑発するものとなるからです」。

現在でも、なお「ヒトラー本」、ナチズム、ホロコーストなどについては、出版界でもマスメディアでも関心は薄れていないようです。その割には、反ナチ抵抗運動のこと、いわんや抵抗者の思想、逮捕後の獄中での生き様、さらには戦後における評価の変遷などが知らされることはほとんどありません。宗教が思想的テーマとして取り上げられることの乏しい日本の知的社会では、今なお神学者ボンヘッファーの名前は、ほとんど一般には未知のものと言ってよいのではないでしょうか。

1

新版の本書においても、セミナーの語り口調を踏襲していますが、内容的には新稿も加え、第Ⅰ部「生涯」、第Ⅱ部「思想」、第Ⅲ部「遺産」という三部構成をとっています。

その中でも、今回とくに多くの頁を当てることに努めたのは、**第1章　ボンヘッファーの生涯**です。一般読者に近づきやすいように神学的な用語をできるだけ避け、彼の個人史に即して、その生い立ちから反ナチ教会闘争、抵抗運動への参加、獄中生活、さらに最後の処刑裁判の誤り、戦後の司法的復権まで詳述しました。

第2章　時代精神の状況分析は、一九四一年末に書かれた密かな覚書「一〇年後に」というエッセーに即して、当時におけるボンヘッファーの時代認識を明らかにしました。《疑似カリスマ》をもつ独裁者に呪縛された民衆の愚かさ、ヒトラーのデマゴギーに同調していった知識人たちの錯誤など、現代の私たち自身の問題にも共通するところが多くあります。ボンヘッファーは、そうした問題が由来するドイツの歴史的伝統にたいする批判的な反省、それにもかかわらず失われることのない未来への希望などを記し、後世に生きる私たちを鼓舞してくれます。

第3章「獄中詩」における自己分析では、ボンヘッファーの代表的な「獄中詩」三篇を選んで分析しています。容疑者を突如逮捕して独房に閉じこめ、不安とパニックに陥らせて自白を引き出そうとするのが当局側の尋問と追及の手口です。それにたいして、彼がいかにして人格崩壊からまぬがれ、自己のアイデンティティを守り通し、抵抗精神を持続できたか、その心理的格闘の跡は深い示唆に富むものです。

第4章　信仰の服従のためにでは、代表作『服従』を取り上げ、その中のキーワード、

《安価な恵み》《高価な恵み》など――しばしば流行語のように用いられがちな言葉――の正確な読解を心掛けました。この本は、敬虔の書であるとともに、またナチ全体主義と闘う思想的対決の書でもあります。当時の《均制化》政策に抗して《非同調《ノンコンフォーミズム》》を生き抜く拠点づくりのために、彼が若い牧師たちに訴えかけた衝撃的な著作として知られています。

第5章《責任倫理》を生きるは、ボンヘッファー自身が彼のライフワークとみなしていた未完の『倫理』草稿の集成を取り扱ったものです。重要な資料なので、二章に分けて、この章では、まず重要なキーワード、《究極的なもの》と《究極以前のもの》などに即して、その基調を確認することから始めました。長年にわたる草稿の批判的校訂作業にもとづく全集版に従い、彼の抵抗思想の展開の跡が、いっそう明確になった箇所も少なくありません。

その中でも、《責任倫理の構造》は圧巻であり、本書では、**第6章 政治的抵抗の神学構想**として独立の章立てをして詳述しました。ボンヘッファーがウェーバー社会学の基礎的範疇と対論しながら議論を進めていく姿は魅力的です。これまでボンヘッファーの倫理が社会科学の成果を十分に踏まえていない《欠陥》(ベートゲ)をもっている、というのが通説でした。しかし、たとえば《必然性《ネッエシッタ》》をめぐる周到な分析は、政治学的にみても傑出したものです。『倫理』草稿とは別に集成された『倫理のための断片ノート』(I・テート編)にもくり返し散見されるマキャヴェリへの引照、イギリスの政治家ボールドウィンの評価など、まことに示唆に満ちています。その意味するところを社会科学的に正確に理解することなしには、「キリストに即する」ことが「現実即応的」である、というボンヘッファーの断定も無意味なお決まり文句にしか響かないでしょう。

第7章《真のこの世性》を問うは、『獄中書簡集』における――戦後、多様な解釈に分かれて論争の的となってきた――《成人した世界》《真のこの世性》などのキーワードを中心にして、新しい神学的思索の跡を辿っています。たとえば聖書的概念の《非宗教的解釈》という問題提起は、最近の新しい宗教ブームの動向に照らして、ボンヘッファーの時代診断の誤りを示すもののように批判されてきました。しかし、けっしてそうではなく、むしろ、《成人性》を犠牲にした右寄りの《宗教復興》にたいしてアクチュアルな批判的視点を提供しているのではないでしょうか。

そうした意味で、日本の問題と私たちがいかに対決するかを論じた**第8章 ボンヘッファーと日本**を現代的な《遺産》として加えました。これは、当初、小著『平和のハトとリヴァイアサン』(岩波書店、一九八八年)に収録していたものです。ボンヘッファー研究者との国際的な交流の中で、日本からの応答として海外の学術誌にも発表しました。その後、加筆してドイツ文小著(*Die Freiheit kommt von den Tosa-Bergen. Beiträge zur Überwindung des Nationalismus in Japan und Deutschland*, Lembeck Verlag, 2005)に収録した新稿を邦訳し直して再録してあります。

付論　**祈ることと正義を行なうこと**は、ボンヘッファー生誕一〇〇年を記念して『図書』(二〇〇六年三月号)に掲載したもの。

2

リヒャルト・レーヴェンタールによれば、全体主義国家における抵抗には、政治的抵抗以外にも、社会生活における抵抗や思想的・知的な抵抗など、三つの次元を区別できるとされています(レーヴェンタール＝パトリック・ツア・ミューレン編『一九三三―一九四五年の間のドイツにおける抵抗と反対』第三版、一九九七年)。

ボンヘッファーは、直接的な抵抗運動に加わったばかりではなく、若い牧師補たちを教育して、告白教会の側に立ち社会内部で日常的に闘う新しい教会形成(＝いわば《自発的結社》による市民的抵抗)のために努力したのです。一九四〇年以後には、ナチ当局から講演禁止や著作禁止を命じられていたにもかかわらず、逮捕される当日まで、抵抗運動を支えるための執筆活動(＝いわば知的な抵抗運動)をつづけていました。それは、戦後知られるようになった他のいずれの《国内亡命》の作家や思想家たちに較べても、傑出した思想的貢献を果たすものでした。

彼は亡命することなく、身の安全が確保できたアメリカからドイツ国民と苦難を分かち合うため帰国し、同時代史の渦中に身を投じました。それは、まことに悼むべき彼の殉教の死をもたらすことになったのです。こうした抵抗のモデルは、今日なお、世界の多くの人びとを鼓舞してやまないものでしょう。一九八六年から一〇年がかりで完結したドイツ語版『ボンヘッファー全集』(全一七巻)は、すでに英語版も刊行され、その個別の著作にいたっては、現在、少なくとも二七カ国の言語で訳出されていると言われています(W・フーバー『ディートリヒ・ボンヘッファー――自由への途上で』二〇一九年)。

彼の生涯と思想は、軍事政権下の韓国における民主化闘争、ラテンアメリカの解放の神学、南アフリカのアパルトヘイト政策への反対など、世界の各地における人権闘争や平和運動に影響をあたえてきたことが知られています。最近になって注目されているのは、人権やデモクラシーを擁護する中国知識人のあいだでもボンヘッファー受容の事実があることです。その代表的な存在が二〇一〇年にノーベル平和賞を受章した劉暁波です。

彼とボンヘッファーとの結びつきは、投獄生活を余儀なくさせられた事実だけではありません。ボンヘッファーが一九三九年に安全なニューヨークにとどまる可能性を捨てたように、劉もまた一九八九年に中国の民主化運動に身を投ずるため自由なニューヨークから母国に引き返したのです。それは、長期間にわたる投獄の生活に通じていました。平和賞の受章は獄中で行なわれたものです。

劉の妻は、夫の書架から中国語訳によるボンヘッファーの『獄中書簡集』を取り出し、許可された面会の際に、それを夫に手渡しました。この本は、すでに長いあいだ彼の書架に入れられていたものでした。その間に時折、劉自身も、それを手にしながら「内的な躊躇《ためら》いゆえに」精読することを避けてきたのでした。彼は、妻に当てた手紙の中で、「飢え渇いた者のように読み耽った」と、その熱い読後感を書き記しています。

「『神の召しに従う』と言われているのは、人間がその全生命を賭けて責任を担いとることを意味している。それは、途方に暮れるような状況においても、信仰を求め、希望を失わず、四方から妨害と弾圧を受けても自由と解放のために努力することなのだ」。

「愛する霞よ、われわれの前にはボンヘッファーの手本があり、われわれに呼びかけている。拘禁刑に服することは、まさに現実世界の悲惨さに参与する一つの仕方なのだ。われわれは、どんなことがあっても断念しない。われわれがたとえ何ひとつ変革しえないとしても、われわれの振舞いは、少なくともイエスの精神がなお人類のあいだに生きていることを証しするだろう」(C・モル－ムラタの独訳から邦訳)。

劉暁波は、癌治療を受けるため、ようやく二〇一七年に出獄を認められました。しかし、すでにあまりに手遅れであったため、その後まもなく亡くなりました。彼は生前に、ボンッヘッファーの他にも、カール・バルトやハンス・キュンク、さらにアウグスティヌスなどのキリスト教書を愛読していたようです。妻宛の私信で示された彼の告白は、教会の壁の外側にある独自な個性をもつ実存的信仰というべきでしょう。

3

ボンヘッファーの抵抗運動への関わりにおいて重要だったのは、自分がいかに《英雄的》に出処進退するかではなく、どうすれば未来の世代が生きうるものとなるかという問題でした。彼がファーネーの国際会議で《平和の公会議》を訴えてから半世紀後、「正義、平和および被造物保全に関する公会議」の指導的な推進者として活躍したのは哲学者カール・フリードリヒ・フォン・ヴァイツゼッカーでした。彼は、まことに適切な表現でボンヘッファーについて規定しています。ボンヘッファーは《エキュメーネ》という言葉の意味を本来の語源通りに《人類全体が生存できる世界》としてとらえ、国境によって仕切られている既存の世界秩序を息苦しいものと感じていた《現代人》だった、と。

二一世紀に入ってグローバルな自由経済の支配と平行して、世界的規模での大量移民の動きが顕在化してきました。それとともにデジタル化した情報網が発達し、多国籍企業の収奪や環境破壊にともなう気候変動による大災害なども続発しています。そうした中で《北の世界》諸国における宗教的・思想的な多元化、ポピュラリズムや社会的分断、《南の世界》諸国における宗教的に正当化された権威主義的支配や無差別的なテロリズムの横行など、多くの人びとにとって、ほとんど担いきれないような困難な課題が犇《ひし》めきながら出現しています。

ボンヘッファーは、『獄中書簡集』の中で、古い修道院で用いられていた《祈り、そして働け》という日常的行動の格率を現代風に転用して、「われわれがキリスト者であるということは、今日では、ただ二つのことにおいてのみ成り立つだろう。すなわち、祈ることと人びとのあいだで正義を行なうことだ」と記しました。しかし、彼は、それに第三のものとして「神の時を待つこと」を付け加えたのです。

《神の時》こそ、「祈り」と「正義を行なうこと」とが立たされている終末論的地平なのです。この地平においては、人間のなしうることと神の手に留保されていることとは明確に区別されます。人間の行動によって《神の国》を招来させようとするのではなく、約束された《神の国》を待望しながら、それに応答していく責任を問われているのです。人間の行動は、あくまでも《暫定的な》ものであり、それを《最後から一歩手前の真剣さで真剣に》(K・バルト)担っていくのです。

この地平においては、正義を行なうのは、自分の権利のためではなく、他者のため、隣人の権利のためになされるのです。それは、自分の世代の正義ではなく、来たるべき未来の世代のためであります。あえて最近の用語を使えば、SDGs(＝持続可能な開発目標)、すなわち、人間の生活利益のためではなく、神の創造したもうた動植物の種の存続をも視野に入れた《生きとし生けるもの》すべての生命の共存を目差す課題なのです。

＊

ボンヘッファーの遺産をめぐっては、今日なお争われています。反ナチ抵抗者としての政治的側面から切り離して敬虔な信仰的側面にのみ注目する意見があり、またその逆の意見もあります。しかし、ボンヘッファーの責任倫理の思想と行動は、けっして敬虔主義的な内面性の《閉鎖空間《ゲットー》》に閉じこもることでもなければ、政治的《大通り《ブールヴァール》》における行動にのみ限定されたものでもありませんでした。それは、この世における――神の御前での――《生のポリフォニー》＝生の多次元性の中でこそ担いとられるものだったからです。

三〇年以上も昔のことになりますが、ボンヘッファーの双生の妹ザビーネ・ライプホルツ夫人を訪ねた折、令嬢のマリアンネさんも交えて日本におけるボンヘッファー受容の仕方が話題になりました。私自身は抵抗者と信仰者とを相即した形でとらえたいと答えて、とても喜ばれたことを記憶しています。こうしたボンヘッファー像を結ぶ上で、さらにこれまでハインツ・E・テート教授(一九九一年没)およびイルゼ・テート夫人、エーバハルト・ベートゲ教授(二〇〇〇年没)およびレナーテ・ベートゲ夫人からあたえられた長年にわたる親しい交わりに負うところの大きいのを痛感しています。

なお、ボンヘッファー像の多様な側面に近づく上で「参考文献」表に掲げた小著『ボンヘッファーとその時代』の中に——紙数の関係から本書で取り上げえなかった諸問題——フィンケンヴァルデにおける共同の生活訓練にもとづく彼の名著『共に生きる生活』、彼の姿を等身大で示した婚約者との『往復書簡集』、さらに無神論社会における受容例として「東独のボンヘッファー像」などの分析にも触れていることを付記しておきます。

最後になりましたが、この岩波現代文庫版の企画・編集のために尽力くださった岩波書店編集部の田中宏幸氏とともに、新稿の一部に目を通して助言してくださった山崎和明氏(日本ボンヘッファー研究会前会長)、さらにボンヘッファー資料の利用のため便宜を図ってくださった東北大学付属図書館の係員の方々にも、あわせて感謝申し上げます。

二〇一九年初夏　仙台にて

宮田光雄

本書は、一九九五年七月に刊行された岩波セミナーブックス『ボンヘッファーを読む――反ナチ抵抗者の生涯と思想』に新稿を加えて再構成するなど、大幅に加筆・修正したものである。

ボンヘッファー　反ナチ抵抗者の生涯と思想

2019年7月17日　第1刷発行

著　者　宮田光雄《みやたみつお》

発行者　岡本　厚

発行所　株式会社　岩波書店
〒101-8002 東京都千代田区一ツ橋2-5-5

案内 03-5210-4000　営業部 03-5210-4111
https://www.iwanami.co.jp/

印刷・精興社　製本・中永製本

ISBN 978-4-00-600408-8　　Printed in Japan

岩波現代文庫の発足に際して

新しい世紀が目前に迫っている。しかし二〇世紀は、戦争、貧困、差別と抑圧、民族間の憎悪等に対して本質的な解決策を見いだすことができなかったばかりか、文明の名による自然破壊は人類の存続を脅かすまでに拡大した。一方、第二次大戦後より半世紀余の間、ひたすら追い求めてきた物質的豊かさが必ずしも真の幸福に直結せず、むしろ社会のありかたを歪め、人間精神の荒廃をもたらすという逆説を、われわれは人類史上はじめて痛切に体験した。

それゆえ先人たちが第二次世界大戦後の諸問題といかに取り組み、思考し、解決を模索したかの軌跡を読みとくことは、今日の緊急の課題であるにとどまらず、将来にわたって必須の知的営為となるはずである。幸いわれわれの前には、この時代の様ざまな葛藤から生まれた、人文、社会、自然諸科学をはじめ、文学作品、ヒューマン・ドキュメントにいたる広範な分野のすぐれた成果の蓄積が存在する。

岩波現代文庫は、これらの学問的、文芸的な達成を、日本人の思索に切実な影響を与えた諸外国の著作とともに、厳選して収録し、次代に手渡していこうという目的をもって発刊される。いまや、次々に生起する大小の悲喜劇に対してわれわれは傍観者であることは許されない。一人ひとりが生活と思想を再構築すべき時である。

岩波現代文庫は、戦後日本人の知的自叙伝ともいうべき書物群であり、現状に甘んずることなく困難な事態に正対して、持続的に思考し、未来を拓こうとする同時代人の糧となるであろう。

（二〇〇〇年一月）